The Rebel

IL RIBELLE

2nd Italian Edition

May McGoldrick

with

Jan Coffey

Book Duo Creative

Per Carol Palermo

Amico, motivatore, programmatore e promotore
Straordinario

Capitolo Uno

Londra
Dicembre 1770

LA NEVE si stendeva come un manto bianco sugli imponenti platani e sui vialetti di Berkeley Square. Terminata la cena, gli ospiti che uscivano dal tepore del palazzo di lord e lady Stanmore per affrettarsi verso le loro carrozze non prestavano particolare attenzione a quello spettacolo. Dal fiume spirava un vento impetuoso che sollevava evanescenti nuvolette di cristalli di ghiaccio, mentre i fiocchi di neve scintillavano sotto la luce delle vetrate illuminate del grande palazzo. In breve anche l'ultima carrozza si dileguò nell'oscurità, e la neve che ricopriva il selciato attutiva il rumore degli zoccoli dei cavalli e delle ruote delle carrozze.

Nell'anticamera del palazzo, sir Nicholas Spencer prese i guanti e il soprabito da un valletto e si voltò per congedarsi dai padroni di casa.

— Passare il Natale *da solai* — esclamò Rebecca. —Vi prego, Nicholas, dovete assolutamente venire da noi a Solgrave per le feste.

— E fare da terzo incomodo nel primo Natale che passate insieme? — Nicholas scosse la testa con un sorriso. — Questa prima volta è tutta per voi... per la vostra famiglia. Non mi ci intrometterei per nulla al mondo.

Rebecca lasciò il fianco del marito e prese la mano di Nicholas. — Non dite così. In fondo è per questo che ci sono gli amici. Quando ripenso a tutti gli anni che io e James abbiamo passato da soli a Filadelfia! Se non fosse stato per l'ospitalità dei nostri amici, specialmente nei giorni di festa, sarebbe stato molto triste.

Nicholas sfiorò la mano della giovane donna con le labbra. — La vostra gentilezza è toccante, Rebecca, e sapete quanto mi sia difficile negarvi qualcosa. Ma ho passato più tempo del dovuto durante le feste con quel mostro che chiamate marito. E poi so che avete una notizia piuttosto gioiosa da condividere con il giovane James...

Le guance di lady Stanmore si coprirono di un delizioso rossore mentre si voltava a guardare il marito.

— In fatto di segreti sono bravo a mantenere solo quelli di Stato, mia cara. — Stanmore stese le braccia e la strinse a sé.

Nicholas osservò i suoi due amici che scivolavano in un mondo tutto loro che escludeva qualsiasi altra presenza. Il legame che univa i loro cuori e le loro anime era così evidente... e Nicholas corrugò la fronte sentendo nascere nel suo cuore un sentimento ambivalente. Per quanto si sentisse felice per loro, percepiva anche qualcos'altro agitarsi dentro di sé.

Distolse gli occhi facendo uno sforzo per apparire indifferente. Solo uno stupido, si disse, sarebbe stato invidioso di un tipo di vita che aveva sempre evitato come la peste.

Aveva già indossato il cappotto e si stava infilando i guanti, quando i due giovani ritornarono finalmente alla realtà. A Nicholas non sfuggì l'abbraccio protettivo di Stanmore attorno alla vita di Rebecca e l'intimo intrecciarsi delle loro dita.

— Vieni comunque. — Questa volta a parlare fu lord Stanmore. — Vieni dopo Natale, se vuoi aspettare che le feste siano passate. Sai che alla mia famiglia fa piacere averti con noi... anche se solo Dio sa perché. Ma, per parlare di cose serie, so che James sarà ansioso di raccontarti del suo trimestre a Eton e alla signora Trent non parrà vero di poterti coccolare.

Nicholas annuì. — Lo farò. Sempre che mia madre e mia sorella non mettano in atto la minaccia di venirmi a trovare da Bruxelles. Dal tono dell'ultima lettera di mia madre sembra che quella peste di Frances sia ormai intrattabile. L'ultima minaccia è di lasciarla in Inghilterra in modo che termini qui gli studi.

— Oh, questa è una notizia davvero eccitante — trillò Rebecca.

— Non certo per me. —Nicholas scosse la testa e prese il cappello di feltro che gli porse il valletto. — Non ho la minima idea di come si trattino le sedicenni che parlano incessantemente senza la minima parvenza di logica... e che tuttavia si considerano assolutamente mature.

— C'è una ragione per ogni cosa — ribatté Stanmore, mentre lui e la moglie lo accompagnavano alla porta. — Fa tutto parte del grande gioco della vita. Matrimonio. Figli. Spostare l'attenzione da noi stessi verso persone che amiamo. Come Garrick ha detto così bene l'altra sera a Drury Lane: "Questo è l'inverno del nostro scontento trasformato in una sfolgorante estate".

In altri momenti Nicholas avrebbe fatto qualche ironico commento sui re gobbi che assassinano le mogli, ma questa volta si limitò a chinarsi e a baciare Rebecca sulla guancia. — Buon Natale.

Fuori la neve scendeva fitta e il vento si era rinforzato. — Va' a casa al caldo, Jack — disse al cocchiere che l'aspettava. — Preferisco tornare a piedi.

Una folata di vento si abbatté sulle falde del cappotto di Nicholas, mentre la carrozza di allontanava.

Il baronetto rialzò il bavero e si incamminò, passando di fronte agli eleganti palazzi affacciati sulla piazza. Nonostante fosse ormai ora tarda, da molte finestre filtravano ancora luci a confermare che quella era la stagione dei ricevimenti.

L'immagine dei suoi due amici era impressa nella sua mente. Il matrimonio aveva avuto un effetto decisamente positivo su Stanmore. Da anni, da quando la sua prima moglie l'aveva piantato di punto in bianco, portandosi via il figlio James, Stanmore era stato sempre un uomo tormentato. Ma adesso che aveva ritrovato il figlio e sposato Rebecca era visibilmente felice. O forse era meglio dire "realizzato". La trasformazione era straordinaria... miracolosa.

Giunto nei pressi di casa, in Leicester Square, Nicholas si sentì troppo irrequieto per ritirarsi. La neve adesso scendeva meno fitta, così si diresse in direzione di St James's Park.

Da quando era tornato dalle colonie, più di dieci anni prima, Nicholas Spencer aveva cercato di condurre una vita il meno complicata possibile. Non aveva voluto legami e si era sforzato di non infliggere sofferenze. Negli anni passati da soldato ne aveva viste troppe: nei morti, nei feriti e nelle loro famiglie. La vita era troppo fuggevole, troppo incerta per stabilire legami.

Nicholas sapeva che la gente lo considerava solo un giocatore d'azzardo e un donnaiolo, uno sportivo, che aveva deciso di non sobbarcarsi le responsabilità che gli competevano per la sua posizione sociale.

Da parte sua, Nicholas Spencer non faceva nulla per smentire quella reputazione. Anzi ne era orgoglioso. Se l'era guadagnata. Non aveva mai desiderato dover rispondere a qualcuno delle sue azioni.

Ma allora, si chiese, da quando aveva cominciato a sentirsi così scontento?

Passò attraverso un cancello aperto e si inoltrò nei viali alberati del parco. Anche la solita fauna di prostitute e puttanieri, abituali frequentatori di quel luogo, sembrava essere andata a cercare ripari più caldi.

Nicholas Spencer si reputava un uomo indipendente, ma ora gli stava succedendo qualcosa di strano. Tanto per cominciare, come mai negli ultimi sei mesi aveva passato tanto tempo con Rebecca e Stanmore? Certo, gli era molto affezionato, ma stare in loro compagnia spesso non serviva affatto a sollevargli il morale.

Anzi, gli accentuava la sensazione che la sua vita fosse vuota e insignificante al confronto della loro.

In certi momenti gli sembrava di desiderare una situazione più stabile, ma scacciava via subito quel pensiero. Perché era felice della sua condizione.

O almeno così pensava...

— Ha mezzo penny, signore? Solo mezzo penny per mia sorella e per me?

Sullo sfondo scuro di una macchia di arbusti Nicholas vide le scarne braccia nude di un ragazzino protese nella sua direzione. Si fermò a osservarlo.

— Solo mezzo penny, signore. — Una figura evanescente gli si avvicinò cautamente. Aveva i piedi avvolti in stracci lerci. La sua testa arrivava appena alla cinta di Nicholas. Anche nel buio si vedeva che il bambino aveva un viso pallido come la morte e i denti gli battevano per il freddo.

Nicholas si guardò alle spalle, in direzione di un fagotto di braccia e gambe nude rannicchiato a palla e immobile sotto un albero. Il volto della bambina era coperto da lunghi capelli scuri.

— È tua sorella?

Il ragazzino lo tirò per la manica. — Mezzo penny, signore...

Il piccolo barcollò e Nicholas stese la mano per sorreggerlo, scoprendo con orrore che era ricoperto solo da una lacera camiciola di tessuto sottile. Si tolse i guanti e il cappello e glieli diede.

— Mezzo penny, signore.

Fu solo dopo essersi tolto il cappotto e averlo avvolto attorno al ragazzo che Nicholas avvertì l'odore di alcol che il piccolo emanava.

— Se tu e tua sorella mi seguite in una casa sicura che conosco, farò in modo che abbiate cibo caldo e vestiti caldi... e in più anche mezzo *scellino*.

Il ragazzino, avvolto nel cappotto tanto più grande di lui, lo fissò vacuamente senza dire niente.

— Non verrà fatto alcun male né a te né a tua sorella, ragazzo. Hai la mia parola.

Poi Nicholas osservò la bambina per terra. Era molto più piccola del fratello e, quando le scostò i capelli arruffati dalla fronte, rimase sbalordito vedendo un'angelica espressione d'innocenza su quel visino addormentato. Come il fratello, anche lei indossava solo pochi stracci. Le toccò il volto che era mortalmente gelido.

Nicholas sollevò immediatamente la bambina tra le braccia e si voltò verso il fratello. Il ragazzo era sparito.

In quel momento però era soprattutto preoccupato per quel fagottello tutto pelle e ossa che stringeva tra le braccia. Si avviò in direzione di una casa di Angel Court, poco distante da King Street, dove conosceva un paio di brave persone che si sarebbero occupate della bambina mentre lui cercava il fratello.

Era ben contento che il ragazzo si fosse tenuto il cappotto e il cappello, ma era preoccupato per i soldi che avrebbe trovato nelle tasche: ce n'erano abbastanza da tenere ubriaco un uomo per almeno quindici giorni. E per un ragazzo che se ne sarebbe servito per ingozzarsi di birra e liquori, ce n'erano a sufficienza per ucciderlo.

La bambina non pesava più di un gattino e Nicholas aggrottò la fronte sentendo il puzzo d'alcol che anche quel corpicino emanava. Il bere eccessivo di ricchi e poveri era ancora una delle maledizioni dell'Inghilterra, ma mentre i ricchi potevano prendersi ugualmente cura di se stessi e delle loro famiglie, la miseria dei poveri veniva trasmessa ai figli.

Quando Nicholas bussò alla casa in Angel Court, alla finestra comparve un viso, e al suono della sua voce la porta si aprì. Ma il volto dell'anziana donna, che si era illuminato riconoscendolo, si rabbuiò quando vide il fagotto tra le braccia di Nicholas.

— L'ho trovata nel parco — le spiegò passandole davanti. — Credo che non sia cosciente perché ha bevuto... anche se neppure il freddo le avrà giovato.

La vecchia aprì svelta una porta a destra e gli fece strada in un'ampia stanza in cui un piccolo fuoco emanava un caldo bagliore che riscaldava alcuni letti allineati alle pareti. Qualche bambino sbirciò da sotto le coperte con gli occhi spalancati per la curiosità.

— Dove la metto, Sadie?

La vecchia donna spostò una cesta con il rammendo e Nicholas depose delicatamente la bambina sul letto vuoto sopra una coperta pulita.

— Va' a chiamare Martha per me, caro — disse Sadie al ragazzino del letto più vicino.

Nicholas non si intendeva di bambini, ma giudicò che la piccola non avesse più di cinque anni. Teneva le manine intrecciate sulla coperta e dagli stracci che la coprivano spuntavano un paio di piedini sporchi. Lo sguardo di Nicholas era attirato dai capelli scuri che le incorniciavano un viso d'angelo. Le guance erano pallide sotto lo strato di sporco.

Mentre la osservava, la mente di Nicholas prese a correre, a fare progetti. La città era un luogo difficile per un bambino abbandonato a se stesso. Forse avrebbe potuto portare quella piccola derelitta a Solgrave, dove sarebbe stata un po' meglio. Era sicuro che Stanmore non avrebbe avuto nulla in contrario e Rebecca avrebbe accettato con entusiasmo l'idea. Dopotutto avevano già ospitato Israel, il quale nel giro di sei mesi si era completamente trasformato. In campagna la bambina avrebbe potuto frequentare la scuola del villaggio a Knebworth, sarebbe rifiorita.

Lo sguardo intenso che gli rivolse Sadie lo bloccò. Quando le si avvicinò la donna si alzò in piedi. — La piccola è tornata al Creatore, signore.

Nicholas non avrebbe voluto ascoltare quelle parole, indietreggiò di un passo, fece un leggero gesto con il capo e un istante dopo si trovò in strada.

Quella morte era ingiusta. Ma era circondato da tanti altri innocenti, inermi e sul punto di morire. E ciò che aveva fatto fino a quel momento non era sufficiente.

Un rifugio qua e uno là per offrire pasti caldi e un letto sicuro. Ma poi, cos'era cambiato nella vita di quei bambini? Che cosa aveva fatto per impedire che finissero ubriachi, violentati o morti per strada?

Occorreva dare loro qualcosa di più: una casa in campagna dove potessero crescere sani e una scuola dove potessero imparare. Avevano bisogno di una soluzione stabile.

In quanto a lui, stava invecchiando e ne era terrorizzato. Ammetterlo gli faceva, però, meno male di quanto avesse immaginato. Fino a quel momento aveva sprecato la sua vita, ma con qualche cambiamento poteva fare ancora tante cose. Iniziare lui stesso una nuova vita in una vera casa, dove poter veramente cambiare il destino di quei poveri bambini.

Ma per farlo aveva bisogno di una moglie e si chiedeva dove diavolo avrebbe potuto trovarla?

Capitolo Due

Waterford, Irlanda
Agosto 1771

IL FUOCO progrediva crepitando attraverso i campi sassosi. Le fiamme balzavano in avanti per poi ritirarsi un attimo e avanzare di nuovo simili a fiammeggianti serpenti. Sembrava una mostruosa creatura vivente che divorava tutto ciò che incontrava, sollevando nubi di fumo e cenere che oscuravano le stelle.

Gruppi di uomini armati di mazze imperversavano nella valle appiccando il fuoco ai campi a mano a mano che li raggiungevano. I tetti di paglia del primo gruppo di casupole presero fuoco e decine di uomini, donne e bambini fuggirono nella notte in preda al panico. Impossibile sottrarsi a quell'orrore.

Un bambino sgusciò urlando fuori dalla pelle d'animale che serviva da porta della sua casa e si trovò in mezzo all'inferno.

I raccolti, seminati con tanta cura e tanto sudore, si trasformarono in un'orgia di fiamme. Orzo, patate, cavoli, grano... tutto quanto sparì in un batter d'occhio.

Una madre in lacrime si voltò a guardare la sua casa in fiamme prima di essere trascinata via di peso nell'unica zona sicura della valle: la palude acquitrinosa a nord delle capanne. Al di là di essa, sulle alture, c'era la salvezza.

Un cavaliere solitario sbucò fuori a spron battuto dalla notte e incontrò un gruppo di superstiti che arrancava sullo sfondo delle fiamme.

L'uomo aveva cavalcato disperatamente nella notte. Non c'era stato tempo di chiamare aiuto. L'attacco era arrivato senza preavviso, senza che nessun tribunale l'avesse stabilito, senza nessuna giustizia. E lo stesso avveniva in tutta l'Irlanda. Il cavaliere guardò il villaggio che bruciava. Il giorno dopo, quegli stessi che avevano provocato l'attacco avrebbero demolito quel che restava dei muri. Nel giro di una settimana avrebbero scavato fossati per delimitare i pascoli, in cui la primavera successiva ci sarebbero state pecore e bovini al posto delle messi. I vecchi occupanti avrebbero vagato senza meta lungo i sentieri di una campagna tragicamente diversa.

Le grida disperate di una madre risuonarono tra le colline mentre la donna correva incontro al nuovo venuto.

Un istante dopo il cavaliere aggirava i bordi della palude, spronando il suo destriero verso le capanne in fiamme. Al centro stava un bambino seduto per terra con le mani levate verso il cielo, incurante delle ceneri che gli ricadevano intorno.

Vedendo il piccolo, il cavaliere lanciò il cavallo in quell'inferno di fiamme come un indemoniato. Una capanna crollò fragorosamente, e il rumore sovrastò per un attimo il pianto del bambino. L'uomo scese da cavallo mentre gli attaccanti si avvicinavano tra il fumo e le fiamme. Prese il bambino, rimontò in sella all'animale reso inquieto dal fuoco, e si allontanò al galoppo nelle tenebre.

Sulla collina la madre gli corse incontro con il viso rigato di lacrime e cenere, sopraffatta dall'emozione mentre raccoglieva il piccolo tra le braccia.

— Che tu sia benedetto, Egan!

Capitolo Tre

Cork, Irlanda
Un mese dopo

DAL FINESTRINO della carrozza Alexandra Spencer osservava, con occhio d'artista, la campagna selvaggia e rocciosa che aveva preso il posto dei campi ordinati e appena mietuti che si estendevano a nord della citta di Cork. Qui la natura era così diversa dalle monotone pianure che si stendevano attorno alla sua nativa Bruxelles.

La carrozza procedeva lungo una strada tortuosa ma in buono stato seguendo le anse del fiume. I boschi circostanti, fino a poco prima piuttosto radi, adesso erano più fitti e la donna guardò i suoi due compagni di viaggio.

Sua figlia parlava con tutta l'esuberanza che ci si può aspettare da una ragazza di sedici anni e quando tacque fu solo per prendere fiato prima di ricominciare.

C'erano diciotto anni di differenza tra Frances e suo figlio Nicholas e ciò era sembrato di poco conto quando erano più giovani. Ma ora che Frances stava diventando una giovane donna, Alexandra pensava che era giunto il momento che Nicholas cominciasse a esercitare le sue responsabilità di fratello maggiore per frenare l'esuberanza che era decisamente eccessiva, inappropriata in una fanciulla di buona famiglia.

Quando Frances era solo una bambina in fasce, Nicholas si trovava a studiare a Oxford. Qualche anno più tardi, quando Fanny aveva cominciato a frequentare la scuola, Nicholas era a combattere sulle pianure di Abraham durante la presa del Quebec. E poco dopo, quando lei era rimasta vedova, Nicholas aveva ereditato il titolo e il patrimonio del padre. Era stato allora che Alexandra aveva deciso che era giunto il momento di tornare nella propria casa di famiglia a Bruxelles, dove non avrebbe intralciato gli affari del figlio. Naturalmente aveva sperato di rifarsi una vita... una famiglia... ma non era andata così. E adesso era forse troppo tardi per ricominciare a esercitare apertamente un controllo su di lui.

Frances riprese a chiacchierare, ma questa volta Nicholas l'interruppe annoiato. — Temo proprio che il mondo non sopporterebbe un solo briciolo di eloquenza in più da parte tua, Frances. Sei troppo perfetta così come sei.

La giovane donna ridacchiò deliziata. — Oh, ma dovresti risparmiarti queste gentilezze per quel tesorino della tua Clara e non sprecarle per tua sorella.

— Tesorino... Clara? — chiese Nicholas Spencer in tono enfatico.

Frances lanciò un'occhiata incerta verso la madre e dopo avere ricevuto un cenno d'incoraggiamento tornò a rivolgersi al fratello.

— Be'... stiamo andando a Woodfield House, no? E tu hai *accettato* l'invito di sir Thomas Purefoy, il padre di Clara, a passare quindici giorni nella loro residenza di campagna, in questo luogo seducente, non è così?

— Frances, vorrei proprio che non usassi la parola "seducente" — si intromise lady Spencer.

— Senza contare che hai accompagnato quella giovane e così attraente signorina a non meno di *tre* eventi mondani la scorsa primavera a Londra, giusto? Devo continuare?

— Non farmi pressioni, Fanny. Sento già il cappio che mi si

stringe attorno al collo anche senza il tuo aiuto o quello della tua stimata madre. — Nicholas si infilò un dito nell'alto colletto della bianca camicia inamidata. Il suo sguardo passò carico di significato dalla donna più giovane a quella più anziana. — Se stiamo facendo questo viaggio è per voi due, non per me. Nonostante ci siano autorevoli pareri contrari, nell'educazione di una giovane donna, è importante che tu venga presentata a membri della società esterni alla cerchia di quei marmocchi viziati che hai avuto modo di conoscere a scuola.

Dopo una pausa Nicholas tornò a rivolgersi alla sorella, ma le sue parole erano indirizzate piuttosto a lady Spencer e dal tono era evidente che parlava molto sul serio.

— Sono stato molto attento a non creare equivoci nei confronti di Clara e a chiarire le mie intenzioni nei suoi confronti. Quella ragazza ha quasi la metà dei miei anni.

— Clara non ha la *metà* dei tuoi anni! — lo corresse Fanny, scivolandogli accanto. — Clara Purefoy ha compiuto diciotto anni lo scorso inverno. E tu hai trentaquattro anni. Tu non hai mai avuto, in nessun momento, la metà dei suoi anni.

— Ma, per la miseria, che se ne fa un uomo di una bambina di diciotto anni?

Lady Spencer inarcò un sopracciglio. — Dal costante flusso di notizie che mi arrivavano a Bruxelles sul tuo conto, sarei stata indotta a credere che sei abilissimo a sbrogliartela con donne di ogni età. — Alexandra batté affettuosamente la mano sul ginocchio del figlio che si era accigliato. — Il tuo disagio, mio caro, deriva esclusivamente dall'idea del matrimonio e di doverti impegnare in qualcosa. L'età di Clara è solo una scusa e farai presto a soffocare i tuoi timori.

— E poi, Nick... — trillò a sua volta Frances — Clara ha tutto quello che potresti desiderare in una buona moglie.

— E in qualità di figlia unica porta in dote una considerevole fortuna.

— Non che tu ne abbia bisogno — aggiunse sua sorella.

— Ma considerato il tuo stile di vita, mio caro, non fa mai

male avere qualcosa in più — concluse lady Spencer, guardando fuori dal finestrino, perché non voleva per il momento esercitare troppa pressione.

Il vecchio vescovo e il suo segretario osservarono terrorizzati il numeroso gruppo di ribelli in camicia bianca che frustavano i fianchi dei cavalli per spingere la carrozza fuori strada. Gli accompagnatori del vescovo, che erano stati costretti a scendere, si lanciarono all'inseguimento dei cavalli.

— Non la passerete liscia, dannati furfanti! — La voce del vescovo tremava per la collera. — Le vostre maschere e le vostre camicie di lino non serviranno a nulla quando vi metteranno un cappio al collo e dovrete affrontare il giudizio del Signore. "La vendetta è mia" dice il Signore.

Cinque cavalieri rimasero a osservare un'altra ventina di uomini a piedi che circondarono i due religiosi. Il silenzio era snervante. Prima che il vescovo potesse di nuovo parlare, il suo segretario, un giovanotto grasso dalle guance rubizze, vide un piccolo varco tra gli attaccanti e, cogliendo l'occasione al volo, lasciò cadere il pacco che aveva tenuto stretto al petto fino a quel momento. Scappò via, ma nessuno se ne preoccupò. Per terra cascò un grosso faldone di cuoio pieno di documenti e una voluminosa borsa di monete d'oro.

— Io conosco ognuno di voi dietro quelle maschere — bluffò il vescovo. — Conosco le vostre famiglie e le schifose tane in cui vivete.

Numerosi assalitori si fecero avanti con espressione minacciosa, costringendo il vecchio religioso ad arretrare sul ciglio della strada con le spalle rivolte a un albero.

— Provate a toccarmi, cani, e io invocherò su di voi la collera del Signore. Io sono il servo del bene e voi i figli del demonio. Voi siete... — Gli mancò il fiato quando da dietro gli venne passata una corda attorno alla vita che lo bloccò contro l'albero.

— Questo per avere imposto il pagamento delle decime agli affittuari a nord di Kinsale, che hanno perso il raccolto con la tempesta del mese scorso.

Il religioso guardò pieno di paura l'uomo mascherato alla sua destra che aveva pronunciato quelle parole. La primavera precedente aveva sentito raccontare di un prete papista che era stato lasciato legato a un albero nei pressi di Kildare. Il poveretto era stato due giorni senza mangiare né bere prima che qualcuno lo trovasse e lo liberasse. C'era poi stato un altro caso di un curato vicino al castello di Caher neanche tre settimane prima. Naturalmente nessuno dei due era stato ucciso... erano stati solo malmenati e terrorizzati a morte.

Due uomini afferrarono le mani del vescovo e gli legarono una corda attorno ai polsi.

— Questo per esservi rifiutato di battezzare alcuni bambini nell'Ulster solo perché i loro genitori non potevano permettersi le vostre esose tariffe.

— Ma non sono stato io! Io non ho voce in capitolo per quello che succede là... — La protesta del vescovo si smorzò in un piagnucolio terrorizzato. Un altro uomo del gruppo gli si avvicinò con una corda e gliela infilò abilmente attorno al collo. — No! Vi prego...!

La mente del religioso riandò immediatamente alla riunione che aveva avuto con il magistrato, sir Robert Musgrave, neanche tre giorni prima. Questi gli aveva promesso che tutti i sacerdoti sarebbero stati protetti dagli attacchi dei Bianchi. In cambio lui si era offerto di aiutare i proprietari terrieri attorno a Youghal che stavano cercando di buttare fuori dalle loro terre gli affittuari delle masserie per fare posto ai pascoli. Ma dov'era *adesso* quel dannato magistrato?

— Volete dire un'ultima preghiera, vostra eccellenza? Volete chiedere perdono al Signore per avere insozzato il Suo nome? Volete pentirvi dei vostri vergognosi gesti di avidità?

Gli occhi del sacerdote si fissarono sulla corda che gli penzolava al collo. I religiosi malmenati prima di lui erano semplici preti di campagna. Lui era un *vescovo*. Non poté fare a meno di chiedersi se adesso quella gente l'avrebbe davvero ucciso per inviare un segnale forte e chiaro a tutto il paese.

Le parole che proferì erano vere e proprie preghiere. Preghiere per implorare perdono per le cose di cui era stato accusato.

La carrozza rallentò improvvisamente. Nicholas mise la testa fuori dal finestrino e guardò oltre i cavalli. Aveva sentito dire che a volte si incontravano banditi per le strade, ma questo era davvero il fuorilegge più strano che avesse mai visto.

Da una biforcazione poco più avanti, dove una strada curvava bruscamente a destra, un grasso prete correva ansimando verso di loro, agitando le braccia all'impazzata ed emettendo grida sconclusionate per la mancanza di fiato.

Nicholas gridò al conducente di fermarsi e scese dalla carrozza che si stava arrestando.

— I Bianchi... il vescovo... vogliono ucciderlo... laggiù... laggiù...! — L'uomo sembrava quasi folle di terrore e si aggrappò a Nicholas per sostenersi. — Salvatemi... aiuto... il vescovo...!

Nicholas allontanò l'uomo dal braccio, consegnandolo al suo valletto che aveva seguito la carrozza in groppa al cavallo del padrone. Quando Frances manifestò l'intenzione di scendere, le fece cenno di non muoversi. Guardò nella direzione da cui era venuto il prete: un pendio completamente buio e coperto da un fitto bosco.

— Sarebbe più sicuro per le signore se continuassimo a muoverci — gli disse il postiglione a cassetta. — La gente del luogo li chiama Shanavest. È la parola irlandese per Bianchì. Sono degli scalmanati... se volete sapere la mia opinione.

Il prete che si era accasciato contro la carrozza per cercare di riprendere fiato si raddrizzò di colpo. — Ma... non potete farlo... non potete lasciarlo così... lo uccideranno.

— Può darsi — convenne il cocchiere. — Ma questi ragazzi

saranno armati fino ai denti. Sono dei ribelli e si muovono sempre in gruppi numerosi. Sarebbe pericoloso... per le signore, naturalmente... non tirare avanti.

— In quanti sono? — chiese Nicholas al prete.

— Cinque a cavallo... e direi una ventina a piedi... ma non so se li ho visti tutti o se ce ne sono altri.

Nicholas prese le redini del cavallo dalle mani del valletto.

— Posso venire con te, Nick? — chiese Frances tutta eccitata.

Nicholas si volse appena in tempo per vedere sua madre chiudere di botto lo sportello della carrozza, impedendo così a Fanny di scendere. Poi, mentre Nicholas dava istruzioni al conducente su come procedere direttamente per Woodfield House, il valletto prese posto sul retro della carrozza.

Nicholas si rivolse al prete. — E voi... dentro.

Mormorando parole di gratitudine, il segretario del vescovo aprì lo sportello della carrozza e saltò dentro con più agilità di quanto facesse presupporre la sua mole.

— Il nuovo magistrato, sir Robert Musgrave, ha messo una taglia sulla testa di quei ragazzi — spiegò in tono confidenziale il postiglione a Nicholas. — Si dice che intende impiccare nel vecchio Mercato del Burro di Cork ogni Shanavest catturato. Ma, se volete la mia opinione, si tratta di una decisione sbagliata, visto che la maggior parte dei contadini sono dei papisti che stravedono per questi ribelli. Però io sono solo un cocchiere... cosa ne posso sapere?

Lady Spencer sporse la testa dal finestrino prima che la carrozza ripartisse. — Guarda che puoi anche evitare di andare a cacciarti in una rissa, Nicholas. Sono preoccupata per te. Sono in troppi... e questo è un paese strano.

— Non c'è di che preoccuparsi, madre. Intendo solo avvicinarmi abbastanza da tenerli d'occhio.

— Allora perché non aspetti il carro che ci segue? Ci saranno i servitori a darti man forte...

— Andrà tutto bene. — Fece cenno al conducente di ripartire. — Tenete solo a freno mia sorella.

Nicholas aspettò che la carrozza sparisse dietro la curva della strada prima di montare a cavallo, poi, estratta la spada dal fodero, spronò l'animale.

———

La lama del pugnale formava una sottile linea bianca sulla pelle grinzosa e rubizza della gola del vescovo.

Questi, terrorizzato, aveva ormai offerto tutto ciò che gli era venuto in mente in cambio della propria vita... dalla consegna di sacchi di monete ovunque volessero... alla rinuncia di qualsiasi contributo per ogni chiesa della diocesi per un anno intero.

Ormai avevano ottenuto ciò per cui erano venuti, così il loro capo diede il segnale di ritirarsi. Il religioso, tutto tremante, rimase legato all'albero, con gli occhi serrati spasmodicamente e la bocca che si muoveva involontariamente in preghiere sconclusionate e promesse senza senso. I suoi abiti eleganti erano macchiati di fango, ma sul viso aveva solo pochi graffi a testimoniare quanto aveva sofferto.

— La prossima volta che cercherete di fare un patto con il magistrato ricordatevi di oggi — gli sussurrò minacciosamente all'orecchio un gigante d'uomo mentre rinfilava il pugnale nel fodero. — Noi sappiamo sempre dove trovarvi.

Il capo stette a guardare mentre il gigante sferrava un pugno nel fianco del vescovo prima di allontanarsi. Le corde impedirono all'uomo di piegarsi per il dolore, ma la smorfia sul suo vecchio viso mostrò quando fosse stato violento il colpo.

La borsa delle monete fu svuotata. Il bottino già prelevato dalla carrozza del vescovo fu raccolto in sacchi e trasportato via. Poi il gruppo si disperse in silenzio e improvvisamente, così com'era venuto. In breve, rimase solo il capo mascherato, in groppa a uno splendido cavallo.

Dopo avere legato la propria cavalcatura a un ramo di betulla in fondo alla strada, Nicholas si mise a osservare la scena stando al riparo di una macchia di pini. Passò un po' di tempo prima che il vescovo sollevasse la testa e guardasse la figura solitaria del cavaliere.

— Vi prego, non uccidetemi! — supplicò il religioso mentre l'uomo mascherato si avvicinava. Nicholas strinse immediatamente le dita attorno all'elsa della spada e avanzò in silenzio. Il capo dei ribelli aveva una pistola infilata nella cintura, ma Nicholas era sicuro di poterlo prendere alla sprovvista prima che l'altro potesse estrarre l'arma e sparare.

— Ammetto la mia colpa! Offro tutto quel che ho... io... — Il viso del vescovo divenne esangue quando vide il cavaliere estrarre un pugnale dalla cintura. — Io... io...

Nicholas si mise a correre verso di loro, ma si fermò prima di raggiungere la strada quando vide il ribelle chinarsi e tagliare le corde che legavano le mani del vescovo.

— Insegnate la pietà e la compassione ai vostri subordinati, prete. Sono virtù di cui hanno bisogno.

La voce era aspra e bassa, ma qualcosa nel suo tono indusse Nicholas a fermarsi. Si nascose di nuovo dietro a un albero e rinfoderò la spada mentre il cavaliere voltava il cavallo nella sua direzione.

Non appena sentì il destriero passare davanti all'albero dietro cui era nascosto, Nicholas uscì di scatto allo scoperto e afferrò il cavaliere per la camicia dandogli uno strattone per disarcionarlo. Entrambi caddero a terra e la pistola del ribelle scivolò tra i cespugli a fianco della strada.

L'uomo rotolò su se sesso e afferrò un sasso, ma Nicholas fu più rapido e quando l'altro glielo scagliò contro lo deviò con una mano. Era pronto ad affrontarlo ma vide con delusione il nemico girarsi e scappare verso il bosco. Senza esitare Nicholas si gettò al suo inseguimento.

L'uomo era piccolo di statura, ma agilissimo, tuttavia Nicholas, grazie alle sue lunghe gambe, riuscì a raggiungerlo nel sottobosco. Stava per agguantarlo alle spalle quando il fuorilegge si girò di scatto e gli vibrò un calcio in direzione dell'inguine. Nicholas si scansò e il calcio lo colpì all'anca.

Mentre cadeva, Nicholas riuscì a mettere a segno un pugno, un istante prima di schiacciare il ribelle con il peso del proprio corpo. Si drizzò allora a sedere su di lui e stava per assestargli un secondo pugno quando si fermò.

Il ribelle aveva perso il cappello nella lotta e la sciarpa che lo mascherava si era spostata. Con suo grande stupore Nicholas vide un viso di donna che lo fissava con ferocia. Niente di strano, quindi, che fosse stato così facile tirarla giù da cavallo e che fosse così leggera.

Riccioli di capelli corvini, non più coperti dal cappello, incorniciavano un viso estremamente attraente. Occhi neri come la notte gli sferrarono lampi d'odio. A lato della bocca si stava formando un gonfiore dovuto alla botta ricevuta. Senza riflettere Nicholas fece per toccare il labbro insanguinato, ma la donna l'allontanò con una manata, pronunciando una sfilza di parole in gaelico, che Nicholas pensò assai poco consone a una donna.

— Oh... mi lasciate davvero senza parole.

Nicholas inarcò un sopracciglio sentendo un'altra bordata di imprecazioni.

— Io starei bene attenta a quel che dite se fossi in voi, mia piccola gatta selvatica. — Si infilò una mano nella tasca della giacca e prese un fazzoletto. — Io posso anche perdonarvi per gli epiteti che rivolgete a *me*... ma mio padre? Mia madre? Mia moglie e anche il mio *cavallo?* Quel che è troppo è troppo.

Un sottile rivolo di sangue le scendeva giù per la guancia, ma quando Nicholas fece per asciugarlo lei cercò di colpirlo di nuovo. Nicholas le bloccò le mani al di sopra della testa con una delle sue.

Quando con l'altra mano le tamponò il rivolo di sangue, la ragazza gli puntò addosso i suoi occhi scuri. Nicholas li fissò a sua volta e gli sembrò che il tempo si fermasse. La donna era di una bellezza stupefacente e in quello sguardo Nicholas vide un fuoco che non aveva mai visto prima.

La schiacciava ancora con il suo peso tra le foglie e le felci e non poté fare a meno di ammirare il leggero sollevarsi dei suoi seni sotto la camicia bianca. I suoi occhi indugiarono sulla sua vena del collo che pulsava spasmodicamente e poi sui capelli scompigliati per posarsi infine su quel labbro gonfio che appariva irresistibilmente sensuale. Provò una fitta di rimorso per quello che le aveva fatto, ma poi subito dopo fu distratto dalla magia di quegli occhi.

Nello stesso istante in cui smise di dibattersi, lui rimase stregato.

— Chi siete? — le chiese con voce roca, premendole il fazzoletto sul labbro. Resistette all'improvviso impulso di chinare la bocca su quel viso, su quel collo, di adagiare tutto il corpo su quello di lei per scoprire se era stata colpita da quello stesso desiderio che si era impossessato di lui. L'attrazione era così forte che Nicholas si costrinse a lasciarla andare. Si rizzò in piedi di scatto, cercando di schiarirsi la mente. Le allungò una mano, ma lei non la prese, allora l'afferrò per un braccio e la tirò in piedi con uno strattone violento. E continuò a tenerla.

— Se fossi in voi comincerei a dare qualche spiegazione... prima che arrivino gli uomini del magistrato. — La donna non disse nulla e i suoi occhi scuri gli lanciarono lampi di sfida. — I Bianchi sono avvezzi a far combattere le loro battaglie dalle proprie donne?

Nicholas stava facendo un così grande sforzo per liberarsi dall'incantesimo che quella donna gli aveva gettato addosso che non si accorse che stava per prendere il pugnale che aveva alla cintura. Un istante dopo gli vibrò un colpo al braccio, così profondo da fargli mollare la presa per il dolore. E bastò che Nicholas guardasse per un istante la propria ferita, perché lei si lanciasse in fuga.

Quando arrivò al limitare del bosco, la donna era già rimontata a cavallo e veloce come un vento estivo scomparve in fondo alla strada. Nicholas trovò la pistola ai suoi piedi, la raccolse e l'infilò nella cintura. Raccolse anche il cappello della donna.

Il sangue stava macchiandogli la manica della giacca quindi se la tolse. Il taglio non era grave e usò il fazzoletto che aveva ancora in mano per bendare la ferita prima di rivestirsi.

— Una donna — mormorò mentre tornava verso il vescovo che stava liberandosi dalle corde.

— Ho visto che l'avete buttato a terra. L'avete guardato bene in faccia?

Il vescovo fissò il cappello che Nicholas aveva in mano.

— Il magistrato offre una grossa ricompensa a chi lo catturerà. Per lui *in particolare!*

— Chi è?

— Quel furfante è uno dei caporioni. È quello che ha sulla testa la taglia più grossa. Si chiama Egan... anche se si tratta indubbiamente di un nome falso.

— Indubbiamente — rispose Nicholas, distrattamente, guardando il cappello.

Capitolo Quattro

— In realtà non ho visto così bene il volto da poterlo descrivere.

Sir Thomas Purefoy aggrottò la fronte e riprese a camminare nervosamente avanti e indietro nel salotto azzurro di Woodfield House. Dalle bifore del salotto si scorgevano le verdi colline irlandesi estendersi fino al vivido fiume.

La madre e la sorella di Nicholas erano comodamente sedute su un sofà di fronte al caminetto e sorseggiavano distrattamente il tè, mentre lady Purefoy e Clara svolazzavano vicino al loro ospite ferito come farfalle notturne attorno a una fiamma. Fey, la governante irlandese di mezza età, stava terminando di bendare la ferita del baronetto con una fascia di lino pulita. Lo spesso tessuto della giacca e della camicia avevano ridotto la profondità del taglio e Nicholas riteneva tutta quell'attenzione esagerata. Ma rimase in silenzio e lasciò che la donna dai capelli rossi terminasse la medicazione.

Sir Thomas si fermò di nuovo di fronte a lui. — Ma siete certo che l'aggressore fosse il capo dei ribelli? Siete *certo* che fosse Egan?

— Nient'affatto. Prima d'oggi non sapevo nulla di questo gruppo. Sto solo ripetendo quanto il vescovo Russell ha detto dopo.

— Oh, lui dovrebbe saperlo bene, accidenti — mormorò sir Thomas, riprendendo a passeggiare nel salotto.

Nicholas ringraziò Fey che stava riponendo le sue cose in un cestino e si alzò in piedi.

— Se volete scusarmi — disse inchinandosi a lady Purefoy — andrò a togliermi questi abiti da viaggio.

— Oh, ma certo, sir Nicholas. — La nobildonna gli fece una riverenza. Subito dopo però prese la mano della figlia. — Oh, che sbadata sono. Clara, mia cara, perché non accompagni di sopra il nostro ospite nella sua stanza? Intanto potresti illustrargli la storia di Woodfield House. Sapete, è davvero interessane, sir Nicholas.

La giovane donna sorrise graziosamente, con i riccioli d'oro che si muovevano attorno al suo viso, e cominciò a fargli strada.

Nicholas cercò di ignorare lo sguardo ironico che Fanny gli rivolse mentre usciva dal salotto con Clara.

Woodfield House, che distava solo qualche ora di carrozza da Cork, era un'imponente struttura di pietra ricoperta di edera, posta su un'alta collina rivolta a sud. Come lo informò Clara, l'attuale abitazione padronale aveva più di cento anni, ed era stata eretta sulle rovine di una casa o di un castello precedente.

— L'edificio ha quattro piani... — gli disse la giovane donna — anche se solo due sono usati dalla famiglia. Al piano terra si trovano le cucine, la fabbrica di birra, le dispense e le stanze della servitù, che occupa anche i locali dell'ultimo piano. Qui dove siamo noi ci sono numerosi salotti, lo studio di mio padre, una bella biblioteca e un salone che a volte usiamo per dare ricevimenti.

Nicholas posò una mano sul braccio di Clara mentre arrivavano ai piedi delle scale. L'accentuarsi del rossore sulle guance e gli occhi modestamente rivolti verso il basso, gli ricordarono il motivo per cui era rimasto così affascinato da lei quando erano stati presentati a Londra. Bella e per nulla pretenziosa, possedeva proprio quelle virtù che aveva sempre trovato attraenti in una donna.

Questa era la prima volta che venivano lasciati soli da quando era arrivato, anzi da quando si erano conosciuti a Londra. Sir Thomas e sua moglie cominciavano a mostrarsi un po' troppo sicuri delle sue intenzioni... e questo pensiero non lo metteva affatto a suo agio.

Il suo sguardo cadde sulle labbra di Clara e si chiese se fosse il caso di prendersi la libertà di assaporare qualche altra attrattiva della giovane donna. Forse, si disse, se si fosse impegnato di più su quel fronte, non avrebbe continuato a pensare con tanta ritrosia agli anni che li dividevano.

E poi c'era un'altra questione da dimenticare completamente. Il volto della donna in cui si era imbattuto sulla strada, quella "Egan", era un'immagine che proprio non sembrava volergli uscire di mente.

Il corridoio e le scale erano deserti e Nicholas sollevò con una mano il mento di Clara in modo da poter guardare quei meravigliosi occhi azzurri.

— Per il momento ho ascoltato abbastanza di Woodfield House. Ora voglio sentire qualcosa di voi. Mi sono chiesto se vi sono mancato dall'ultima volta che ci siamo incontrati.

— Io... sì... mi siete... mancato... sir Nicholas.

Nicholas la vide inumidirsi inconsciamente le labbra con la punta della lingua e capì che era il momento giusto per proseguire. Ma una fitta al braccio ferito gli scacciò dalla mente quel pensiero. Così la lasciò andare e sollevò lo sguardo verso la cima delle scale.

—Anch'io ho atteso con impazienza questa visita — le disse amabilmente, cominciando a salire i gradini.

Se fosse stata delusa, non ebbe modo di saperlo, perché la ragazza continuò a tenere gli occhi fissi sui ritratti di famiglia che ornavano la parete.

— Che cosa mi sapete dire del gruppo di ribelli che il vescovo ha chiamato i Bianchi?

— A dire il vero... non ne so molto... solo quello che si sente in giro.

Quella risposta incerta lo indusse a osservarla con maggiore attenzione. Il suo viso non rivelava alcuna emozione, ma gli occhi osservatori di Nicholas notarono come le sue dita irrequiete giocassero coi nastri della cintura.

— Ho passato un po' di tempo in compagnia del vescovo Russell, che aveva invece molto da dire su di loro mentre cercavamo di raggiungere la sua carrozza coi servi. Ed è stato molto eloquente nel descriverne gli attacchi violenti contro il clero e i proprietari terrieri. Li ha definiti ladri e assassini privi di ogni moralità, uomini convinti di non dover rispondere né a un re né a una qualsiasi autorità religiosa.

— È ovvio che sia interesse del vescovo Russell dare queste spiegazioni, ma gli Shanavest che difendono la povera gente spremuta a sangue hanno una moralità certamente maggiore dei preti. Per forza parla così. Sarebbe uno stupido a non cercare di rovinare in ogni occasione la loro reputazione.

— Da come parlate, qualcuno potrebbe arguire che voi siete a favore di quel gruppo, miss Clara.

I nastri della cintura ora erano tutti attorcigliati tra le sue dita. — Oh... no... sir Nicholas. Io esprimevo solo un'opinione diffusa tra i nostri servi e affittuari. Molti sono di fede papista.

La ragazza non disse altro e non lo guardò più fin quando non arrivarono di fronte alla porta aperta della sua stanza, al cui interno lo attendeva il valletto.

— Grazie per avermi accompagnato, miss Clara. A che ora mi aspettano da basso?

Clara lo guardò, chiaramente a disagio. — Mia madre sperava di farvi incontrare il resto della nostra famiglia questo pomeriggio... prima di cena.

— Avevo l'impressione che il resto della vostra famiglia risiedesse in Inghilterra.

— Infatti... almeno la maggior parte. Mia madre desidera farvi conoscere mia sorella maggiore.

— Avete una sorella maggiore? — chiese Nicholas, stupito. — Credevo che foste figlia unica.

Clara scosse la testa, facendo danzare i riccioli biondi che le contornavano il viso. — A volte ho avuto proprio questa impressione. Dopotutto otto anni di differenza possono sembrare ottanta.

Nicholas pensò con fastidio quanto doveva sembrare vecchio *lui* a una ragazza così giovane. — E stasera saranno con noi anche il marito e i figli di vostra sorella?

— Oh, no! — Clara scosse di nuovo la testa. — Jane... non si è mai sposata.

Un istante dopo, quando Nicholas rimase solo, il suo unico pensiero fu che almeno avrebbe avuto un'altra persona *vecchia* con cui parlare. Sarebbe stato davvero interessane conoscere Jane Purefoy.

Nicholas era impegnato a giocare a carte con sua sorella e Clara. I tre erano seduti a un tavolino rotondo in salotto, ed erano così intenti nel gioco da non badare al piccolo trambusto vicino alla porta. Trambusto che però non sfuggì a lady Spencer che finse di guardare un quadro.

— ... Non dovreste costringerla a scendere, sir Thomas. Non nelle condi...

— *Non* voglio più sentire neanche una parola in merito, signora. Era stata avvertita di questo appuntamento con parecchio anticipo, maledizione. Ora *mandate* subito la vostra cameriera a chiamarla. *Immediatamente.*

Alexandra azzardò una rapida occhiata verso marito e moglie. Era evidente che sir Thomas comandava la moglie a bacchetta, perché Catherine Purefoy, pur chiaramente turbata, fece un cenno con il capo alla cameriera che era in attesa appena al di là della porta.

Alexandra pensò che, in tanti anni di matrimonio, mai suo marito si era rivolto a lei con un simile tono. C'era qualcosa di strano in quella famiglia.

Qualche minuto dopo un'ombra si proiettò sulla soglia e lo sguardo di Alexandra fu attirato dalla figura che stava entrando nel salotto.

La donna era vestita completamente di nero.

Indossava un elegante abito nero, da cui spuntavano scarpe

dello stesso.colore. Guanti scuri ornati di pizzo italiano si incontravano all'altezza del polso con le lunghe maniche dell'abito. Anche i capelli, tirati all'indietro, erano dello stesso colore degli abiti e i grandi occhi corvini facevano uno stupefacente contrasto con la carnagione color avorio.

Perfetto, tranne per il brutto livido che rovinava un angolo della bocca tumefatta.

Nessun altro sembrò accorgersi del suo arrivo, eccetto sir Thomas, ma Alexandra inarcò un sopracciglio osservando l'espressione di aperta ostilità che vide passare tra padre e figlia, mentre si lanciavano l'un l'altra occhiate di fuoco.

Una sedia stridette sul pavimento all'estremità opposta della stanza e lo sguardo della nuova arrivata si spostò in quella direzione. Un'espressione di sbalordimento turbò improvvisamente il volto della giovane donna e Alexandra la vide allungare una mano davanti a sé come per ritrovare l'equilibrio.

Dall'altra parte della stanza, Nicholas era in piedi vicino al tavolo... e dal suo aspetto si sarebbe detto che avesse visto un fantasma.

— Vieni avanti, Jane — disse lady Purefoy, con voce un po' esitante. — Sir Nicholas... lady Spencer... miss Frances, vi presento la mia figlia maggiore.

Capitolo Cinque

JANE SI AUGURÒ SOLO di apparire meno sorpresa di quanto fosse in realtà in quel momento, mentre cercava di valutare come avrebbe reagito l'inglese. Se quell'uomo avesse rivelato come si erano incontrati, per lei sarebbe stata la fine. Naturalmente avrebbe potuto negare tutto, ma dubitava che suo padre o sir Robert, il nuovo magistrato, avrebbero dato più credito a lei che alle parole di un baronetto inglese.

Il silenzio era pesante nella stanza. Jane distolse gli occhi, mentre si chiedeva quanto sarebbe riuscita a sostenere quella tensione. Poi la donna di mezza età, che quando era entrata guardava un quadro vicino al caminetto, le si avvicinò.

— Miss Jane... o meglio dovrei dire miss Purefoy, visto che siete la maggiore.

Jane fissò sorpresa la mano che le porgeva la sua ospite. La donna inglese sembrava avere all'incirca la stessa età di sua madre, ma dai suoi vispi occhi azzurri traspariva una forza interiore ben superiore a quella di lady Purefoy.

— Sarà sufficiente che mi chiamiate Jane — rispose a bassa voce, prendendole la mano e rivolgendole una breve riverenza. — Da mollo tempo non bado più a queste formalità.

— Allora voi chiamatemi Alexandra. — La donna non lasciò

andare immediatamente la mano di Jane, conducendola nella stanza prima di prenderla sotto braccio. — Non sapete quanto siamo felici di fare finalmente la vostra conoscenza. La vostra famiglia è stata riservata su di voi, mia cara. Da parte mia è un privilegio avere avuto l'occasione di conoscere il tesoro segreto di sir Thomas e lady Purefoy.

Tesoro? Jane si sarebbe messa a ridere se la bocca non le avesse fatto tanto male ogniqualvolta la muoveva. Lanciò uno sguardo torvo al padre che si girò verso il caminetto, portandosi un bicchiere di brandy alle labbra.

— Questa è mia figlia Frances. La più irrequieta giovane donna che si possa incontrare.

Leggermente più alta della madre e con i riccioli biondi accuratamente pettinati, Frances era il ritratto di una lady Spencer più giovane, ma altrettanto cordiale. Si alzò dal tavolo da gioco per andare loro incontro.

— Oh, ma che taglio *affascinante* avete sul labbro, miss Purefoy... se mi è consentito dirlo.

Lady Spencer lasciò il braccio di Jane e si mosse verso la figlia. — Frances Marie Spencer, sei una incorreggibile impertinente. — Poi si rivolse di nuovo a Jane. — *Devo* scusarmi per questa creatura. Sono sicura che mi hanno sostituito una figlia in culla, perché questa non può essere...

— Oh, sarei ben felice di spiegare l'origine di questo graffio... anche se temo che si tratti di una cosa assai banale. — Jane esitò, toccandosi il labbro dolorante e sentì un altro paio d'occhi che la studiavano. — È stato uno sfortunato incidente. Mi sono chinata per raccogliere una cosa e ho battuto la faccia contro lo spigolo del tavolino da toeletta nella mia camera da letto. Di solito non sono così sbadata, però.

Frances aprì le labbra per dire qualcos'altro, ma lady Spencer le troncò le parole in bocca dandole uno strattone al braccio.

Jane spostò lo sguardo sul viso della sorella. Clara era così pallida da sembrare sul punto di svenire e Jane la vide lanciare una rapida occhiata al braccio bendato dell'inglese.

— Sir Nicholas — riuscì a dire, rivolgendosi all'altro visitatore. — È un onore avervi qui a Woodfield House.

La ragazza sperò che la voce non la tradisse. L'inglese la stava ancora osservando con un certo disagio e Jane fu presa dal panico quando lui attraversò la stanza venendole incontro. Dovette fare uno sforzo enorme per non arretrare. Da nove anni era intensamente coinvolta nelle attività degli Shanavest. Perché, dopo tutto quel tempo, proprio il potenziale marito di sua sorella doveva essere il primo nemico a intuire la sua identità?

— Miss Purefoy. — L'inglese le rivolse un cortese inchino e quando sollevò gli occhi verso di lei, Jane rimase turbata dall'intensità di quello sguardo come le era successo la volta precedente. Permettere a quell'uomo di guardarla negli occhi era come aprirgli una finestra sulla sua anima. In quel momento provò una sensazione di estrema vulnerabilità, ma non riuscì a imporsi di distogliere lo sguardo.

— Voi non siete la sola a essere ferita oggi, miss Purefoy. — Le parole di Frances Spencer ruppero il silenzio e Jane le fu riconoscente per avere spezzato l'incantesimo.

— Jane — disse a bassa voce alla giovane Frances.

— Vi prego, chiamatemi Jane.

— Jane, dovreste farvi raccontare da Nicholas lo scontro che ha avuto oggi con il capo dei banditi. Ne è uscito anche lui con una meravigliosa ferita. — Frances fece una pausa, gettando un'occhiata d'orgoglio verso il fratello. — Sapendo quanto è abile Nick nel combattimento non dubito che quel delinquente abbia avuto la peggio.

— Sicuramente — mormorò Jane, vedendo con sollievo sua madre che si faceva avanti per invitare tutti a entrare in sala da pranzo.

Jane si trasse in disparte e riuscì a toccare il braccio di Clara nel passare.

— Mi spiace — le sussurrò e la sorella minore le rivolse un impercettibile sorriso.

Di tutti i presenti, sua sorella Clara era l'unica persona che

Jane avesse a cuore. Dal giorno in cui la sua vita si era intrecciata in modo indissolubile con il gruppo segreto di resistenza, sua sorella era diventata la sua unica alleata in famiglia. Clara era la sola persona con cui Jane avesse mai osato confidarsi. Nella sua vita Jane aveva commesso molte azioni pericolose e imprudenti, ma si era sempre assicurata che niente mettesse in pericolo o arrecasse dolore a Clara. Fino a oggi.

Mentre sua madre prendeva lady Spencer sottobraccio e sir Thomas scortava la vivace Frances a tavola, Jane si spostò verso la finestra, come sempre dimenticata da tutti. Non che la cosa le desse fastidio, pensò, mentre osservava l'inglese offrire il braccio a Clara.

Nicholas e Clara furono l'ultima coppia a uscire dal salotto.

Nicholas si fermò sulla porta e si guardò alle spalle verso Jane Purefoy che sembrava completamente persa in un mondo tutto suo.

— Vostra sorella non si unisce a noi per cena? — chiese a Clara, che osava appena sfiorargli la manica della giacca con le dita.

— Io, credo di sì.

Nicholas si volse allora verso la maggiore delle sorelle. — Miss Purefoy. Mi fareste l'onore di poter accompagnare tutte e due le belle figlie di sir Thomas a cena?

Un subitaneo lampo di insofferenza attraversò il bel viso di Jane e Nicholas per un istante si chiese se la causa fosse stata la sua offerta, o il fatto di avere pronunciato il nome di sir Thomas o la sua stessa presenza. A ogni modo la donna gli si avvicinò e appoggiò leggermente la mano sul braccio appena al di sotto della ferita, nascosta dalla manica della giacca.

Nicholas si trovava in una situazione curiosa. Sir Thomas Purefoy, un ex magistrato del re, un uomo che era stato elevato al rango di cavaliere dell'Ordine del Cardo, dopo avere combattuto valorosamente accanto al duca di Cumberland nella battaglia di Culloden, ospitava sotto il suo tetto una famigerata ribelle, che guarda caso era proprio sua figlia.

E non era finita lì. Il vescovo Russell aveva raccontato a Nicholas di come sir Thomas avesse avuto la mano pesante per stroncare le gesta dei ribelli Bianchi. A quanto pareva, il nuovo magistrato, sir Robert Musgrave, era ancora ben lontano dall'eguagliare la severità dimostrata da Purefoy contro gli Shanavest e le altre fazioni affini.

Durante la cena a parlare furono soprattutto Fanny e Alexandra, mentre Clara e lady Purefoy svolgevano silenziosamente la loro parte di perfette padrone di casa. Sir Thomas, dal canto suo, era chiaramente un uomo avvezzo alla sua posizione di proprietario del maniero. Tra i numerosi bicchieri di vino, inframmezzati da acide osservazioni su tutto ciò che veniva servito in tavola, riuscì a parlare incessantemente della sua più grande passione, rallevamento dei cavalli.

Di solito Nicholas avrebbe trovato un simile argomento estremamente affascinante, ma questa volta era interessato piuttosto al modo in cui la famiglia trattava Jane Purefoy. Per tutta la durata della cena non le fu indirizzato un solo commento. Per la sua famiglia sembrava proprio non esistere.

— Dopo cena avrete il piacere di conoscere il nostro reverendo Adams — disse a bassa voce lady Purefoy in risposta a una domanda di Alexandra sui vicini di Woodfield House. — È un giovanotto molto diligente, molto presente sul territorio...

Mentre veniva servita un'altra portata, lo sguardo di Nicholas si spostò su Jane, seduta a sinistra della madre, proprio di fronte a lui. L'uomo ebbe la certezza che delle donne di casa Purefoy quella più interessante doveva essere proprio la sorella maggiore.

— Miss Purefoy — le chiese — in quali attività occupate il *vostro* tempo in questa bellissima campagna?

— Io... mi... — fece per rispondere subito Clara, ma si bloccò di colpo quando si rese conto che la domanda di Nicholas era indirizzata a Jane e non a lei.

In quanto a sua sorella sembrò decisamente sorpresa che qualcuno si fosse rivolto a lei. Mentre cercava una risposta, Nicholas ne approfittò per studiarla apertamente.

Nonostante la severa pettinatura e il livido a lato della bocca, dal suo volto traspariva un guizzo di vitalità che non riusciva a celare. Considerato il suo modo di vestire e la ferita che aveva riportato, la bellezza di Jane era decisamente molto diversa da quella in voga nella buona società londinese. Ma, guardando più in profondità, Nicholas vi lesse una straordinaria energia, una bellezza naturale e uno spirito che era impossibile ignorare.

— Credo che ci sia ben poca differenza tra come ci si aspetta che una donna inglese passi le giornate in Irlanda e come si pensa che le passi in Inghilterra.

— Ho avuto spesso modo di osservare che quel che si prevede facciano le donne e quello che fanno effettivamente non è sempre la stessa cosa.

— Mi sembrate un buon osservatore della natura umana, sir Nicholas — commentò Jane.

— Sareste sorpresa delle cose che si ha modo di osservare quando ci si prende la briga di farlo.

Un leggero rossore le salì alle gote. — Be', io non ho modo di saperlo, signore, ma so che quando si tratta di soddisfare la curiosità di chi osserva è compito di una donna cercare di armonizzare ciò che ci si aspetta con ciò che deve essere fatto. Se la donna è abbastanza accorta nelle sue azioni, tutto quello che la gente nota è solo la sua... capacità di stare negli schemi.

— Volete dire che una donna deve dire una cosa e farne un'altra, Jane? — le chiese Fanny, tutta eccitata.

— Spero proprio di no, miss Frances — le rispose Jane con gentilezza. — Ripensando a quel che ho detto, mi rendo conto che posso dare un'impressione orribile. Ciò che volevo dire è che perfino dentro i rigidi vincoli del decoro imposto dalla società, vincoli ai quali praticamente è sottoposta ogni donna fin dalla nascita, ci sono libertà che posso essere godute, buone azioni che posso essere compiute. Anche se ci viene imposto il silenzio...

Il richiamo lanciato ad alta voce da sir Thomas a un servitore perché portasse dell'altro vino indusse la figlia maggiore a fare una pausa.

— Noi abbiamo voce e possiamo farci sentire. Essere una donna non vuol dire essere ridotta a uno stato di silenzio e inattività. Noi...

L'anziano magistrato la interruppe. — Vedete, sir Nicholas, queste donne hanno la testa vuota, o meglio piena di sciocchezze. Pensate che questa deficienza sia inerente alla specie, o solo al fatto che io sono stato particolarmente sfortunato?

Lady Purefoy intervenne per cambiare discorso. — Sapete, sir Nicholas, a Jane piace disegnare. Ha messo insieme una collezione interessante di suoi lavori... — la donna si interruppe per lanciare un'occhiata nervosa in direzione del marito e come avendone ricevuta Imbeccata cambiò nuovamente discorso. —... Anche se non tutti sono finiti, vero Jane? Clara invece ha una mano eccezionale con l'uncinetto. Ha fatto una meravigliosa riproduzione di Woodfield House.

Nicholas perse a quel punto ogni interesse alla discussione e smise di ascoltare. Ancora una volta la famiglia era riuscita a escludere completamente Jane dalla discussione. Dal viso della ragazza traspariva una rabbia repressa. Nicholas passò lo sguardo da lady Purefoy al marito. Adesso cominciava a essere infastidito dal modo spudorato in cui cercavano di spingere Clara nella sua direzione. Sir Thomas aveva la stessa finezza di un sensale di cavalli e se un tempo poteva avere avuto un qualche interesse per quella famiglia, ora il comportamento nei confronti delle figlie lo stava rapidamente allontanando.

Il padrone di casa posò il bicchiere vuoto sul tavolo. — Ora avremo un po' di tempo tutto per noi, sir Nicholas — disse, lanciando una significativa occhiata alla moglie che si affrettò ad alzarsi da tavola. — Cosi potremo chiarire alcuni particolari importanti riguardo ai nostri affari.

Le altre donne seguirono l'esempio di lady Purefoy e si alzarono da tavola.

— Noi ci ritireremo nel salotto azzurro, sir Thomas, e lasceremo voi uomini alle vostre discussioni.

Nicholas non ricordava di avere ancora chiesto la mano di Clara e l'assoluta sicurezza che mostrava il magistrato nei confronti dei possibili accordi matrimoniali lo indispettì ancora di più. Non gli era mai piaciuto essere obbligato a fare qualcosa.

— Sono sicuro che mi scuserete se non accetto il vostro invito per stasera, sir Thomas — disse, alzandosi in piedi non appena le donne furono uscite. — La cavalcata da Cork, unita alla ferita riportata, non farebbero di me una compagnia molto gradevole. Forse avremo modo in un'altra occasione di discutere di *qualunque* questione abbiate in mente.

Nicholas capì che l'anziano magistrato era rimasto di nuovo sorpreso, ma non avrebbe dovuto esserlo. In fondo sir Thomas conosceva bene quale fosse la sua fama di scapolo e libertino quando li avevano presentati a Londra. Ma evidentemente la posizione e la ricchezza di Nicholas avevano avuto il sopravvento sulla sua fama e gli avevano fatto guadagnare un invito a Woodfield House.

— Molto bene, signore. — L'uomo si alzò in piedi.

Nel corridoio all'esterno della sala da pranzo, Nicholas vide Jane Purefoy che parlava a bassa voce con uno sconosciuto dal viso severo che non aveva mai visto prima. I due erano molto vicini e le loro teste erano accostate in modo fin troppo confidenziale. Nicholas fu trafitto da un'inattesa quanto palpabile gelosia.

— Reverendo Adams — chiamò sir Thomas, attirando l'attenzione del nuovo venuto. — Siete arrivato prima del previsto.

— In effetti è così, signore.

Jane mormorò qualcosa scostandosi dal pastore e, lanciando una rapida occhiata a Nicholas, scomparve verso le scale che portavano ai piani superiori.

Il sacerdote si rivolse ai due uomini. — Spero di non essere di troppo, sir Thomas.

— Per niente, signore. Stavo solo parlando di voi a sir Nicholas.

Mentre gli presentavano l'ecclesiastico, Nicholas lo studiò. L'uomo aveva lineamenti fini e regolari. I suoi occhi erano penetranti e il suo viso esprimeva una serietà appropriata alla sua funzione. Indossava stivali e abiti di buona fattura. Aveva l'aspetto di un uomo che sarebbe stato un buon soldato se quella fosse stata la sua vocazione. L'atteggiamento di intimità che aveva con Jane prima che venissero interrotti, indusse Nicholas a chiedersi se Jane Purefoy provasse dell'affetto per il giovane religioso. Una forte e improvvisa delusione accompagnò questo pensiero.

Con sorpresa delle signore, i tre uomini si unirono a loro nel salotto azzurro e lady Purefoy fece il resto delle presentazioni. Nicholas si spostò a fianco di Clara.

— Penso che stasera non avremo il piacere della compagnia di vostra sorella. Ho visto che si ritirava.

— Mia sorella ha avuto, come voi, una giornata molto faticosa — rispose Clara con un leggera esitazione. — Mi ha chiesto di farvi le sue scuse.

— A me?

— Naturalmente, sir Nicholas. Non vorrebbe che ne aveste a male.

— No, naturalmente. Spero solo che non sia indisposta.

— No. Credo proprio che Jane stia benissimo.

— Quel livido in viso sembra una faccenda seria. Sapete se qualcuno l'ha medicato?

— Sono sicura che vi avrà provveduto Fey — spiegò Clara educatamente.

Nicholas osservò il parroco che conversava amabilmente con Alexandra. — Il reverendo Adams è un amico intimo di famiglia?

— Sì, certo.

— È sposato? Ha famiglia?

— No, non è sposato. — Con uno stentato sorriso Clara si scostò di un passo da Nicholas, impedendo di fatto nuove domande.

Nicholas studiò la giovane donna senza darlo a vedere. Clara esercitava una silenziosa presenza, con un sorriso dolce sulle labbra, senza partecipare ad alcuna discussione, ma svolgendo ugualmente la parte di perfetta padrona di casa. Nicholas si sentì improvvisamente annoiato.

— Se volete perdonarmi, miss Clara, credo che mi ritirerò anch'io — le disse.

La ragazza non sollevò alcuna obiezione né espresse alcuna opinione. Nicholas si inchinò e si scusò anche con i padroni di casa.

Il reverendo non rinunciò a commentare: — Sir Nicholas, mi spiace per l'attacco che avete subito stamane. Spero che non giudichiate l'Irlanda una terra di barbari per quello che è solo un incidente isolato. Abbiamo tanto da offrire.

— Ne sono sicuro. Del resto, ciò che è successo questa mattina potrebbe accadere anche viaggiando nella campagna vicino a Londra.

— Ma ditemi — proseguì il sacerdote — che cosa c'è di reale in quello che ho sentito al villaggio oggi pomeriggio... si diceva che aveste smascherato uno dei caporioni di questi ribelli Bianchi?

— Oh, non c'è nulla di vero — rispose Nicholas, gettando un'occhiata impaziente verso la porta. — Ci siamo accapigliati, ecco tutto.

— Ma vi sarete fatto di sicuro un'idea della statura di quell'uomo o della sua carnagione. Insomma qualcosa che potrebbe aiutare il nuovo magistrato a catturare il malfattore.

— No, non posso proprio essere d'aiuto — insistette Nicholas, senza più cercare di nascondere l'impazienza nella sua voce. — Il "malfattore" come lo chiamate voi avrebbe potuto esser chiunque. Dubito che riuscirei a riconoscerlo anche se lo vedessi.

— Eppure l'avete disarcionato...

— L'uomo che ho disarcionato avrebbe potuto essere *chiunque* per quel che ne so. Perfino *voi*, signore.

— Ne dubito proprio, sir Nicholas — intervenne il padrone di casa con una roca risata. — Perché mai un rispettabile uomo della chiesa episcopale dovrebbe schierarsi dalla parte di una banda di villani papisti?

— È quel che penso anch'io — replicò asciutto Nicholas. — Non so assolutamente niente di queste questioni. Ora, se volete scusarmi...

— In effetti ho il mio daffare in una canonica di una piccola cittadina chiamata Ballyclough, a un'ora circa di cavallo da qui, verso nord. Dovreste vederla, signore. È un posto molto bello.

— Sì, è un'ottima idea — si intromise lady Purefoy.

— Clara, mia cara, perché non fai una cavalcata fino a Ballyclough con sir Nicholas domani mattina... naturalmente se lo desidera. Potrai fargli vedere tante cose. Vi farò preparare dal cuoco un cesto per il picnic.

Henry Adams si rivolse a Nicholas. — Sarebbe per me un vero piacere mostrarvi la zona, signore. Vi prometto che non sarà una giornata sprecata. E voi, lady Purefoy, forse potreste convincere Jane ad accompagnarli.

— Sì, certo, reverendo — rispose lady Purefoy, chiaramente presa alla sprovvista dal suggerimento.

— Chiederò a Jane se vuole venire con voi.

— Anch'*io* desidererei che miss Purefoy accettasse l'invito — disse Nicholas, voltandosi e affrontando lo sguardo penetrante del reverendo. — Sono rimasto deluso di non avere potuto approfondire la sua conoscenza stasera.

Un profondo silenzio calò nella stanza. Ma a Nicholas non interessava per nulla salvare le apparenze e continuò a osservare Henry Adams per valutarne le reazioni. L'espressione dell'uomo era impenetrabile.

— Allora... insisterò... perché venga anche Jane... con voi. — Il viso arrossato di lady Purefoy rifletteva la sua confusione.

Soddisfatto del risultato ottenuto, Nicholas si inchinò davanti ai padroni di casa e si fermò un attimo di fronte al reverendo Adams prima di uscire. — Allora ci vediamo domani a Ballyclough.

Mentre saliva le scale, Nicholas cercò di capire i suoi sentimenti nei confronti di Clara. La ragazza gli era apparsa così affascinante a Londra. Aveva immaginato che sarebbe stata una moglie modello, adesso che pensava fosse venuto il momento di mettersi tranquillo e sistemarsi in campagna. Ma questo era stato prima di averla rivista con la sua famiglia. Clara gli sembrava ora troppo giovane, troppo ingenua, troppo priva di carattere. Le mancavano volontà e spirito.

Prima di giungere in cima alle scale, però, Nicholas si trovò ad ammettere la verità con se stesso. Era stato l'incontro con Egan, o meglio Jane, a indurlo a vedere così tante pecche in Clara.

Quando fu quasi arrivato, sentì una porta aprirsi e chiudersi adagio e, immobile nel buio, vide una scura figura femminile allontanarsi con passo leggero dalla porta della sua stanza. Aveva detto al suo servitore e al valletto che non aveva più bisogno di loro per la notte, per cui la sua camera doveva essere deserta. Poi scorse Jane Purefoy che scompariva dietro l'ultima porta a sinistra.

Incuriosito, Nicholas uscì dalla penombra ed entro nella propria stanza. I suoi bagagli erano ancora dove li aveva messi il valletto. Controllò la pistola e la spada. Erano al loro posto. Guardò il comodino dove aveva posato la pistola e il cappello abbandonati da Egan durante la fuga.

Naturalmente, entrambi gli oggetti erano spariti.

Capitolo Sei

Su una ripida collina rivolta a sud, una mezza dozzina di capanne di pietra formavano un piccolo agglomerato che si opponeva alla forza del temporale in arrivo. Piccole finestre buie si aprivano come occhi vuoti nella notte. In cima alla collina sorgevano i resti isolati di un granaio con il tetto di paglia, parzialmente crollato, che un tempo era stato il centro della vita contadina.

Da un boschetto di abeti e betulle uscì una figura avvolta in un mantello, che sollevò lo sguardo quando in lontananza il cielo fu squarciato da un fulmine, accompagnato dalle prime gocce di pioggia. Fu quasi un sollievo per gli abitanti, perché l'aria settembrina era molto più calda di quanto avrebbe dovuto essere.

All'inizio della serata un nutrito gruppo di persone si era rifugiato all'interno del granaio, ma ora rimanevano solo sei uomini e due donne. Avevano sentito il nitrito di un cavallo e rimasero in silenzio finché un leggero fischio della sentinella segnalò loro l'arrivo di Egan. Un istante dopo tutti fissarono con occhi allarmati il volto contuso della donna che entrò nel cerchio di luce.

Egan si fermò appena dentro la porta e osservò la cerchia di facce conosciute.

— Non c'è niente da guardare — disse, togliendosi il mantello e avvicinandosi al piccolo fuoco che era stato acceso. Il silenzio e le occhiate di stupore continuarono. — Mi spiace di essere in ritardo. Sono sicura che stavi per dire qualcosa, Liam.

Egan fece un cenno in direzione del capo e si rannicchiò accanto al fuoco, dove Ronan le fece spazio, continuando a tenere in ombra la parte tumefatta del viso e cercando di ignorare l'esame attento dell'uomo seduto accanto a lei.

Il capo si schiarì la gola e le parlò. — Siamo tutti d'accordo di fare avere una parte delle monete che abbiamo preso oggi alla vedova e ai bambini di Seamus.

— Allora posso portargliele io stessa — disse Egan.

— Domani mattina accompagnerò mia sorella e quell'inglese a Ballyclough. Mentre loro sono in visita dal reverendo Adams, io posso recarmi dalla vedova di Seamus.

— Avvertila di stare attenta a come spende il denaro — le disse Jenny, la più anziana delle due donne.

— Con tre bambini attaccati alle sottane e il marito morto da meno di quindici giorni, non ha proprio bisogno di attirare i sospetti del magistrato o dei suoi uomini.

— Glielo dirò — la rassicurò Egan.

I discorsi si indirizzarono ai commerci di Cork dove alcuni contadini del luogo avevano difficoltà a farsi pagare il giusto prezzo per i loro raccolti. Mentre ascoltava le lamentele, Egan rifletté ancora una volta su come gli inglesi governavano l'Irlanda e sulla tremenda povertà e ingiustizia che gli abitanti dell'isola subivano proprio a causa loro. Nel corso degli anni aveva visto quanto sangue e sofferenza fosse costata la resistenza, ma non aveva nessuna intenzione di rinunciare alle sue piccole battaglie e vittorie. Sapeva che il suo piccolo gruppo di patrioti, gli Shanavest di Cork, avevano la loro controparte in ogni paese e città d'Irlanda, ma dentro di sé Egan sapeva anche che alla fine i loro sforzi non sarebbero approdati a nulla di concreto. Non capitava tutti i giorni di poter mettere le mani su un vescovo. La maggior parte dei grandi proprietari terrieri erano inglesi e quelli che detenevano il vero potere erano per loro irraggiungibili.

Del resto, in quella parte dell'Irlanda c'erano già stati fin troppi morti, come Seamus, ed erano rimaste fin troppe vedove e orfani affamati.

Quando la riunione terminò, il temporale aveva ormai esaurito la sua forza. Coloro che abitavano nelle capanne sul fianco della collina sfidarono le intemperie, mentre gli altri preferirono aspettare che la pioggia smettesse.

Jenny mise una mano sul braccio di Egan, che stara indossando il mantello prima di montare a cavallo. — Ci siamo preoccupati da morire quando abbiamo saputo che l'inglese ti aveva vista in volto stamattina.

Egan la rassicurò battendole sulla mano. — C'è gente che si preoccupa per nulla. Quel dannato inglese mi ha preso il cappello, ma non ha visto nulla. — Egan pensò alla pistola che le aveva sottratto... e che adesso era di nuovo al sicuro nella sua camera da letto, ma non ne fece cenno. — Ero a cena con lui stasera e non ha fatto il minimo cenno.

— Se ha dei sospetti, ma non ne ha ancora parlato, può darsi che stia tendendoti una trappola — disse Liam dietro di lei con la sua voce profonda. Le due donne si voltarono. — Potrebbe anche averne già parlato con Musgrave. Magari potrebbero addirittura averti seguita fin qui stasera. Forse vogliono fare una retata generale.

— Non hai che da dire una parola e vado a tagliargli la gola.

Il ringhio di Ronan fece venire la pelle d'oca a Egan. I capelli rossi dell'uomo erano imbevuti di pioggia e la furia degli elementi naturali dietro di lui rifletteva esattamente il suo stato d'animo. Egan vide lo scambio di sguardi tra i due uomini e si sentì gelare il sangue.

— No — disse con uno sforzo.

Liam socchiuse gli occhi.

— No — ripeté lei, facendo un passo verso Ronan che teneva le briglie del suo cavallo. — Noi *non* uccidiamo innocenti.

— Quell'uomo è uno di loro.

— Ma non ha fatto ancora alcun male. — Si volse verso Liam.

— Gli Shanavest credono nell'onore. Noi combattiamo in nome della giustizia.

— E a volte la giustizia richiede la vendetta — replicò l'uomo. — Se questo inglese costituisce una minaccia per noi, dobbiamo fare tutto il necessario per proteggerci e proteggere coloro per i quali ci battiamo.

— Ma lui *non* è una minaccia — esclamò Egan frettolosamente e con un po' troppa foga. I tre la fissarono. — Quell'uomo è qui per sposare mia sorella. Gli interessano solo la sua futura sposa e alcuni cavalli... che porterà via con sé in Inghilterra quando ripartirà. Da come ha parlato stasera è evidente che non gli importa quanto succede nel nostro paese.

— Ti ha visto in faccia.

— Ti ripeto di no! — abbaiò contro Liam. — Mi ha dato un pugno e il cappello mi è caduto. Io gli ho dato una pugnalata al braccio e prima che lui rialzasse la testa ero già sparita. Non può avermi riconosciuta... né avere capito che Egan è una donna.

— Ma ha il cappello...

— No. Ce l'ho io — rispose Egan. — Fey ha preso i vestiti da viaggio dell'inglese per lavarli e lui penserà che ci sia finito dentro per errore anche il cappello. Gliene farò mettere un altro in camera da letto.

— Però ha visto il tuo viso tumefatto stasera...

Jenny sollevò una mano e mise a tacere Liam. — Noi ci fideremo gli uni degli altri. — La donna fissò a lungo i due uomini con durezza. L'età avanzata, gli anni che aveva dedicato alla causa e i familiari che aveva perso le conferivano un'autorità che nessuno dei due uomini avrebbe osato sfidare. — Egan ha combattuto per noi più a lungo di te, Ronan, e quasi quanto te, Liam. Se lei ritiene che non ci sia pericolo a lasciare in vita l'inglese, io dico che dobbiamo accettare la sua parola.

I due uomini non osarono ribattere e tornarono in un angolo buio del granaio. Egan strinse la mano alla vecchia, ma non disse nulla. Non voleva sentire Jenny dare altre spiegazioni. A volte certe cose è meglio non dirle apertamente. Lasciò il granaio da sola.

Ora sperava solo che la sua famiglia concludesse al più presto gli accordi per il matrimonio. Non voleva vedere il viso di Spencer un istante di più del necessario. Il suo primo incontro con lui era un ricordo che desiderava seppellire per sempre.

L'arcata di pietra che adornava il passaggio che portava ai giardini offriva a Nicholas un luogo riparato in cui fumare in pace un sigaro. La pioggia scendeva a rivoli sui sentieri lastricati riversandosi nel giardino. Uno dei tani cani della tenuta si era acciambellato ai suoi piedi. Al di là del giardino era visibile la sagoma scura dell'antica scuderia, con le due lunghe ali di stalle che si estendevano fino al muro di pietra che recintava il prato su cui si addestravano i cavalli. Più avanti si intravedeva il profilo di una stalla più moderna, il cui tetto di ardesia scintillava argenteo al chiarore dei lampi.

Nonostante la scusa che Nicholas si era inventato per sottrarsi ai Purefoy, il sonno continuava a sfuggirgli anche ora che tutti gli abitanti di Woodfield House erano ormai andati a dormire da un pezzo. Il fragore del temporale e il tempestare della pioggia contro le sue finestre l'avevano alla fine indotto ad alzarsi dal letto e adesso se ne stava in quell'angolo buio a fumare e guardare la pioggia che cadeva.

Poi, mentre l'aria era squarciata da un tuono fragoroso, nella sua mente si formò l'immagine del viso di Jane Purefoy, con i capelli corvini svolazzanti al vento e gli occhi neri come la notte che lo sfidavano a seguirla nella tempesta.

Nicholas gettò il sigaro per terra e lo schiacciò sotto il tacco, furioso per essersi lasciato stregare con tanta facilità. Non si era mai lasciato coinvolgere da una donna in tutta la sua vita e non intendeva cominciare adesso.

Mentre stava per rientrare in casa un altro lampo illuminò a giorno i campi al di là delle scuderie *e* fu sicuro di avere intravisto un cavaliere solitario che attraversava la valle.

"Stregato" era la parola giusta. Del resto tutti sapevano che l'Irlanda era la terra dei fantasmi e degli elfi. Dei sacerdoti pagani, delle colline stregate e delle *banshee,* gli spiriti femminili annunciatori di morte.

Un altro lampo illuminò la scena davanti ai suoi occhi. Nuovamente scorse un'ombra incappucciata e avvolta in un mantello avanzare veloce in groppa a un cavallo.

Nicholas rimase in attesa di udire gli zoccoli del cavallo, ma il susseguirsi dei tuoni e la pioggia battente attutivano qualunque rumore. Quando alla fine un altro lampo illuminò il cielo l'ombra era scomparsa.

Poco dopo udì un tramestio provenire dalle scuderie. Incuriosito, Nicholas uscì sotto la pioggia. Si avvicinò cautamente alla stalla, attento a rimanere nell'ombra.

Guardò al di sopra del muro la fila di stalle che davano sul recinto, cercando di percepire qualche rumore da parte del misterioso cavaliere.

Poi gli parve di sentire sussurrare una donna. Si sforzò di ascoltare e gli sembrò che la voce stesse parlando dolcemente cercando di blandire un cavallo. Nicholas si issò sul muro e strisciò lungo le stalle. In una di queste la metà superiore della porta era parzialmente aperta.

—*Oidhe maithe agut, tno bourine.*

Jane. Qualunque cosa avesse detto, le parole erano state mormorate in gaelico e Nicholas era pronto a scommettere che il loro significato era assai più gentile delle imprecazioni che la donna gli aveva scagliato contro quella mattina. Sorrise e rimase in attesa, non volendo sorprenderla nel ricovero. La ragazza era svelta con il pugnale e Nicholas non si fidava delle proprie azioni nel caso avesse dovuto prenderla in trappola. Aspettò che uscisse dalla scuderia per entrare nel recinto, ma non udì altri rumori.

Dopo un po' aprì la metà superiore della porta e si schiarì la gola. Lo accolse l'odore del cavallo e del cuoio bagnato e sentì l'animale spostarsi nel buio, ma tutto era silenzioso. Una coperta copriva la schiena del cavallo.

Anche se il locale era stretto e buio vide che tutto era in ordine. In fondo alla scuderia c'era un piccolo corridoio illuminato da minuscole finestre. Se non fosse stato per la testa bagnata del cavallo e la sella gocciolante appesa alla porta della stalla, Jane Purefoy poteva non aver mai cavalcato sotto la pioggia.

Capitolo Sette

Per la centesima volta Nicholas osservò Jane che cercava di raddrizzare il buffo cappello che aveva in testa, ma il venticello autunnale continuava a spostarlo di qui e di là, scompigliandole i capelli che aveva raccolto con tanta cura sotto il copricapo.

La sorella maggiore non aveva fatto colazione con il resto della famiglia e anche più tardi Nicholas non l'aveva vista, fino a quando non era andato con Clara nel recinto dove erano pronti i cavalli. Jane li aspettava lì, in mezzo a stallieri e garzoni indaffarati. Completamente vestita di nero, montava la sua cavalla color ebano con cui era in perfetta armonia. Niente sella da donna per Jane, non era tipo da tali raffinatezze.

Stonava solo quel ridicolo cappello.

Il vento soffiava più forte mentre procedevano verso nord attraverso l'aperta campagna. Il sole splendeva luminoso e a nordest le nubi sembravano uno scialle sbrindellato sopra le cime di antiche montagne. Con l'occhio della mente Nicholas si raffigurò facilmente l'immagine di Jane che la notte precedente montava lo stesso cavallo, trasportata dal vento e dal temporale. Aveva desiderato spasmodicamente raggiungerla e parlarle prima che rientrasse in camera sua e aveva pensato che anche lei volesse dirgli qualche cosa, visto che aveva scoperto il suo segreto. La ragazza doveva essere tormentata da un atroce dubbio: cosa e soprattutto a chi rivelare il suo mistero. Di questo Nicholas era quasi certo ma non gli era sembrato che Jane fosse un tipo molto paziente.

Il vento continuava a tormentarli. Nicholas si trovava alcuni metri dietro Jane e poté vedere che la ragazza aveva rialzato la veletta del cappello sulla stretta visiera.

Improvvisamente Nicholas spronò il cavallo desideroso di vedere il viso di Jane, ma quando lei sentì che si avvicinava incitò la sua cavalla, in modo da mantenere tra di loro la stessa distanza di sicurezza che aveva frapposto da quando avevano lasciato Woodfield House.

A quel punto Nicholas tirò le redini del cavallo, aspettando che Clara lo raggiungesse di nuovo. A differenza della sorella maggiore, Clara cavalcava all'amazzone come si conviene a una giovane donna. Quando lui le fu vicino, sollevò il braccio per sistemarsi il delicato cappello di piume che indossava.

— Chiedo scusa — gli disse. — Stamattina avrei dovuto scegliere un cavallo più sveglio. Non sono poi così abile a cavallo come potreste pensare. È solo il cavallo scelto che...

— Oh, ma voi cavalcate benissimo — le rispose amabilmente Nicholas, diminuendo l'andatura in modo da mettersi al passo con lei. Vide che anche Jane aveva rallentato e si era rialzata di nuovo la veletta dal viso. — Sono io che devo scusarmi per non avere mantenuto la vostra andatura.

— Oh, no, signore — gli rispose dolcemente. — Non avete di che scusarvi, ve l'assicuro.

Nicholas fece un gesto con il capo in direzione di Jane che era davanti a loro. — Mi stavo chiedendo, miss Clara, come mai vostra sorella si rifiuta di cavalcare con noi?

— Jane... ecco, penso che non voglia essere di troppo. Mia sorella ha le sue idee. — Clara lo guardò con i suoi occhi azzurri. — Spero vogliate credermi se vi dico che non è stata mia l'idea di lasciare Jane così lontana.

— Vi credo. Ma se mi è concesso curiosare un po' nei vostri

affari di famiglia, avrei una domanda da farvi. — Dopo avere ricevuto un cauto cenno d'assenso, Nicholas continuò. — Sono rimasto molto perplesso da quando ho conosciuto miss Jane, ieri. Mi sapreste dire come mai vostra sorella non ha accompagnato la famiglia a Londra, la scorsa primavera?

— Certo. È stata una scelta di Jane. Lei ha l'abitudine di non viaggiare mai con noi.

— Ma come mai nessuno della famiglia ha mai accennato a una figlia maggiore? — Nicholas le rivolse un'occhiata penetrante. — È stata sempre una decisione di Jane di non venire mai nominata né dai genitori né dalla sorella? Ditemi, Clara, vostra sorella è stata forse depositata appena nata dagli zingari di fronte alla porta dei vostri genitori?

— Oh, no, signore! — Clara abbassò lo sguardo sulle redini che stringeva tra le mani coperte dai guanti. — Jane è la mia unica sorella e mi è molto cara... è cara a tutti noi.

— E non avete una risposta che spieghi tutta la segretezza che circonda la sua esistenza? Anche se non ho nulla in contrario a un po' di mistero, o addirittura a uno scandalo, devo dire che l'aria di Woodfield House è impregnata di entrambi. Ma forse dovrei parlare di questo con sir Thomas...

— Oh... come vi pare meglio, signore. Ma in tutta onestà posso assicurarvi che mia sorella non ha mai avuto nessun desiderio di essere presentata in società, così come è successo a me. Non sono mai stati organizzati balli in suo onore. Non ha avuto pretendenti che la corteggiassero. Jane non ha mai avuto l'intenzione di scegliersi un marito nella buona società londinese. — La ragazza esitò un momento. — I miei genitori invece avevano progetti diversi per me. Non è un segreto né mi vergogno ad ammetterlo con voi che i miei genitori mi hanno portata a Londra allo scopo di organizzare un buon matrimonio.

E purché avesse il giusto titolo e beni sufficienti, pensò Nicholas, chiunque portasse un paio di pantaloni sarebbe andato bene. Ancora una volta la questione del matrimonio lasciava trasparire il suo aspetto mercenario e Nicholas provò un senso di repulsione all'idea. Gli sembrava che in definitiva non fosse diverso dal proprietario di una cavalla che va alla fiera del paese per scegliere uno stallone. A quel punto non restava che trattare sul prezzo... e sir Thomas su questo era di certo ben preparato.

Questo pensiero tuttavia gli procurò un profondo senso di colpa: in definitiva quale era la differenza tra la sua ricerca di una moglie e il metodo utilizzato dai Purefoy? Non molto, a pensarci bene.

In cima alla collina Jane stava estraendo uno spillone per fissare meglio il cappello quando un'impetuosa folata di vento glielo strappò dalla testa e lo fece volare davanti a loro come un corvo malconcio. Nicholas spronò il cavallo e si chinò per infilzare il cappello con la spada. Poi lo sollevò come un trofeo sulla punta della lama e lo sfilò prima di rinfoderare l'arma mentre tornava verso le due donne che lo osservavano con le pupille spalancate.

Nicholas però guardava solo Jane, i cui occhi scuri scrutavano ogni suo movimento mentre si avvicinava. Ancora una volta vide la donna che aveva disarcionato il giorno prima. E mentre le si avvicinava notò ogni particolare dalla punta delle scarpe nere ai capelli ora sciolti sulle spalle; notò il mento orgoglioso e la bocca tumefatta. Non riuscì a non fissare quelle labbra sensuali e a chiedersi come sarebbe stato baciarle.

— Molto bene, signore... — gli disse Jane, quando li raggiunse. Sembrava arrossata in volto e senza fiato, come se avesse intuito i suoi pensieri. — Sembra che non solo l'abbiate inchiodato al suolo, ma anche che gli abbiate inflitto un colpo mortale!

— Temo proprio di sì — rispose Nicholas inserendo un dito con il guanto nel punto in cui la spada aveva tagliato la pelle di castoro. — E insisto per comperarvene un altro non appena se ne presenterà la possibilità.

— Non sarà necessario — ribatté Jane. — Lo posso portare così com'è. Quando torneremo a Woodfield House sono sicura che Fey potrà ripararlo... in qualche modo.

Jane allungò la mano per prendere il cappello e Nicholas spinse il cavallo più vicino, ma proprio mentre la mano della ragazza stava per afferrarlo, Nicholas lo lasciò andare e quello volò via, trasportato da una folata di vento.

Jane osservò il cappello e Nicholas invece di gettarsi all'inseguimento preferì studiare il bel viso della ragazza. — Vedo che ora dovrete proprio permettermi di regalarvi un altro cappello.

— In realtà era di mia madre — interloquì Clara a bassa voce alle sue spalle, prima di affiancarsi con il cavallo. — Ma vi assicuro che non ne sentirà affatto la mancanza.

Jane osservò per un momento il copricapo che saltellava sulla brughiera prima rivolgersi alla sorella. — Ecco allora che il destino ha decretato che non possa scortarti a Ballyclough. Ma se vorrai presentare le mie scuse al reverendo Adams e alla signora Br...?

— No, Jane, avevi promesso di venire.

— Lo so, ma visto il mio aspetto...

— Il reverendo ha già visto il tuo viso tumefatto ieri sera.

— Ma la signora Brown no.

— Non è così evidente alla luce — le disse Clara, chinandosi verso di lei e toccandole il braccio. — Sei a posto, Jane. Diteglielo anche voi, sir Nicholas, che non c'è nulla che non vada.

— Direi proprio che miss Purefoy ha un bel aspetto — osservò Nicholas, mentre le accarezzava il volto con lo sguardo. — E sarei oltremodo deluso se dovesse privarci della sua incantevole compagnia in una giornata così piacevole.

Un leggero rossore si diffuse sulle guance di Jane e Nicholas ili felice di constatare che la ragazza non era del tutto, insensibile alle sue parole.

— Allora vieni, Jane? Ti prego. È da tempo che il reverendo Adams ti invita ad andare a Ballyclough e ormai siamo quasi arrivati.

Un'espressione di frustrazione comparve sul viso di Jane, che però assentì. — Vi scorterò fino al limite del villaggio, ma non oltre. Lì vi lascerò e andrò a trovare un'amica che abita vicino a Buttevant. Se ritornerò in tempo, verrò a fare una breve visita al reverendo Adams prima di ritornare a Woodfield House con voi.

Clara apparve chiaramente sollevata e i tre ripresero il loro cammino verso nord. Prima però che Jane riuscisse a distanziarli di nuovo, Nicholas iniziò a conversare con lei.

— dire, miss Jane, che mi sorprende che la vostra famiglia approvi che ve ne andiate da sola a Buttevant senza scorta. Non avete paura dei Bianchi?

— Nient'affatto, sir Nicholas. — Jane continuò a tenere lo sguardo fisso davanti a sé. — Da quel che si sa non rimangono mai nella stessa zona in cui è avvenuto un fatto come quello di ieri. *Voi* siete preoccupato, signore?

— Per niente.

— E come va il vostro braccio, oggi?

— Molto meglio. E la vostra faccia?

— Sto benissimo, grazie.

Nicholas represse un sorriso e i tre proseguirono per un po' in silenzio.

— Ieri notte c'è stato un bel temporale. Voi come avete dormito?

Il sonno è l'unica cosa a cui Jane tiene molto nella vita — spiegò Clara. — Anzi, se mia sorella stamattina è piuttosto scontrosa ciò si deve proprio al fatto che è stata svegliata troppo presto.

— La comprendo benissimo — replicò Nicholas con noncuranza. — Anch'io sono una creatura della notte e ho avuto difficoltà ad addormentarmi ieri sera. Così sono uscito a osservare il temporale stando al riparo dell'arcata rivolta verso le scuderie. È straordinario come può essere incantevole la notte quando ci si dedica a contemplarla.

Jane gli rivolse un'occhiata interrogativa e Nicholas sostenne il suo sguardo. Gli occhi di Jane si incupirono, sprizzando lampi come zaffiri e Nicholas provò soddisfazione vedendo che era riuscito a catturare di nuovo la sua attenzione.

La voce di Clara lo interruppe. — Ecco il villaggio. Piccolo ma incantevole, non trovate sir Nicholas?

Davanti a loro, disteso in una valle e circondato da una scacchiera di campi scuri coltivati e di verdi terreni da pascolo, su cui si aggirava qualche vacca e un buon numero di pecore, sorgeva un piccolo gruppo di case. Sullo sfondo di un antico castello, situato a un'estremità del villaggio, emergeva il tozzo campanile grigio della cappella.

— Il castello è stato costruito dai Desmond secoli fa — disse Clara, seguendo lo sguardo di Nicholas. — Adesso ci vivono i Purden, ma non abbiamo contatti con loro. E da quella parte c'è anche una cava di pietra calcarea...

— Io me ne vado, allora — disse Jane, tirando le redini e dirigendo il cavallo verso una strada diretta a est. — Ci rivedremo nel pomeriggio.

Nicholas cercò di trovare qualche obiezione, una scusa per trattenerla con loro. — È un peccato che non possiamo accompagnarvi nella vostra visita a Buttevant. Mi sarebbe davvero piaciuto scoprire un po' di più di questa bella campagna.

L'espressione di Jane gli fece capire chiaramente che non c'era la minima possibilità che lo portasse con sé.

— È una splendida idea, sir Nicholas. Perché non andate con Jane a Buttevant? — La domanda di Clara fece voltare bruscamente la testa ai suoi compagni di viaggio. — È una splendida terra di cavalli, sapete. Le valli lungo il fiume Awbeg sono famose in tutta l'Irlanda. Gli irlandesi di queste parti vanno a cavallo fin dall'infanzia. Mio padre canta spesso le lodi degli splendidi animali che ha visto e acquistato dalla gente che li ha allevati lungo il fiume.

— Ma io non vado a trovare nessun mercante di cavalli, Clara — disse Jane a denti stretti. I suoi occhi scuri lanciavano lampi incendiari.

— Lo so, ma sarebbe molto più sicuro — ribatté amabilmente Clara. — E mentre vai a trovare la tua amica, sono certa che a sir Nicholas non spiacerebbe aspettare nel villaggio e godersi questo meraviglioso panorama. C'è perfino un'abbazia in rovina, che si dice sia antica quanto la chiesa di Dublino.

— Ma guarda — rispose Nicholas in tono interessato.

— Scusatemi un attimo — disse Jane spingendo il cavallo

verso la sorella e sussurrandole parole destinate solo a lei ma che Nicholas non poté fare a meno di ascoltare.

— *Perché* lo fai?

— Lo sai bene perché.

— Ti do la mia parola che tornerò. Ma andrò da *sola!* Clara scosse la testa e Nicholas poté vedere il viso della sorella maggiore infiammarsi.

— Credo che sir Nicholas abbia ragione riguardo alla possibilità che ci siano ancora gli Shanavest nella zona — disse Clara ad alta voce, voltandosi verso di lui. — Vorreste fare a mia sorella l'onore di accompagnarla dalla sua amica e poi ritornare qui, signore?

Nicholas passò lo sguardo dal viso felice dell'una a quello contratto dell'altra. — Siete sicura che il reverendo Adams sarà d'accordo su questo cambiamento di piani?

— Assolutamente.

— E voi? Non vorrei offendervi, piantandovi in asso così.

— Nient'affatto, signore. — Clara gli rivolse il più luminoso dei suoi sorrisi. — Sono stata io a proporvelo, non vi pare? Del resto ho voglia di passare un po' di tempo in compagnia del reverendo. E sapendo che voi siete con mia sorella per proteggerla da eventuali malfattori, potrò stare tranquilla in attesa del vostro ritorno. Chiederò alla signora Brown di prepararvi un tè.

— Se è questo che desiderate...

— Allora d'accordo. — Clara sorrise e toccò il fianco della sua cavalla con il frustino. — Arrivederci a presto.

— E *io?* — protestò Jane, osservando sua sorella che scendeva per la collina. Un piccolo gregge di pecore si divise in due al suo passaggio. — Nessuno ha chiesto a *me* se volevo essere accompagnata da lui...

Nicholas spinse il proprio cavallo davanti a Jane come per impedirle di correre dietro alla sorella. — Mi spiace molto, miss Purefoy, ma sembra proprio che dovrete sobbarcarvi la mia sgradevole presenza per il resto della mattinata. Ora, perché non fate appello al vostro fascino e al vostro senso dell'ospitalità inglese e non fingete almeno di tollerarmi?

— Non ci penso neppure, signore! — sbottò Jane, gettando intenzionalmente un'occhiata al suo braccio.

— Ieri non siete stato capace di affrontarmi al meglio delle vostre capacità, ma oggi potrebbe andarvi anche molto peggio se non state attento.

Capitolo Otto

— Miss Clara, che piacere vedervi qui. — La signora Bown accolse la sua ospite sulla porta della casa pastorale. — Il reverendo vi prega di accomodarvi in salotto in attesa del suo ritorno. È stato chiamato altrove d'urgenza e teme che potrà tardare un po' a tornare. Ma, ditemi, dove sono gli altri?

La governante sbirciò fuori dalla porta gettando un'occhiata al cavallo di Clara, legato tutto solo al cancello di fronte a casa.

— Mia sorella doveva andare a trovare un'amica a Buttevant, così l'ho fatta scortare dal nostro ospite, sir Nicholas. Volevo essere sicura che Jane tornasse per tempo.

— Oh, bene — fece la signora Brown. Chiuse la porta e l'accompagnò lungo uno stretto corridoio verso il salotto. — Ultimamente non vediamo più molto spesso vostra sorella da queste parti. Non passa giorno che qualcuno del villaggio non si chieda come sta e quando tornerà a trovarci. Vi assicuro che sentono molto la sua mancanza e so per certo che il reverendo è preoccupato per la sua assenza da Ballyclough.

— Davvero? — chiese Clara, sorpresa dall'asprezza del suo tono.

— Certo. Direi che ci pensa ogni giorno. — La governante annuì con enfasi e aprì la porta del salotto.

Le tende erano già state tirate e gli scuri ripiegati. La luce del sole entrava dalle finestre aperte, illuminando il comodo ma spartano arredo della stanza. Nell'aria aleggiava un odore familiare di torba e pipa.

La signora Brown si sedette su una poltrona accanto al fuoco e Clara si accomodò sulla cassapanca di fronte a lei.

— Spero che non ve ne abbiate a male, se ve lo dico, miss Clara, ma a vostra sorella avrebbe fatto molto bene venire con voi in Inghilterra la scorsa primavera.

— Come stavo dicendo al reverendo Adams proprio stamattina, se miss Jane dovesse trovare un marito inglese... un bravo marito come quello che avete incontrato voi... la poverina riuscirebbe forse a liberarsi dalla tristezza che l'ha afflitta per tutti questi anni. Sì, ha proprio bisogno di un marito come il vostro.

— A dire il vero, signora Brown, io non ho trovato un marito, né inglese né altro. Sir Nicholas è solo un ospite di mio padre e deve ancora chiedere la mia mano. E poi, devo dire che non mi piace che la gente vada in giro a fare illazioni su cose che potrebbero anche non avvenire.

— Avete perfettamente ragione, mia cara — rispose la signora Brown, prendendo il suo lavoro a maglia dal cestino. — Non bisogna mai mettere il carro davanti ai buoi. Ma voi siete così adorabile...

In quel momento entrò la domestica con un vassoio su cui erano posati la teiera, due tazzine e alcuni dolcetti. La signora Brown prese il vassoio e lo mise sul tavolino davanti a sé e mentre stava per versare il tè il reverendo entrò dalla porta posteriore.

— Oh, eccolo. — La signora Brown finì di servire il tè e si alzò in piedi. — Vado ad avvertirlo che siete qui.

Anche Clara si sollevò, pervasa da una sensazione di infelicità per quanto aveva appena udito e si tolse i guanti, posandoli accanto al cappello. Desiderava uno specchio, ma non ce n'erano, così si limitò a darsi una toccatina ai capelli.

— Non ce n'è bisogno. Il vostro fidanzato non è ancora arrivato, miss Clara.

La giovane donna sobbalzò e si voltò di scatto verso la porta, sulla cui soglia era apparso Henry Adams. Il suo viso avvampò quando si accorse che gli occhi grigi del reverendo la stavano studiando.

— La signora Brown mi ha detto che avete spedito il vostro baronetto inglese a Buttevant con Jane. — L'uomo si tolse i guanti mentre entrava nella stanza. — Sapete bene che rischiate la rabbia di vostra sorella a impicciarvi così nelle sue attività.

Clara si avvicinò al tavolino. — Posso versarvi del tè?

Il reverendo annuì. Il vento gli aveva scombinato i corti capelli neri e il suo sguardo penetrante aumentò il disagio di Clara. — Ma come avete fatto? O meglio, *perché* li avete mandati via insieme?

La tazzina tintinnò sul piattino mentre Clara gliela porgeva. — Speravo di poter rimanere sola per qualche momento con voi... in modo che potessimo parlare.

— Di che cosa dobbiamo parlare? — chiese lui, freddo.

— Di... di noi.

Le loro dita si sfiorarono mentre lui accettava la tazzina. — Non abbiamo più niente da dirci... almeno in privato.

Clara si sentì mancare e lottò per ingoiare il groppo che aveva in gola. — Vi prego, datemi la possibilità di spiegarvi.

— Lo avete già fatto e molto chiaramente sei mesi fa, Clara. Ora è tutto passato e non c'è ragione di rivivere quel momento sgradevole.

Clara sollevò la testa e cercò di asciugarsi le lacrime che le annebbiavano la vista. — Non immaginavo che poteste essere così crudele.

— Crudele... io? Ma vi prego! — L'uomo posò la tazzina sul ripiano sopra il camino e la guardò corrucciato. — Eppure la cattiva memoria non vi ha mai afflitto. Detto questo, devo lasciarvi. Mi sembra assolutamente inappropriato proseguire un simile colloquio con una donna quasi sposata. — Le rivolse un leggero inchino. — Credo di avere lasciato il mio libro delle *Meditazioni giornaliere* nella cappella. Dite alla signora Brown di venire a chiamarmi quando torneranno vostra sorella e il vostro fidanzato.

Clara fissò le sue ampie spalle, mentre si allontanava. Fu presa dal panico e corse verso la porta, bloccandogli la strada. — Vi prego, Henry.

Il reverendo si fermò a un passo di distanza. — Clara, vi state comportando da sciocca.

— E allora? — Clara cercò alla cieca la porta dietro di sé e la chiuse, appoggiandovisi contro con le spalle.

— Non dovete mettere a repentaglio la vostra reputazione in questo modo.

— La reputazione non significa più nulla per me, adesso. — Le lacrime ripresero a scorrerle sul viso. — Non posso lasciarvi andare se prima non mi avrete ascoltata.

— Clara, aprite quella porta. — Fece un passo avanti e Clara vide i suoi occhi scintillare di collera.

— Io vi amo, Henry. — Le parole le uscirono a cascata. — Vi prego. Perdonatemi per ciò che è stato... per come mi sono comportata con voi. Per quelle parole senza senso che vi ho detto sei mesi fa. So di avervi offeso... di avervi ferito. Sono stata una stupida.

— Clara, ormai è troppo tardi. Avete un pretendente che è venuto fin dall'Inghilterra al solo scopo di...

— Non m'importa. — Clara si gettò contro di lui, stringendolo tra le braccia. Henry rimase rigido, ma lei ormai non poteva più fermarsi e premette il suo viso contro la ruvida stoffa della giacca dell'uomo. — Sei mesi fa mi avete chiesto di diventare vostra moglie. Mi diceste che mi amavate... che volevate avermi al vostro fianco per sempre. Vi prego, Henry, domandatemelo di nuovo.

— No.

— Vi prego, chiedetemelo e sarò vostra.

— Io non ero abbastanza per voi allora... — lo afferrò per le spalle ma Henry la spinse indietro, fino a poterla vedere in faccia — e nulla è cambiato nel frattempo. Non potrei mai essere all'altezza delle vostre aspettative come marito. Io sono solo un figlio cadetto, un povero ecclesiastico che è felice di lavorare qui, lontano dalla mondanità. Sei mesi fa sono stato uno sciocco a pensare di potere competere coi vantaggi che avreste ricevuto a Londra. Vi aspettavano bei vestiti, ricevimenti, balli... ricchezza e fama. "Io devo sposare un uomo con un titolo" mi diceste.

— Vi prego, Henry — singhiozzò la giovane donna. — Sapete bene che non lo dicevo per me, ma per i miei genitori. Dopo ciò che ha fatto Jane per disonorare il loro nome... io dovevo fare qualcosa per rimediare al passato.

— Jane... sempre colpa di Jane! — le rinfacciò con veemenza. — Vorrei che la smetteste con questa finzione di altruismo, Clara. Forse qualcun altro potrebbe credervi, ma non io.

Queste parole le fecero mancare il fiato.

— No — ansimò. — È vero. Lo facevo per loro... e pensavo che avrei potuto farcela.

— E adesso invece?

— Non posso. Adesso che sir Nicholas è qui, adesso che vedo che potrebbe davvero chiedere la mia mano... non ce la faccio a continuare con la finzione. Non m'importa nulla di questo inglese, né mai mi importerà. Siete voi che ho nel cuore. Siete l'unico a cui penso. Siete voi l'unico con cui voglio trascorrere la vita. — Gli sfiorò le labbra con dita tremanti. — Quell'uomo ha troppa esperienza, è troppo mondano per una donna come me. Tutto in lui mi spaventa. Ma voi, Henry... mio dolce Henry...

Sì, alzò in punta di piedi e premette le proprie labbra contro le sue. Gli baciò timidamente il mento, la guancia e poi di nuovo le labbra. Lo baciò con la stessa innocenza con cui lui l'aveva baciata sei mesi prima quando le aveva proposto il matrimonio.

— Così, cosa dovrebbe succedere adesso? — Henry l'afferrò brutalmente per i capelli fino a farla gridare e le tirò la testa indietro per poterla guardare negli occhi. — Che cosa succede se cedo ai vostri desideri? Farò semplicemente di nuovo la figura dello stupido davanti a voi. Che succederà se respingerete questo pretendente che vi spaventa con... con la sua virilità? Ve lo dico io. Domani la vostra natura avida e irrequieta avrà di nuovo il sopravvento e si farà avanti un altro per prendere il suo posto.

— No!

— Oh, sì! Perché voi sapete bene che non ci sono guardaroba nuovi ogni stagione per la moglie di un prete di campagna. Non ci sono viaggi all'estero né feste a Londra. Né decine di bellimbusti a farvi la corte nei salotti di Bath. Vi annoiereste a morte, Clara. Mi maledireste per l'eternità per avervi trascinato a vivere la vita monotona e noiosa di un misero parroco.

Clara scosse la testa. — Terrò fede alla mia promessa. Non rinnegherò mai la nostra vita insieme. — Le lacrime continuavano a bagnarle le gote. — Il nostro amore comune sarà sufficiente. Non chiedo nulla di più.

— E i vostri genitori? E l'onore che dite volevate ripristinare nella vostra famiglia?

— Non mi interessa più nulla di tutto questo adesso, non adesso che rischio di perdervi per sempre.

— Siete così bella — le sussurrò dolorosamente Henry, mentre con lo sguardo accarezzava il viso. — Così giovane, così ingenua, e così bella.

Prima che Clara potesse obiettare, le labbra del reverendo si posarono con violenza sulle sue. Non era un bacio innocente, ma di esplosivo desiderio. Le sue forti dita si insinuarono più a fondo nei capelli di Clara e la sua bocca le divorò le labbra, la costrinse ad aprire la bocca e la frugò con la propria lingua. Clara emise un gemito soffocato e sentì i due corpi che si univano. L'improvvisa sensazione di quella vicinanza la rese ancora più desiderante. Le sue mani lo abbracciarono al collo.

Poi, di colpo, Henry smise di baciarla e la respinse.

— Ora ho capito. Siete come una bambina che vuole avere solo ciò che non può avere.

Clara scosse la testa e cercò di ritornare tra le sue braccia, ma lui la tenne a distanza.

— Be', il vostro "dolce Henry" non c'è più — le disse beffardo.

— Era solo un idiota che vi trattava come un fiore raro e delicato, ma che alla fine si è punto con quegli stessi bellissimi petali. — La scostò ancora, ora la sua voce era più dura. — Voi la scelta l'avete fatta sei mesi fa. Sposate il vostro inglese e finite ciò che avete cominciato. Vi auguro tutti i tesori mondani per cui siete nata e siete stata allevata, ma lasciate in pace me.

Un attimo dopo era scomparso.

Clara fissò sconvolta per un lungo istante la porta chiusa, poi si voltò verso il muro e pianse lacrime amare per l'unico vero amore che aveva così scioccamente gettato al vento.

La sua cavalla era veramente speciale e decisamente avvezza ai prati cedevoli e sconnessi della campagna irlandese. E Jane era abilissima a condurla.

Per un quarto d'ora la donna lo trascinò in una giostra infernale su e giù per le colline. Coi capelli sciolti al vento superava d'un balzo torrenti, fossati e siepi con stupefacente grazia e abilità, lasciandolo sempre un po' indietro.

Jane aveva le guance arrossate che sprizzavano benessere e si voltò leggermente sulla sella, con gli occhi che lanciavano scintille e il petto che le si sollevava per lo sforzo.

Nicholas non aveva mai visto una scena così magnifica.

Jane distolse lo sguardo quando lui le si avvicinò. Poco lontano apparve l'Awbeg, lungo le cui sponde tortuose e verdeggianti sorgevano alcuni edifici e le mura in rovina di un'abbazia, e un poco più a nord un piccolo villaggio molto ordinato.

— Da qui dovreste riuscire a trovare la strada principale per Buttevant senza difficoltà — gli disse Jane, pronunciando le prime parole da quando avevano lasciato Clara a Ballyclough.

— Che cosa sono quelle due torri? — chiese Nicholas, puntando il dito in direzione del villaggio mentre cercava un modo per poterla trattenere.

— Le rovine del castello dei Lombard.

Nicholas notò che dietro al castello ferveva un'intensa attività.

— E che cosa stanno costruendo fuori dal paese?

— Una caserma per acquartierare le truppe.

— Capisco. — Nicholas inarcò un sopracciglio. — Questo dovrebbe scoraggiare ogni tentativo di ribellione, immagino.

— Con questo pensiero, mi congedo da voi, sir Nicholas.

— Credevo che foste venuta qui per fare visita a un'amica.

— Infatti, è così. Ma non vive proprio nel villaggio bensì un po' distante. — Jane fece un vago gesto in direzione dell'abbazia. — Ma il villaggio ha una locanda, numerosi negozi e scuderie che vi permetteranno di passare piacevolmente il tempo. Verrò a cercarvi quando avrò terminato con i miei impegni.

Jane si accinse a seguire la riva del fiume, ma si fermò, voltandosi bruscamente quando si accorse di essere seguita.

— Da quella parte — gli disse, indicandogli il villaggio. — Voi andate in quella direzione. Vi porterà dove volete arrivare.

— Mi volete almeno dire chi andate a trovare? Giusto nel caso in cui mi perda e abbia bisogno del vostro aiuto?

— Via, sir Nicholas, è impossibile che perdiate la strada. Ed ora per favore toglietevi dai piedi. Clara e il reverendo Adams ci aspettano di ritorno per mezzogiorno.

Per un momento Nicholas prese in considerazione l'idea di comportarsi in modo assolutamente inqualificabile e di seguirla, ma decise di accantonare quel pensiero e la guardò sparire oltre la cresta della collina.

In qualche modo era riuscito a farle capire che non era una minaccia per lei o per le sue imprese sediziose. Nello stesso tempo aveva voluto farle comprendere che non aveva più alcun interesse a corteggiare la sorella minore.

Spronò il cavallo verso il villaggio, rendendosi conto che anche nei momenti migliori le spiegazioni possono essere complicate.

E in ogni caso, questo non era uno dei momenti migliori.

Lungo il sentiero dalla casa alla cappella, Henry Adams fu contento di non aver incontrato alcun abitante del villaggio. La passione aveva prevalso per un momento sulla ragione e ora rimpiangeva il suo comportamento.

La bocca di Clara era stata così morbida e accogliente. Il suo corpo tornito gli aveva suscitato un turbinio di emozioni. Ma le sue parole ancora lo tormentavano. Erano parole a cui anelava credere, ma di cui non sapeva se poteva fidarsi.

La passione di Henry per la minore delle sorelle Purefoy era nata un anno prima e gli faceva ancora infiammare il sangue. Eppure in gioventù aveva conosciuto meglio Jane. Tutti e due avevano condiviso la rabbia per come gli inglesi trattavano l'Irlanda. Quando erano più giovani si erano perfino pronunciati apertamente, con tutta l'indignazione degli ingenui, contro le leggi penali inglesi che colpivano indifferentemente i proprietari terrieri, i mercanti e i contadini. E la loro amicizia era rimasta salda negli anni dell'adolescenza e ai tempi dell'università, nonostante le voci scandalistiche che circolavano su Jane.

Eppure non le aveva confidato i suoi sentimenti nei confronti della sorella. Era stato facile innamorarsi di Clara che si era trasformata negli anni in una giovane e bella donna, dotata di una sua tranquilla dignità, decisa a mantenere la pace tra i membri della sua famiglia.

Era stato facile sognare di poterla chiedere un giorno in moglie. Ma anche se lui era per nascita di buona famiglia, era pur sempre un semplice prete di campagna e lei la figlia di un cavaliere e magistrato.

Le rose stavano per fiorire quando Henry Adams le aveva aperto il cuore con l'offerta di sposarla. Aveva voluto il suo consenso prima di affrontare l'argomento con sir Thomas. E il suo più grande errore era stato di dare quel consenso per scontato.

Non aveva mai accennato a Jane di quel rifiuto, non per orgoglio, ma perché sapeva che per lei sarebbe stato un altro motivo di sofferenza. In una famiglia che prosperava sui privilegi e sulla superiorità che derivavano dal fatto di essere inglesi, Jane aveva sempre combattuto contro tutto questo e sarebbe rimasta molto delusa scoprendo che Clara non intendeva farne a meno. Quante notti insonni gli ci erano volute per farsene una ragione!

Il reverendo Adams scosse la testa. Tutto ciò ormai apparteneva al passato. Era un capitolo chiuso. Per sempre.

Capitolo Nove

ALEXANDRA RIMASE STUPEFATTA di fronte agli innumerevoli dipinti schierati lungo i muri come soldati, che occupavano gran parte della soffitta.

La giovane servetta non aveva esitato a condurre lady Spencer sopra gli alloggi della servitù fino al sottotetto dove miss Jane si ritirava spesso a dipingere e custodiva i suoi schizzi e gli altri lavori. Lady Spencer era un'ospite e quando aveva detto che lady Purefoy l'aveva incoraggiata a guardare le opere della figlia maggiore, la domestica si era limitata a farle una riverenza e ad accompagnarla.

Salendo l'ultima rampa di scale, stretta e ripida, le due donne arrivarono in un grande spazio aperto, scarsamente arredato, con un tetto a spiovente. A giudicare dalla fila di tele ricoperte con lenzuoli era evidente che si trattava dello studio di un'artista che si impegnava seriamente.

— Vogliate perdonare l'odore, milady — si scusò la domestica, senza superare l'ultimo gradino. — Mi hanno detto che si tratta delle pitture. So che miss Jane ama passare qui il suo tempo.

— E capisco anche perché — mormorò Alexandra mentre guardava due grandi finestre chiuse da scuri alle due estremità del locale. Vicino a lei c'erano uno sgabello malconcio, un cavalletto vuoto e due tavoli da lavoro, mentre secchi, rotoli di tele, sacchetti di pigmenti e fiasche di olio erano accatastati e sparpagliati ovunque. — Puoi andare adesso. Non toccherò nulla che non si possa toccare.

La cameriera restituì il sorriso ad Alexandra, ma non accennò a ritirarsi. — Milady, per quanto ne so, nessun ospite ha mai chiesto di salire a vedere le cose di miss Jane.

Ad Alexandra piacque l'espressione protettiva che vide negli occhi della ragazza. — Forse perché nessuno sa che è un'artista di raro talento. Anch'io dipingo e muoio dalla voglia di vedere qualche suo lavoro.

Il commento di Alexandra sembrò soddisfare la domestica, che fece un inchino e imboccò le scale. Rimasta sola nel locale, Alexandra provò un brivido di eccitazione. Non aveva ancora visto nessuna opera di Jane, ma si sentiva come una bambina in procinto di aprire un forziere di tesori.

Si diresse verso il centro della stanza, facendo attenzione a non battere la testa contro le travi, aprì gli scuri su uno dei lati e lasciò che la luce del sole inondasse il locale. Lo spettacolo della campagna verdeggiante toglieva il fiato. Alexandra comprese immediatamente come mai Jane amasse lavorare lassù.

Si aggirò nel locale ammirando l'organizzazione della ragazza e sfogliò qualche album di schizzi rimasto sui tavoli. I disegni sembravano fatti in fretta e ritraevano in particolare dei bambini che giocavano. Poi, come avesse fiutato una pista, rivolse la sua attenzione a un gruppo di tele appoggiate a una trave vicino a un giaciglio.

In generale alle donne veniva insegnato a disegnare, lasciando l'arte della pittura, specialmente a olio, nelle mani "più abili" degli uomini. Alexandra sapeva che lei stessa e Penelope Cawardine di Londra rappresentavano una rara eccezione in tal senso.

Si avvicinò ai dipinti e scoprì i primi due che raffiguravano dei paesaggi. Le tele erano rifinite con uno stile personalissimo che avrebbe colpito perfino il grande Gainsborough. Tutte le idee che Alexandra aveva in tema di stile, struttura e uso della luce e del colore si dileguarono all'istante quando scoprì il terzo paesaggio. Ora le intenzioni di Jane cominciavano a farsi chiare.

Tornò indietro per riesaminare i quadri ripartendo dal primo. Avevano tutti lo stesso punto di vista prospettico, da un punto elevato della valle, e non c'era dubbio che le tre tele avevano la stessa mano. Ma i tre dipinti non riflettevano la medesima scena.

Le appoggiò una accanto all'altra vicino alla finestra per studiarle più accuratamente e rimase affascinata dai tocchi pittorici che accentuavano il trascorrere delle stagioni. Grazie a un uso particolarissimo della luce, Jane riusciva ad attirare l'occhio verso un oggetto o una persona diversa in ogni dipinto, ma aveva anche creato una prospettiva completamente nuova, nella stessa scena, con solo pochi abili colpi di pennello.

Alexandra si rannicchiò accanto al primo dipinto, quello che sembrava essere il più recente, e studiò la scena pastorale che si svolgeva in un ambiente estivo. Il bestiame pascolava nei prati delimitati da fossati e basse siepi. Attraverso l'erba alta si intravedevano anche le pittoresche rovine di quella che forse era una vecchia abbazia abbandonata.

Il dipinto successivo riproduceva la valle in primavera e vi si vedevano alcuni uomini che lavoravano ai bordi del campo, scavando dei fossati per delimitare il terreno del pascolo. Un uomo a cavallo, con la schiena rivolta al pittore, dava indicazioni agli altri puntando il dito.

Alexandra passò a studiare la terza tela che raffigurava un paesaggio invernale. Una nebbia impenetrabile dilagava nella parte inferiore della valle estendendosi come gli artigli di una mano su un campo scuro. La scena era, nel suo complesso, piuttosto inquietante e Alexandra provò un brivido e indietreggiò di un passo per osservarla meglio.

Il dipinto conteneva numerosi particolari che erano abilmente nascosti nelle sfumature della nebbia con precisi tocchi di pennello. Le rovine così pittoresche nel paesaggio estivo, sembravano ora avvolte da fantasmi. Alexandra le esaminò attentamente. Cos'erano? Fu quasi sul punto di allungare la mano per scostare il velo della nebbia e scoprire il segreto che celava. Nebbia o fumo? Per un momento pensò che le pietre potessero essere le rovine carbonizzate di uno o più edifici.

Gettò un'occhiata ad altre due tele, ancora appoggiate sul fondo della parete di fondo del locale.

Eccitata, Alexandra ne scoprì una e lanciò un gridò di sconcerto. La appoggiò su un tavolo e indietreggiò per esaminarla meglio, sedendosi su una sedia.

La valle era sconvolta da un vasto incendio. Volti e mani sollevate, inermi di fronte a quell'incandescente inferno, si stagliavano a vividi colori, urlando silenziosamente tutta la loro paura e la loro rabbia. Con abili tocchi di pennello, quei visi contorti di anime perdute diventavano parte delle fiamme che si levavano verso il cielo nero della mezzanotte.

Alexandra sentì calde lacrime salirle agli occhi, mentre un nodo alla gola minacciava di soffocarla. Il dipinto mostrava un intero villaggio dato alle fiamme; gente che fuggiva nella notte e sfortunati che venivano inghiottiti da quell'olocausto. In lontananza, gruppi di uomini dall'aspetto demoniaco appiccavano il fuoco ai campi e davano la caccia agli innocenti che tentavano di fuggire.

Era una visione da incubo dell'incarnazione del male e Alexandra giudicò che nessuno fosse mai riuscito a esprimere tanto orrore con maggiore violenza e realismo dopo la morte di Hieronymus Bosch, genio della pittura fiammingo.

Tornò a osservare gli altri dipinti e capì che le rovine, avvolte nella nebbia, erano tombe disadorne, icone di una terribile tragedia.

Alexandra si sentì oppressa da una cupa tristezza. Con uno sforzo si alzò in piedi e si avvicinò all'ultima tela per scoprirla.

Non un villaggio, ma un gruppo di casupole ben curate con tetti di paglia e giardini e due vecchie che chiacchieravano accanto a un pozzo. Alcuni bambini correvano felici lungo un gorgogliante torrentello. Uomini e donne si accingevano a cominciare la mietitura nei campi attorno alle case e i bambini più grandicelli legavano i covoni di grano. Il dipinto esprimeva tutta la gioia di una prosperità guadagnata con la fatica e l'orgoglio della famiglia.

Il senso di serenità che le procurò questa tela fu assolutamente fugace. Deponendo il dipinto accanto agli altri, rimase sconvolta dalla potenza della sequenza. Guardando quelle scene, non si limitò a vedere, ma percepì fisicamente la distruzione di un'intera comunità agricola.

Si portò una mano alle labbra per reprimere un singhiozzo. Mai come in quel momento era stata così coinvolta da un'opera d'arte. Mai fino ad allora aveva intravisto l'orribile realtà di ciò che stava succedendo agli abitanti di quella terra. Si trattava della stessa idea che Hogarth aveva espresso nella sua serie di ritratti satirici di Londra, ma Jane aveva saputo trasportare la sua opera nei reami dell'arte.

Jane Purefoy aveva lo straordinario dono di catturare l'essenza della sofferenza umana. E la sua opera parlava di una persona che aveva vissuto quella sofferenza... non erano solo le percezioni di un'artista che aveva assistito a quelle persecuzioni. Ma come era possibile?

Il rumore della porta che si apriva in fondo alle scale fece balzare in piedi Alexandra, che si affrettò a riporre i dipinti al loro posto e a ricoprirli con il telo mentre lady Purefoy la chiamava dal basso. Poi si passò le mani sul viso per ricomporsi mentre dalle scale sbucava la testa della padrona di casa.

— Lady Spencer, che cosa fate quassù?

Alexandra guardò con fare indifferente l'altra donna. — Mi rilassavo.

— Qui? — Lady Purefoy gettò un'occhiata disgustata, ma non salì gli ultimi due gradini, quasi dovesse avventurarsi in un nido di vipere. — Non ci farei dormire neanche la servitù, quassù. E cos'è questa puzza infernale?

— È il profumo della grandezza, lady Purefoy. Non lo riconoscete?

La padrona di casa osservò la sua ospite senza capire.

— Ma sono assolutamente d'accordo con voi riguardo a questo posto. È un locale troppo meraviglioso per adibirlo a dormitorio. Questo è il rifugio perfetto per un'artista. — Alexandra indicò con un ampio gesto della mano la fila di tele che costellavano i muri. — E i dipinti di vostra figlia! Che talento! Anche se ho visto solo qualche quadro, la sua opera è all'altezza dei grandi del nostro tempo!

— Chi? Jane? — rispose lady Purefoy, scettica.

— Ma certo! Chi le ha insegnato l'arte della pittura? Sono *proprio* curiosa di sapere chi è stato il suo maestro. Sono davvero stupefatta.

— Maestro? — La donna guardò la sua ospite, sbalordita. — Non so proprio di cosa stiate parlando. Jane ha avuto la stessa istruzione di Clara.

— Allora la cosa è ancora più straordinaria. Mostratemi dove avete appeso i suoi capolavori qui a Woodfield House, vi prego. Sono sicura che sono di tale qualità da potere essere esposti in qualsiasi galleria d'Inghilterra.

— Be'... non credo proprio che abbiamo in casa quadri di Jane. — Si interruppe non sapendo bene come continuare. — Ma se mi raggiungete nel salotto, vi posso mostrare qualcuno dei lavori di ricamo di Clara che abbiamo incorniciato l'estate scorsa. È davvero molto brava, sapete. Mi rilassa rimirare i suoi manufatti.

Adesso toccò ad Alexandra fissare sbalordita la padrona di casa. Ecco come stavano le cose... Clara era rilassante... Jane no. Era davvero deludente sapere in fondo al cuore, pensò, che un aggettivo come *rilassante* non sarebbe mai stato gradito a suo figlio.

Kathleen osservò incredula la borsa piena di monete che stringeva in mano.

La vedova di Seamus e la donna conosciuta con il nome di Egan si trovavano davanti alla casa di campagna, la giovane madre osservava i due bambini più piccoli rincorrere il fratello maggiore nel cortile.

— Non fatela vedere a nessuno. Spendete il denaro un poco alla volta e mai nello stesso giorno di mercato — le sussurrò Egan. — Adesso che so quante cose vi mancano, vi porterò abiti e cibo per voi e per la vecchia donna. Se non posso venire io, manderò qualcuno.

La casupola con il tetto di paglia in cui avevano trovato rifugio Kathleen e i suoi tre bambini era grande la metà della camera da letto di Jane a Woodfield House e ospitava anche un'anziana vedova cieca, di nome Bridget. Al momento quella sistemazione andava bene a tutte e due, ma sapevano che nessun rifugio era sicuro. Tutto poteva cambiare al minimo ghiribizzo del padrone delle terre. E il modo brutale con cui i Dragoni reali si erano impadroniti dei territori a nord di Buttevant, per costruirvi i nuovi acquartieramenti delle truppe, aveva incrementato il numero delle famiglie senza casa.

Kathleen era fuggita dalla sua casa in fiamme nel cuore della notte, tenendo sotto braccio una Bibbia che quasi non sapeva leggere e spingendo davanti a sé i suoi tre figli. Seamus aveva ignorato le suppliche della moglie ed era rimasto indietro per fronteggiare gli aggressori.

Qui, come in molte altre località d'Irlanda, interi villaggi di contadini venivano fatti sgomberare. Poi, una volta requisiti i raccolti, i campi rimasti venivano incendiati e le misere case rase al suolo. Terre che erano state di tutti per generazioni venivano recintate. Due secoli prima, i coloni inglesi avevano sottratto con la forza i pascoli per seminarli. Ora, quegli stessi campi, venivano ripristinati alla loro funzione originaria togliendo anche quel misero sostentamento agli allevatori.

Quella notte Seamus era stato ucciso e a Kathleen non era

stata neppure data la possibilità di piangerlo. Ora la povertà era un destino anche peggiore dell'improvvisa morte del marito.

— Che siate benedetta, Egan e benedetti siano i vostri Shanavest. — La donna sollevò lo sguardo dal tesoro che stringeva tra le mani. — Non sapevo proprio come avremmo fatto a tirare avanti...

— Questo non servirà a colmare la vostra perdita, ma aiuterà voi e Bridget... solo state attenta a tenere la bocca chiusa e a non attirare l'attenzione spendendo i soldi troppo in fretta.

Mentre Egan stava per allontanarsi, Kathleen si tolse lo scialle dalle spalle e glielo porse. — Per voi, Egan — le sussurrò. — Vi potrà servire per nascondere il livido che avete in viso.

Lo scialle aveva più buchi che i pantaloni di un mendicante, ma la delicatezza di quel dono toccò Jane nel profondo del cuore e l'accettò sopraffatta da un turbine di emozioni.

— Lo indosserò — disse alla donna, abbracciandola, e se lo mise sulle spalle, annodandolo sul davanti, prima di allontanarsi verso l'Awbeg.

Quando arrivò allo stretto ponte di pietra sul fiume, dovette aspettare il transito di un carretto trainato da un vecchio mulo, dietro al quale intravide la sagoma alta e snella di sir Nicholas a cavallo, al cui fianco c'era un altro cavaliere.

Nonostante fosse prevenuta nei suoi confronti, non poté fare a meno di ammirare l'aria di sicurezza che avvolgeva l'inglese. Si vedeva che era un uomo conscio dei suoi privilegi, ma a differenza degli altri aristocratici non mostrava ostilità verso le classi inferiori, ostilità che in realtà nascondeva solo una vera e propria paura. Se ne era accorta da come aveva trattato gli stallieri quella mattina. E quando si muoveva per la campagna, mostrava un acuto spirito d'osservazione che mancava totalmente ai suoi pari.

Il carretto si avvicinò alla sponda del fiume e Jane percepì il momento in cui sir Nicholas la guardò. I loro occhi si incontrarono per un istante e lei distolse immediatamente lo sguardo, mentre la invadeva un calore già familiare.

Quell'uomo era il suo futuro cognato, ricordò a se stessa,

stupefatta dalle sensazioni che la pervadevano. L'immagine di Clara accanto a Spencer la calmò immediatamente.

Mentre il carretto lasciava il ponte, il vecchio carrettiere sollevò il cappello per salutarla, ma non disse nulla. Jane fece un gesto di risposta con il capo, si spinse avanti con il cavallo e solo allora riconobbe la persona che accompagnava sir Nicholas. Avvinghiò le mani alle redini e dovette lottare contro l'impulso di allontanarsi al galoppo.

— Buona giornata, miss Jane. Non riesco a credere alla mia buona sorte oggi.

Jane non finse neppure di rispondere con altrettanta esuberanza al saluto di sir Robert Musgrave. Guardò invece Spencer, chiedendosi se i due uomini si conoscessero bene. Àncora una volta considerò la possibile ragione per cui sir Nicholas non aveva rivelato il suo segreto a Woodfield House. Non voleva credere che avesse solo aspettato il momento di incontrare il magistrato per farlo. L'espressione di Spencer era impenetrabile.

— Devo scusarmi per avervi fatto attendere, miss Jane — disse Nicholas quando i due uomini le furono vicini. — Ma mi ha intercettato il qui presente magistrato. Sembra che fosse intenzionato a venire a Woodfield House per incontrarsi con me. Così ho cercato di facilitarlo e risparmiargli il viaggio.

— Buongiorno, sir Robert — rispose Jane, asciutta. — Non vi siete fatto scortare da una compagnia di Dragoni stamattina?

— Splendida mattinata davvero — rispose il magistrato, mentre il suo sguardo indugiava sul livido di Jane. — Per essere del tutto onesto, sir Nicholas, avevo un secondo motivo per fare visita a Woodfield House... e questo motivo ora è di fronte a me.

Fin dal primo momento in cui il magistrato era arrivato, la primavera precedente, Jane si era sempre trovata a disagio con lui. La tensione era iniziata durante una fiera a Mallow, dove, dopo essere stati presentati, Musgrave era stato quasi bellicoso nel tentativo di proporsi come suo accompagnatore. Purtroppo i rifiuti di Jane erano caduti nel vuoto. E quando alla fine lei si era impuntata, rifiutando senza mezzi termini le sue continue avance, c'era stato chi aveva sentito e aveva messo in giro la voce.

Tutto questo era accaduto prima che il nuovo magistrato venisse a conoscenza dello scandaloso passato di Jane. E naturalmente, quando l'aveva saputo, l'insulto era stato ancora più profondo.

Jane rimase impassibile sotto lo sguardo bramoso dell'uomo. — Quale faccenda deve discutere con me, signore?

— Credo che lo sappiate, miss Jane.

— Io invece temo che vi sbagliate, sir Robert.

— Ho deciso di aumentare la mia ultima offerta.

Jane frenò l'ira che le stava montando in corpo. Il magistrato aveva visto Queen Mab alla fiera dei cavalli di Buttevant lo scorso luglio e aveva osservato quanto Jane fosse attaccata a quella cavalla... e di colpo aveva provato l'irresistibile impulso di acquistare l'animale. Da allora aveva esercitato parecchie pressioni per comperarla, asserendo di volere Mab per farla accoppiare con i suoi stalloni di razza. Ma vista la resistenza di Jane a vendere, aveva presentato la sua offerta d'acquisto a sir Thomas.

Naturalmente Jane si era infuriata. Anche se il cavallo era suo era impossibile dire che cosa avrebbe fatto il padre. Sir Thomas, tuttavia, non era parso particolarmente incline a soddisfare il desiderio del magistrato, che di fronte alla famiglia aveva apertamente definito uno zerbinotto, per cui aveva rifiutato nettamente l'offerta.

— Ho imparato la lezione, miss Jane. Adesso so che è più saggio trattare con voi l'acquisto della vostra bella cavalla, visto che ovviamente siete voi ad avere l'ultima parola.

L'atteggiamento di sir Robert era più di condiscendenza che di umiltà. Jane notò il sorriso strafottente, mentre il suo sguardo la squadrava dall'alto in basso, prima di tornare a fermarsi sul livido vicino alla sua bocca.

— Mi sarei sentito senz'altro molto più a mio agio a discutere con sir Thomas di attività così grossolane come la monta, la fecondazione e la razza... — continuò il magistrato.

— Vi credo sulla parola, sir Robert — tagliò corto Jane.

Musgrave socchiuse gli occhi di fronte a quell'insinuazione, ma a Jane la questione non interessava assolutamente. Era stufa dei sottintesi sessuali che il magistrato ultimamente cercava di insinuare ogni volta che discuteva con lei.

— Ma prima di arrivare al dunque, mi incuriosisce molto come vi siete procurata quel brutto livido sul vostro bel faccino. Avete delle labbra...

— Sono incidenti che capitano, signore. Questo livido non è cosa che vi riguardi. Ma se avete idea di farmi un'altra offerta per il mio cavallo, la risposta è sempre la stessa. *Non* è in vendita.

Sir Robert fece avanzare di un passo il cavallo, finché i suoi stivali non sfiorarono quelli di Jane. Mab non si mosse e neanche Jane si tirò indietro, rifiutandosi di farsi intimidire.

— Ma non avete neppure ascoltato la mia nuova offerta.

— La risposta è la stessa. — Jane sillabò ogni parola come se parlasse con un bambino piccolo. — E vi prego di non rendere ancora più sgradevole la questione.

— Va bene, lascerò perdere per il momento. Ma quel livido...

— Ed ora, signore, se ci volete scusare, il reverendo Adams ci sta aspettando.

Jane scostò il cavallo dal magistrato e si trovò faccia a faccia con Spencer. L'espressione furiosa rivolta dall'inglese a Musgrave le procurò un certo piacere.

— Temo di non potervi ancora lasciare andare. Gli incidenti sono cose che mi riguardano — ribatté Musgrave ad alta voce, girando anche lui il cavallo. — Specialmente quando accadono a una incantevole damigella che ho giurato di proteggere.

— Signore, io non sono una *damigella* e non ho *mai* avuto bisogno della vostra protezione.

— Dite quel che vi pare, ma... — gli occhi del magistrato si ridussero a una fessura e il suo sguardo si concentrò sulla bocca di lei — è mio compito domare ogni forma di ribellione a Cork... e ciò potrebbe anche voler dire risolvere il mistero di come e perché una persona come voi ha segni di violenza sul viso.

Jane lo sapeva bene. La scusa che aveva usato il giorno prima non avrebbe fatto che peggiorare le cose e attirare i sospetti del magistrato. Ma in quel momento non riuscì a trovare altre spiegazioni.

— Sono io il responsabile di quel livido.

Jane si girò di scatto, guardando Spencer.

Musgrave spostò la sua attenzione sul visitatore. — È proprio così, sir Nicholas?

— La gentile signorina cerca solo di proteggere la mia reputazione, temo. Ho procurato un goffo incidente ieri nelle scuderie e la colpa è totalmente mia.

— Non credo che sir Robert... — cominciò Jane, incerta su cosa dire.

— Il magistrato — la interruppe l'inglese — mi sembra un uomo comprensivo. E sa bene che gli incidenti succedono davvero. Il fatto è, signore, che ho spalancato di botto l'anta superiore di una delle porte della stalla, senza sapere che dall'altra parte si stava avvicinando miss Purefoy. È stata una vera sbadataggine da parte mia, ma la signorina è stata così cortese da non mettermi in imbarazzo di fronte alla sua famiglia.

— Volete dire che voi...

— Voglio dire esattamente ciò che ho detto.

Spencer si rivolse a Jane che faticava a nascondere la propria sorpresa. E il brivido di calore che la pervase, quando gli occhi azzurri di lui si incontrarono coi suoi, non servì certo a metterla maggiormente a suo agio.

Il magistrato diede uno strattone alle briglie del suo cavallo. — Sembra proprio che voi abbiate avuto una giornata *eccezionalmente* impegnata ieri, signore. Da solo avete salvato un uomo di Chiesa da una banda di fuorilegge, avete disarcionato il loro capo e poi avete combinato questo piccolo disastro... mi chiedo quante probabilità ci siano... — le parole rimasero in sospeso, ma il loro significato fu evidente.

Spencer si sfilò un guanto con elaborata lentezza.

— Dal tono delle vostre parole, signore, si direbbe che abbiate difficoltà ad accettare le mie spiegazioni. *Spero* di sbagliarmi.

Lo sguardo del magistrato incrociò quello del baronetto in un lungo momento di tensione.

— Le mie più profonde scuse a voi e a miss Purefoy — disse alla fine Musgrave, inchinandosi con fredda cortesia. — Il mio dovere verso la Corona può portarmi a volte a dare la caccia alle ombre, purtroppo. I miei omaggi alla vostra famiglia, miss Jane.

Capitolo Dieci

— Grazie.

Quelle parole furono solo un sussurro nel vento, ma comunque Nicholas le sentì.

Mentre salivano sulla cima della collina, lasciandosi la valle e il magistrato alle spalle, l'inglese lanciò un'occhiata a Jane ma non rispose. Era ancora arrabbiato, ma era soddisfatto che finalmente Jane cavalcasse con lui, invece di portarlo a fare il giro dell'oca su e giù per la campagna.

— È sempre così insolente?

— Ogni volta che lo incontro sembra peggiorare. — Era chiaro che Jane era ancora sotto l'influenza del battibecco. — Ma so che molta piccola nobiltà inglese lo trova affascinante.

— Così è impudente solo quando vuole esserlo.

— E quando ha considerato il rango sociale della persona con cui ha a che fare. — Gli rivolse un'occhiata di simpatia. — Credo che l'abbiate intimidito.

Nicholas pensò che in effetti era stato molto vicino a sfidare a duello quello screanzato per come aveva trattato Jane.

— Ammiro il modo in cui avete saputo trattenervi — le disse, guadagnandosi un sorriso cordiale. — Nonostante foste irritata, non avete mai perso la calma.

E neppure aveva imprecato in gaelico, pensò.

— Potrebbe sembrare vigliaccheria, ma non lo è affatto. Preferisco non attirare indebita attenzione su di me... specialmente da tipi come lui.

Non fu necessario che desse ulteriori spiegazioni perché Nicholas capisse. Il suo autocontrollo le era imposto dalle attività segrete che svolgeva con gli Shanavest.

Per un po' cavalcarono fianco a fianco, ognuno perso nei propri pensieri. A rompere per primo il silenzio fu Nicholas.

— Nonostante quello spiacevole episodio presso il ponte, oggi è stata una giornata assolutamente gradevole. Vi devo ringraziare di cuore per avere insistito a portarmi con voi.

Quando Jane si voltò nuovamente verso di lui, Nicholas rimase sorpreso dal brivido che lo percorse da capo a piedi.

Jane lo fissò ancora per un lungo momento poi le sfuggì una risata argentina. A sua volta, Nicholas, felice per quella trasformazione, le fece eco. Quando rideva, Jane riusciva a scrollarsi di dosso quella tristezza che l'avvolgeva come un sudario ed esprimeva un senso di libertà e pienezza di vita che la rendeva incredibilmente attraente.

— *Insistito* a portarvi con me? — Jane scosse la testa. — Sir Nicholas, si direbbe che voi non abbiate udito una sola parola di quanto ci siamo dette io e mia sorella.

— Ammetto di non avere sentito nulla della vostra conversazione privata. Ma sono *sicuro* che voi dovevate essere d'accordo, altrimenti io non sarei qui in questo momento.

La giovane donna scosse la testa, divertita. — Signore, sapete bene che non mi è stata data scelta. Ma adesso che ne parlate, credo che abbiate preso anche voi parte al complotto.

— Non accusatemi ingiustamente — replicò Nicholas, poi aggiunse. — Ma ditemi, non vi pare che il nostro incontro di oggi sia molto più piacevole della divergenza di opinioni che abbiamo avuto ieri nel bosco?

Tra di loro passò come un brivido di reciproca comprensione e

Nicholas non poté fare a meno di notare il leggero rossore che le si insinuò sul viso.

— Siamo in ritardo — commentò lei, con l'intenzione di chiudere la questione e spronò il cavallo al piccolo galoppo.

Nicholas sapeva che era necessario convincere Jane che non aveva rivelato il suo segreto a nessuno e che non aveva alcuna intenzione di farlo in futuro. Quali che fossero le ragioni che spingevano Jane ad agire in quel modo riguardavano solo lei. A lui personalmente non importava assolutamente niente di uno scandalo. E nonostante la spietata condanna pronunciata il giorno prima dal vescovo Russell, Nicholas aveva visto con i suoi occhi Jane tagliare le corde che legavano le mani del religioso. Ma non era ancora pronto ad ammettere una cosa che le avrebbe procurato una certa tranquillità d'animo. Non era ancora pronto a far sì che non lo temesse.

— Tutto quello che posso dirvi è assicurarvi che le mie risposte a coloro che mi hanno interrogato sui fatti di ieri sono state... — esitò, cercando la parola giusta — *imprecise*.

— E come mai? — chiese Jane, osservandolo con sguardo penetrante, mentre attendeva una risposta.

— Perché ho visto come gli inglesi trattano coloro che conquistano e colonizzano. — Inconsciamente le sue mani si contrassero sulle redini. — Mi sono sempre imposto di non giudicare mai gli altri sulla scorta di poche informazioni. E mi sono abituato a non intervenire, a meno che non ci sia un buon motivo per farlo.

— Anche se ieri il vescovo non se lo meritava, io l'avevo liberato. E allora, qual è stato il motivo che vi ha indotto a disarcionarmi?

— Non sapevo proprio come fare la vostra conoscenza. Chiedo scusa. Sto cercando di migliorare i miei metodi di approccio con le persone.

Questa volta la risata di lei fu piena e gli rimase nell'orecchio come la più dolce delle canzoni. La guardò, chiedendosi se avesse idea del fascino che esercitava sulle persone. I suoi occhi scuri e ammalianti si volsero verso di lui e Nicholas sentì un'innegabile tensione nelle viscere.

— Allora posso ritenere che non avete detto nulla al magistrato del nostro precedente *incontro*...

— È esattamente così.

— E può darsi il caso che gli riveliate qualcosa in occasione di futuri incontri?

— Siete davvero insistente — osservò Nicholas, crogiolandosi nell'attenzione che la giovane donna gli dedicava. — Da come stanno le cose al momento, direi che io e sir Robert abbiamo sviluppato un'immediata e reciproca avversione. A meno che non si verifichi qualche stravolgimento, dubito proprio che avremo modo di discutere ulteriormente dell'argomento in futuro. In ogni caso posso assicurarvi che non sceglierei mai Musgrave come confidente. Se dovessero insorgere domande o incomprensioni, sarei piuttosto incline a cercare una spiegazione da *voi*.

Jane lo studiò con maggiore attenzione e Nicholas sperò che le piacesse ciò che vedeva,

— Siete di mentalità molto più aperta di quanto mi aspettassi... e molto più franco, anche. Evidentemente sbagliamo quando giudichiamo una persona esclusivamente in base alla sua posizione sociale.

— Adesso siete troppo dura con voi stessa.

— Oh, no — rispose Jane in tono pratico. — Anche se non mi viene in mente alcun inglese di mia conoscenza che non avrebbe giudicato suo dovere rivelare il mio segreto di fuorilegge e donna, se non al magistrato almeno a mio padre.

— Vedo che non avete una grande opinione dei miei compatrioti.

— Temo proprio che la vostra osservazione sia corretta. — Gli rivolse un mezzo sorriso. — Ma naturalmente ci sono sempre eccezioni. Il reverendo Adams è un uomo che mette la rispettabilità e la comprensione al di sopra dell'avidità, della classe sociale e della dominazione coloniale.

Anche il solo accenno al nome del religioso fu sufficiente a infastidire Nicholas. In quel momento stava godendo la sensazione di distensione che provava con Jane e il pensiero di un possibile rivale lo irritava.

— E posso chiedervi se avete già fatto qualche solido progetto riguardo al vostro matrimonio con il buon reverendo Adams?

Lo sguardo d'incredulità che gli rivolse fu tanto piacevole quanto inatteso.

— Ma che cosa mai vi induce a farmi una simile domanda? Matrimonio... con Henry Adams? Ma è semplicemente assurdo!

— Davvero?

— Assolutamente. Non siamo nulla di più che vecchi e fidati amici.

— Un rapporto a cui la maggior parte delle coppie può solo sperare di arrivare con il tempo... nei *migliori* matrimoni.

Jane scosse la testa con decisione. — Temo che voi non siate qui da abbastanza tempo per comprendere veramente come stanno le cose, signore.

— Forse se foste così gentile da illuminarmi...

Jane prese tempo per rispondere e Nicholas osservò con un certo interesse il viso della donna che rivelava una battaglia interiore.

— Il reverendo Adams... è un sacerdote molto rispettato. E io... be', io ho una reputazione che sono riuscita a rovinare da giovane. Una trasgressione che, anche a distanza di decenni, nessuno dimenticherà mai. La verità è che *non* sono *assolutamente* considerata un elemento sposabile nella buona società.

L'unica ipotesi che a Nicholas venne in mente per un tale ostracismo fu che la ragazza fosse fuggita di casa, da giovane, con un innamorato. Avrebbe desiderato sapere molto di più sul conto di Jane, ma doveva aspettare che fosse pronta a confidargli il suo segreto.

— In ogni caso *non* sono le voci sgradevoli e le accuse a tenerci separati. Io e Henry Adams siamo semplicemente amici.

— Amici?

— Esattamente. Amici e nulla più. *Nulla* più! Avete mai avuto una donna come amica? Un rapporto costruito semplicemente sulla fiducia e il reciproco rispetto? Un'amicizia pura ed elevata... che potrebbe essere considerata platonica?

Nicholas fece finta di pensare seriamente a quella domanda, ma dentro di sé fu ben felice di sentire che non si trovava in competizione con il reverendo Adams per le attenzioni di Jane.

In competizione...

Quell'ammissione lo indusse a lanciarle una nuova occhiata e vide che Jane era ancora in attesa di una risposta.

— Credo di essermi trovato un paio di volte sul punto di stabilire un rapporto come quello che dite, ma ogni volta la mia *amica* si è dichiarata presto insoddisfatta dei limiti di una tale relazione. Vi domando scusa per quel che dico, ma la mia esperienza mi ha insegnato che le donne sembrano sempre volere di più.

Si stavano avvicinando al bordo di un campo e Jane sollecitò il cavallo perché si inoltrasse nell'erba alta.

— Forse tra noi potrebbe esserci una vera amicizia — osservò Jane. — In fin dei conti tra futuri cognati...

Ci fu una lunga pausa che indusse Jane a guardarlo, poi Nicholas disse con voce ferma: — Ho cambiato idea. Non chiederò a Clara di diventare mia moglie.

Jane diede uno strattone alle redini, bloccando Mab di colpo. E anche Nicholas arrestò il cavallo.

— Perché? — gli chiese la giovane donna. — Non penserete che l'onta che grava su di me possa riflettersi su Clara?

— La mia decisione non ha nulla a che fare con voi — mentì Nicholas, ben sapendo che invece la sua decisione dipendeva proprio da *lei,* anche se per motivi diversi da quelli che Jane poteva immaginare. — Ancora prima che io e la mia famiglia lasciassimo Londra non ero del tutto persuaso dall'idea del matrimonio. Se fossi stato assolutamente deciso a sposare vostra sorella, avrei come minimo mandato avanti i miei legali...

— Ma i miei genitori... Clara... erano convinti...

Nicholas parlò in tono fermo. — Io non ho ingannato nessuno. Ho accompagnato vostra sorella in alcune occasioni la scorsa primavera, ma non ho avanzato alcuna pretesa. Non ho fatto promesse, né creato illusioni, non c'è stato nessun accordo. E quando i vostri genitori mi hanno invitato a visitare Woodfield House, sapevano bene che non avevo accennato ad alcuna possibilità di matrimonio.

— Ma mi avete appena detto che avete *cambiato* idea. Questo implica che avevate...

— Stavo cercando di essere chiaro con voi. Ho sempre ritenuto che tra amici bisogna essere sempre onesti. E poiché non ho mai discusso di matrimonio né ho avanzato nessuna proposta, Clara non dovrà mai sapere di questa conversazione.

Jane si chinò verso Nicholas afferrando le briglie del suo cavallo. — Allora, da *amico,* vi prego di spiegarmi che cosa vi ha indotto a cambiare idea.

— Clara non è la donna giusta per me... per svariati motivi. La nostra differenza d'età. La sua ingenuità e la mia esperienza. Il suo approccio incerto alla vita e la mia spericolatezza. — Non si sottrasse allo sguardo penetrante di Jane, né la lasciò parlare quando la vide aprire bocca. — È vero che in quest'ultimo anno ho preso in seria considerazione l'ipotesi del matrimonio. Sono arrivato a un punto della vita in cui è necessario considerare di prendere moglie e di avere un erede per adempiere agli obblighi famigliari. E inoltre desidero portare avanti alcuni altri progetti che ho maturato nella mente in questi ultimi anni. Mi rendo conto adesso che avevo una visione errata del matrimonio, platonica direi. Non avevo attentamente considerato le qualità della donna che potrebbe diventare mia moglie.

— Via, sir Nicholas. La verità è che adesso che avete saputo certe cose sul mio conto pensate che mia sorella non sia adatta. E potete permettervi si scegliere con maggiore oculatezza.

— Vi ho detto che la mia decisione non ha nulla a che fare con *voi.*

— Invece sì — ribatté lei con violenza. — Se Clara era perfetta una settimana fa... un mese fa... la scorsa primavera... dovrebbe andare bene ancora adesso.

— Ma non lo era affatto... — Sul volto di Jane si manifestò un'espressione di sofferenza.

— Posso osare interrompervi?

I due si voltarono simultaneamente. Una dozzina di persone li osservavano a rispettosa distanza. E c'era anche il reverendo Adams che li guardava, con aria interrogativa. Nicholas non si era reso conto che Jane stringeva ancora le briglie del suo cavallo fin quando non le lasciò andare di colpo.

— Naturalmente — rispose, sia pure in ritardo, Nicholas. Constatò solo allora che erano vicinissimi alla canonica e scese da cavallo. — La nostra discussione era terminata.

— Non credo proprio — lo corresse Jane, mentre smontava anche lei, prima che Nicholas potesse offrirle il suo aiuto. — Ma riprenderemo dal punto in cui abbiamo smesso in un momento e in un luogo più appropriato.

Il commento era diretto a lui e con un'occhiata decisa lo sfidò a contraddirla. Nicholas si inchinò educatamente. Se ciò significava che Jane era disposta a passare dell'altro tempo in sua compagnia, sia pure per fargli cambiare idea sul matrimonio e Clara, sarebbe stato uno stupido a obiettare. Anzi, si sentiva molto soddisfatto della svolta degli eventi e della prospettiva che ne sarebbe potuta seguire. Il suo umore però cambiò quando vide il reverendo sollevare una mano e togliere alcune foglie secche dai capelli di Jane.

Quel tocco sembrava troppo intimo, troppo casuale, pensò. E le attenzioni del religioso nei confronti della giovane donna indussero Nicholas a chiedersi se in realtà tra i due non ci fosse un rapporto più intimo di quanto lei fosse disposta ad ammettere.

— Allora venite? — gli chiese Jane, dopo che Adams l'ebbe accompagnata per qualche passo in direzione della canonica.

— Sto arrivando — rispose Nicholas, seguendoli sul pendio. — Non ho nessuna intenzione di rimanere indietro.

Capitolo Undici

— Mamma!

Un improvviso grido risuonò scandalizzato alle spalle di Alexandra Spencer che sobbalzò, portandosi drammaticamente una mano al petto. Non aveva sentito la porta della camera di sua figlia aprirsi. Anzi non aveva proprio udito alcun rumore, eccetto quegli strani scricchiolii tra le pareti. Avrebbe giurato che dietro i muri intonacati si era mosso qualcosa.

— Ti ho spaventata? — disse Frances chiudendo la porta alle sue spalle.

— No di certo!

— Allora perché stai origliando dietro al muro?

— Io non sto origliando, Fanny.

La figlia le si avvicinò, osservò il muro e infine guardò sua madre. — Allora che ci fa qui? Era solo la mia immaginazione, o stavi davvero con l'orecchio incollato al muro?

— È stata di sicuro la tua immaginazione — rispose secca Alexandra, estraendo un fazzolettino dalla manica e asciugandosi alcune goccioline di sudore che le imperlavano la fronte e il labbro superiore.

— Hai sentito un rumore? — Non convinta, Frances si mise nella stessa posizione della madre con l'orecchio attaccato alla parete. — Forse questa casa è stregata. O pensi che ci siano dei passaggi segreti tra i muri? I romanzi coi passaggi segreti mi affascinano, sai. Se ho capito bene su questa collina un tempo c'era un castello. Non ti sembra eccitante l'idea che...

— No, proprio per nulla. — Lady Spencer posò una mano sulla schiena della figlia e la spinse leggermente lungo il corridoio. — Qualunque cosa tu creda di avermi visto fare era solo uno scherzo della tua immaginazione troppo sfrenata. La mia stanza è terribilmente calda questo pomeriggio e stavo semplicemente godendomi un po' della frescura di questo corridoio prima di scendere per cena. — Alexandra si fermò un attimo, in cima alle scale. — Ma, cambiando totalmente discorso, che ci facevi in camera tua? Mi era sembrato di sentire la tua voce e quella di Nicholas qualche minuto fa nel corridoio. Come mai non sei con lui a tormentarlo da brava sorella minore?

— Mi ha piantata in asso. — Fanny fece il broncio. — Non ha voluto dirmi nulla di oggi. È un mostro. Non ha risposto a una *sola* domanda. Ed è diventato terribilmente sgarbato quando gli ho chiesto se aveva avuto l'occasione di chiedere la mano di Clara. Sarà meglio che si sposi presto, mamma, perché sta diventando assolutamente...

Fanny si interruppe di botto e le due donne si voltarono quando sentirono Nicholas uscire dalla sua camera. Coi suoi stivali tirati a lucido, l'elegante giacca nera e i pantaloni di pelle di daino era l'immagine del perfetto gentiluomo di campagna pronto per la cena. Alexandra, tuttavia, notò la tensione che gli segnava le labbra, e l'occhiata che rivolse a Fanny non era solo di impazienza ma addirittura minacciosa.

— Interrompo qualcosa?

— Oh, sì! — La ragazza fu svelta a rispondere. — Stai interrompendo le mie lamentele con la mamma riguardo al tuo...'

— Perché non scendi da basso, signorina — replicò sua madre, rivolgendo una severa occhiata alla figlia.

— Ma mamma, mi sembra che questo sia proprio il momento giusto per...

— Da basso, Frances Marie. — Il tono di Alexandra questa volta non ammetteva repliche: bisognava obbedire senza discussioni. — Avverti sir Thomas e lady Purefoy che Nicholas e io li raggiungeremo fra un attimo.

Con espressione furbetta, ma senza osare contraddire la madre, Fanny alzò le gonne e sparì giù dalle scale.

— Grazie. — Nicholas chiuse la porta e offrì il braccio ad Alexandra. — Le sono molto affezionato, ma devo dire che in questi ultimi giorni ho capito quanto devo esserti riconoscente per avermela risparmiata in tutti questi anni.

— Fanny è una brava ragazza! E non è sempre così impaziente. — Lady Spencer posò una mano nell'incavo del braccio del figlio, ma non si avviò ancora verso le scale. — C'è qualcosa di cui vuoi parlarmi?

Nicholas la guardò cautamente.

— Sai, potrei anche esserti d'aiuto... — Alexandra gettò un'occhiata nel corridoio vuoto e abbassò la voce. — So che avrei dovuto avere questo colloquio con te prima ancora di venire qui. Ma anche adesso andrà bene. Almeno penso. — Fece una pausa, per raccogliere le idee. — Sappiamo tutti e due che nella nostra società esistono certe condizioni, o meglio *formalità,* che devono essere adempiute prima che un uomo e una donna concludano un contratto matrimoniale. Sì, contratto è la parola giusta, perché ormai è diventato proprio come un contratto d'affari.

— Dove vuoi arrivare, madre?

— Ci sto arrivando, Nicholas. Conoscendoti come ti conosco io... e ti comprendo meglio di quel che tu pensi, credo che tu abbia bisogno di qualcosa di più di un socio d'affari. Hai bisogno di una donna che ti sia pari per volontà e intelligenza. Non hai bisogno di un bell'ornamento che si aspetta di essere messa su un piedistallo a far da moglie.

— Sei una *grande* osservatrice.

— E anche tu lo sei. — Gli batté affettuosamente sul braccio. — È una qualità che hai ereditato appieno dal mio ramo familiare.

Nicholas fece un leggero inchino con la testa e sorrise.

— Spero che non mi considererai un'impicciona per via dei miei commenti, ma mi disturba il pensiero che forse la mia presenza qui potrebbe indurti a prendere una decisione affrettata... — Alexandra lasciò che le sue parole si disperdessero nell'aria. Non si era mai intromessa fino a quel punto nella vita di Nicholas da molti, molti anni.

— E allora tu sei la prima persona a cui devo dirlo. — Nicholas appoggiò una mano sul corrimano di lucido palissandro. — Clara *non è* la donna che fa per me. Non ho intenzione di chiedere la sua mano.

Alexandra soffocò un grande sospiro di sollievo, mentre cercava di nascondere ogni segno di giubilo e mantenere un'espressione impassibile.

— E neanch'io sono l'uomo che fa per lei. Renderò note le mie intenzioni a sir Thomas stasera perché non desidero suscitare incomprensioni o risentimenti. Dobbiamo evitare spiacevoli ripercussioni. — Nicholas gettò un'occhiata verso il fondo delle scale, prima di guardare nuovamente la madre. — Anzi, se sir Thomas e lady Purefoy non hanno obiezioni, desidero rimanere a Woodfield House per tutti i quindici giorni che avevamo programmato.

— Splendido! — riuscì a squittire Alexandra, troppo felice per aggiungere altro.

— E come avete trovato il nuovo magistrato, sir Nicholas?

Clara giocherellò con il fagiano che aveva nel piatto mentre tutti attendevano che il baronetto rispondesse alla domanda di suo padre. Non osò però guardare nella sua direzione, perché cominciava a sospettare che sir Nicholas non avesse neppure sentito la domanda. Infatti per quasi tutta la durata della cena le era sembrato considerevolmente distratto e il suo unico interesse sembrava rivolto al posto di Jane, vuoto di fronte a lui.

Qualche ora prima, quando sua sorella e Nicholas erano arrivati alla canonica di Ballyclough con Henry, Clara aveva immediatamente avvertito la tensione esistente tra i due. L'aria nella piccola sala da pranzo sembrava carica di elettricità, come in una notte d'estate prima del temporale. Si erano scambiati poche parole durante il modesto pranzo. Ripensando a quei momenti, Clara avvertì di nuovo un blocco gelido allo stomaco. Henry non l'aveva guardata neppure una volta per tutta la durata del pasto.

Poi, durante il viaggio di rientro a Woodfield House, Jane aveva scelto di nuovo di cavalcare lontano da Clara e sir Nicholas. Nessuno aveva espresso parole se non di cortesia, né durante il percorso di ritorno né una volta arrivati a Woodfield House.

Tutto questo, tuttavia, servì poco a distrarla dal suo dolore.

Suo padre si schiarì la gola per attirare l'attenzione del suo meditabondo ospite. — Speravo di avere la sua opinione su...

— Il nuovo magistrato.

Clara si sentì sollevata, sentendo il baronetto che finalmente parlava.

— Sì.

— Stavo riflettendo sulla mia risposta, sir Thomas.

— Valutandola, volete dire. — Suo padre scoppiò in una risata e l'umore di Clara migliorò istantaneamente. — Musgrave non vi è piaciuto, per Giove. Sono sicuro che ne rimarrebbe turbato, se lo sapesse.

Sir Nicholas indirizzò un'occhiata penetrante al capotavola. — Non sapevo se al magistrato interessasse o meno conoscere la mia opinione. Forse avrei dovuto chiarirmi con lui prima di lasciarci stamattina.

— Allora non lo negate. — Sir Thomas, ovviamente compiaciuto, scosse la testa e mandò giù un robusto sorso di vino. — Vi prego di permettermi di comunicargli la vostra reazione, signore. Mi divertirebbe molto rovinare la giornata a sir Robert con questa notizia.

— Mi viene da chiedermi — commentò sobriamente sir Nicholas — se la vostra soddisfazione nel rovinare la giornata a sir Robert non derivi dal fatto che sia venuto a occupare la vostra posizione per svolgere un compito in cui avete saputo eccellere per tanti anni. Non credo sia insolito che una persona pronunci giudizi duramente critici su un successore che ha occupato la sua posizione e ne ha assunto le responsabilità.

Dopo una lunga pausa carica di disagio, il vecchio annuì con la testa e fece cenno a un servitore di versargli dell'altro vino. — Giusto, signore. Siete un buon osservatore.

Clara soffocò la propria sorpresa di fronte a quello scambio di battute. Non aveva mai sentito nessuno parlare così, senza mezzi termini, con suo padre. Ma la risposta pacata e altrettanto franca di sir Thomas l'aveva presa alla sprovvista. Suo padre vuotò un altro bicchiere di vino prima di continuare.

— Io sono stato il magistrato del re in questa regione per più di vent'anni. Quando mi sono insediato, la violenza contro la piccola nobiltà era più feroce di quanto possiate mai avere sentito nelle storie della guerra dei contrabbandieri del Sussex negli anni Quaranta. Ma sono riuscito a domare la situazione. Con mano forte ho fatto capire alla gente di qui che l'autorità civile doveva essere rispettata e obbedita. E chi non avesse osservato la legge del re avrebbe imparato a temerla. Grazie alla mia opera, signore, i proprietari terrieri hanno avuto finalmente la possibilità di prendere veramente possesso delle loro terre e tenere sotto controllo gli affittuari.

Sir Thomas scosse la testa, mentre riprendeva il bicchiere. — Più tardi... quando l'investimento in terreni da pascolo divenne assai più redditizio della coltivazione dei campi, e alcuni proprietari terrieri decisero di affittare le terre agli allevatori di bestiame invece che ai coltivatori, sono stato io a sfidare i ribelli... i Bianchi... o Shanavest... o come diavolo si fanno chiamare.

Clara sentì Un improvviso nodo allo stomaco. E il volto di sua madre divenne mortalmente pallido. Sir Thomas non se ne accorse neppure, bevve un altro bicchiere di vino e continuò.

— I Bianchi esistono solo perché osano sfidare ogni decoro e minacciano la propria gente. Quei furfanti costringono gli altri della loro classe a pronunciare un giuramento sotto la minaccia di violenza. E questo, signore, è illegale. Nove anni fa catturammo cinque dei loro capi non lontano da Waterford. Io fui uno dei giudici che ordinò che quei furfanti venissero impiccati. Impiccando quei cinque, mandavo un messaggio a tutti per avvertirli che pronunciare giuramenti di quel genere sarebbe equivalso a un reato da pena capitale. E così, con un sol colpo, ridussi le loro aggressioni. — L'uomo puntò un dito verso Nicholas. — E questa è appunto la radice del problema con Musgrave. Io continuo a ripetergli che invece di perdere tanto tempo a socializzare con la piccola nobiltà terriera, gente che per la maggior parte lo trova comunque insopportabile, e invece di girare per il suo distretto a molestare gli affittuari papisti per insignificanti questioni come il mancato pagamento degli affitti, dovrebbe dare la caccia ai capi dei ribelli. Dovrebbe concentrare i suoi sforzi sulle canaglie come quell'Egan in cui vi siete imbattuto ieri... o quei due che chiamano Liam e Patrick, due delinquenti della stessa risma del primo. E poi c'è un altro furfante chiamato Finn che non mostra spesso la sua faccia, ma sappiamo che ha le mani in pasta nelle attività di almeno tre delle contee vicine. Fin quando le teste di questi malviventi non saranno infilate su un palo nella piazza di Cork, Musgrave non si guadagnerà il rispetto della piccola nobiltà. Finora non ha fatto assolutamente nulla per instillare la paura nel cuore dei ribelli.

— Ho visto che stavano costruendo dei grandi alloggiamenti militari a Buttevant.

— Per Giove, quello sì che è lavoro inutile! — sir Thomas posò fragorosamente il bicchiere sul tavolo. — Quei Dragoni non faranno altro che stuzzicare i ribelli. In Irlanda abbiamo bisogno di una forte autorità *civile,* non di un'occupazione militare.

Clara guardò di sottecchi sir Nicholas e vide che stava fissando il broccato della tovaglia di seta. Il suo viso era una maschera, ma la ragazza capì che *sapeva* di Jane. Non aveva interrogato chiaramente la sorella su quanto era accaduto il giorno prima, ma quando Clara aveva riflettuto sul taglio al braccio di sir Nicholas, sul livido al viso di Jane e sul silenzioso messaggio che era chiaramente passato tra di loro, quando si erano incontrati per la prima volta sotto quel tetto, ne aveva avuta la certezza. Sir Nicholas *doveva* per forza sapere che Jane ed Egan erano la stessa persona.

— Ho perfino fatto alcune raccomandazioni a Musgrave riguardo a come procedere per approntare una trappola per quei banditi.

— Una trappola?

Lady Purefoy si alzò di scatto. — Io... io credo che sarebbe meglio che noi donne ci ritirassimo nel salotto. Questo genere di discussioni è troppo violento per noi, sir Thomas e finirete per spaventare troppo le nostre ospiti. — La donna guardò dalla parte opposta del tavolo. — Ci farete l'onore della vostra compagnia stasera, sir Nicholas? O volete rimanere qui con mio marito?

Clara sapeva che non era abitudine di sua madre prendere simili iniziative, ma mentre suo padre svuotava un altro bicchiere di vino, le fu grata per quell'interruzione.

— Se mi perdonate per questa sera, milady... — disse il baronetto alzandosi in piedi e inchinandosi educatamente mentre anche le altre donne si alzavano da tavolo — vorrei rimanere qui a parlare con sir Thomas. Ci sono alcuni pressanti argomenti che ritengo sia necessario discutere.

Catherine Purefoy era raggiante. — Ma certo, sir Nicholas. E vi prego, fate pure con comodo. Vi aspetteremo tutti e due nel salotto.

Clara avvertì un blocco di gelida pietra nello stomaco. Ora che era stata respinta da Henry si sentiva perduta, alla deriva, prigioniera di una corrente su cui non aveva alcun controllo.

Il suo matrimonio doveva essere un freddo contratto tra due famiglie. E va bene. Avrebbe sofferto in silenzio e si sarebbe accontentata del bene che ne avrebbero avuto i suoi genitori. Lei era altruista, checché ne dicesse Henry, e l'avrebbe dimostrato.

Egan frenò l'immediato impulso di bocciare l'idea e, come era solita fare, cercò di valutare se avrebbe giovato a coloro che più erano oppressi dalla brutalità del sovrano inglese.

— Tutti voi sapete che questa non è la prima volta che estendono l'invito anche a noi — disse Liam. — Ma questa volta il raduno che i capi degli Shanavest terranno a Kildare sarà il più grande della storia. Se saranno presenti i rappresentanti di ogni località del sud, sarà possibile mettere a punto una campagna di sommosse le cui ripercussioni arriveranno fino a Londra. Molti ritengono che sia giunto il momento di inviare questo messaggio di unità a ogni magistrato e sceriffo d'Irlanda.

— Ma potrebbe trattarsi di una trappola — obiettò Jenny, la più anziana del gruppo, aggrottando la fronte davanti al cerchio di persone, prima di rivolgersi a Liam ed Egan.

Liam scrollò le spalle. — Può darsi. Ma noi tutti viviamo ogni giorno con un cappio attorno al collo.

Il capo fece una pausa ed Egan lo osservò concentrarsi sulla discussione con i presenti riuniti nelle rovine dell'abbazia. Sapeva bene anche lei che questa decisione non poteva essere presa senza il loro consenso. Ciò che avrebbero deciso sarebbe stato determinante per il futuro di tutti quanti.

Liam lanciò un'occhiata a Egan, ma questa continuò a rimanere in silenzio. In passato si era sempre pronunciata contro l'ipotesi di unire i loro sforzi a quelli degli Shanavest di Carlow, della contea della Regina o di Kildare. Le notizie viaggiavano veloci nelle campagne e negli ultimi anni avevano sentito spesso che questi gruppi erano inclini a una violenza sempre maggiore. Mentre la sua piccola banda si limitava a spaventare qualche proprietario terriero o qualche religioso o, talvolta, a riprendersi ciò che era stato loro rubato dai padroni, gli altri Shanavest bruciavano case, uccidevano il bestiame e arrivavano addirittura a commettere omicidi, se lo reputavano necessario.

— Ci vogliono due giorni buoni per arrivare e altri due per tornare — commentò Patrick, dando voce alle preoccupazioni che altri avevano espresso sottovoce. — La maggior parte di noi non può allontanarsi e lasciare la famiglia e i campi. Io devo ancora terminare il raccolto... e devo dire che mi sorprende un po' che si tenga il convegno in questo periodo.

— Invece è proprio per questo che si è scelto questo momento. — Liam si accucciò e raccolse una manciata di vecchia paglia. — Se aspettiamo la fine dei raccolti gli inglesi ci terranno d'occhio.

Lo sguardo di Liam incontrò quello di Egan, in cerca di sostegno e lei annuì.

— Finn ci va? — chiese Jenny.

— Non può... e comunque è meglio di no — rispose Liam, studiando la paglia sfilacciata che aveva in mano. La gettò per terra e si alzò in piedi, guardando in volto gli altri. — Finn è i nostri occhi e le nostre orecchie. Non possiamo fare a meno di lui per così tanto tempo. E poi, fuori delle contee di Cork, Waterford o Tipperary, la maggior parte dei nostri fratelli e sorelle è convinta che lui non esista, che ce lo siamo sognato.

— Non è necessario andare così lontano per sentirlo dire. — Tutti scoppiarono a ridere e si voltarono a guardare Ronan, che se ne stava appoggiato a un muro semidistrutto, con le braccia muscolose incrociate sul possente torace.

— Io e Liam faremmo bene ad andarci — disse Egan per sistemare le cose prima che qualcuno si distraesse. — E mentre saremo via, Patrick potrà tenere d'occhio il piccoletto. Tutti gli altri dovranno continuare con il lavoro nei campi come se niente fosse.

Egan lanciò un'occhiata circolare per osservare il gruppo. Li conosceva tutti: Jenny, Liam, Ronan, Patrick. Tutti quanti. Tutti avevano vissuto in quel piccolo angolo d'Irlanda e si conoscevano come se fossero un'unica famiglia: festeggiando insieme e aiutandosi a vicenda in occasioni di battesimi, matrimoni e funerali.

Tutti sembravano d'accordo con la proposta. Jenny fu l'unica a sollevare il problema che Egan doveva ancora risolvere.

— Noi tutti daremo una mano per far sì che l'assenza di Liam non procuri guai alla sua famiglia. Il suo padrone non si accorgerà neppure della sua assenza. Ma tu, Egan... secondo me dovrai fare salti mortali per stare via così a lungo senza che nessuno si insospettisca.

— Questa è la mia specialità. — Egan fece un gesto con la testa per rassicurare il gruppo. — Fare i salti mortali.

— Sì, abbiamo fiducia in te, Egan. Quando partirete? — chiese Patrick.

— Fra dieci giorni — rispose Liam. — Non possiamo partire più tardi se vogliamo arrivare in tempo.

Capitolo Dodici

Tutto ciò non aveva senso! Per niente!

La giovane cameriera aiutò Catherine Purefoy a indossare la vestaglia. I nervi le stavano per saltare. Si era ritirata meno di mezz'ora prima e adesso suo marito la voleva in sala da pranzo.

Che notte! L'attesa l'aveva quasi uccisa mentre aspettava che i due uomini terminassero il colloquio, ma i minuti erano diventati ore, fin quando, in preda alla delusione, aveva deciso che la buona educazione le imponeva di andare a letto... e così aveva fatto.

— Sei sicura che non abbia chiesto anche di miss Clara? — chiese di nuovo Catherine.

— Assolutamente, milady — rispose la cameriera.

— E sir Thomas ha detto di volermi vedere da sola?

— Non esattamente con queste parole. Il signore ha chiesto solo di voi, però.

La donna si guardò attorno in cerca delle pantofole e la cameriera gliele porse immediatamente. Tutto ciò non aveva senso, si ripeté.

Lei e Clara erano rimaste in attesa nel salotto ancora per un po' dopo che lady Spencer e sua figlia Frances si erano ritirate per la notte, ma poi anche Clara aveva chiesto il permesso di andare a dormire. Catherine si ricordò di avere pensato che quella avrebbe dovuto essere una serata di festa, ma l'espressione abbattuta sul viso della figlia l'aveva presto fatta ricredere.

La casa era immersa nel silenzio, segno che anche la servitù si era ritirata per la notte. Mentre Catherine scendeva le scale si sentiva nervosa, non avendo la minima idea di cosa l'aspettasse, e quando fu davanti alla porta della sala da pranzo, bussò leggermente prima di entrare.

Suo marito era ancora seduto sulla solita sedia. Un'unica candela bruciava al centro del tavolo. Davanti a lui erano posati un bicchiere e una caraffa piena a metà di Porto. L'uomo non diede alcun segno di avere notato la sua presenza quando Catherine entrò, chiudendo la porta dietro di sé. Il corridoio che portava alle cucine era buio e deserto. Erano soli.

— Volevate parlarmi.

Sir Thomas fece roteare il liquido scuro nel bicchiere e lo vuotò prima di alzare lo sguardo verso di lei.

— Non avrei dovuto sorprendermi, Catherine, ma avete ancora una volta fallito.

Il suo tono di voce era aspro e quell'attacco la ferì nel profondo. Di fronte a lui, dalla parte opposta del tavolo, Catherine non si mosse, ma le sue dita artigliarono nervosamente l'alto schienale di una sedia.

— Avevo avuto l'impressione che aveste allevato questa stupida smorfiosetta nel modo giusto. Mi avevate assicurato che questa figlia non mi avrebbe svergognato, che avrebbe saputo che cosa dire... o che cosa fare... o come comportarsi... per trovarsi un marito come si deve.

Lady Purefoy scosse la testa. Il marito la stava attaccando proprio sull'unica cosa buona che era venuta dal suo matrimonio.
— Ed è così, signore. Le maniere di Clara sono impeccabili. Il suo fascino...

— Non è abbastanza, per Giove! — Sir Thomas diede una manata sul tavolo, che la fece sobbalzare. La mano gli tremava mentre si versava un altro bicchiere di Porto. — Manca di raffinatezza. Si comporta da sciocca. Giovane, ingenua, innocente. Agli occhi del mondo sembra solo una smorfiosa senza una volontà propria. — Le parole gli uscivano strascicate e Catherine lo osservò mentre allontanava da sé il bicchiere, facendo traboccare il vino che macchiò la tovaglia.

— E come vorreste che si comportasse? — Catherine non riusciva assolutamente a comprendere. — È una giovane donna dai modi perfetti. Ha assimilato le arti femminili. È di buona moralità, deferente, tranquilla.

— Allora sembra che queste virtù siano fuori moda. — Sir Thomas si appoggiò allo schienale della sedia, lanciandole un'occhiata incendiaria. — E non posso certo biasimarlo se non la vuole come moglie. Devo ancora sentirla esprimere un'opinione... su un qualsiasi argomento. La stupidina non ha mai preso posizione su nulla. Non ha mai difeso un'idea. Non l'ho mai sentita parlare se prima non le veniva rivolta parola. Ha solo un bel faccino. Ma non ha anima. Non ha sostanza. Non ha presenza. È solo un dannato fantasma.

Catherine sentì calde lacrime salirle agli occhi per quell'ingiusta opinione nei confronti della figlia. Sapeva di poterla difendere. Avrebbe potuto ricordare facilmente al marito che Clara era esattamente l'opposto di *tutto ciò* che lui aveva sempre odiato in Jane. Che era stato proprio lui a volere che venisse cresciuta nel modo che aveva appena descritto.

Catherine lottò per calmarsi, cercando di comprendere il vero motivo per cui sir Nicholas non aveva chiesto la mano di Clara come si erano aspettati. Doveva esserci un altro motivo, pensò. No, non aveva nessuna intenzione di accollarsi la responsabilità di quel rifiuto. Nossignore.

— Ci saranno altri pretendenti — gli disse con sicurezza. — Clara è nota per la sua bellezza e per di più porta in dote una fortuna. Altri uomini meno critici o meno *alla moda* non troveranno pecche nella nostra bambina.

— Basta — disse sir Thomas, sporgendosi in avanti sul tavolo. — Clara *non* è una bambina. Non mi interessa particolarmente correre dietro ad altri pretendenti. Io voglio *quest'uomo*. Sir

Nicholas non è come gli altri damerini che abbiamo visto ciondolare in ogni festa mondana di Londra. E al diavolo il suo titolo e la sua ricchezza. Anche senza quelle sarei ben felice di accogliere un uomo così nella mia famiglia. Quello è un vero uomo.

Catherine lo fissò senza parole, sbalordita.

— Sapete, mi ha rimproverato dopo che voi tutte siete uscite... in un modo che non avevo più sentito da quella volta che il duca di Cumberland ha rilevato il generale Hawley dal suo comando in Scozia. — Sir Thomas si alzò in piedi, appoggiando una mano al tavolo per sorreggersi. — Che diavolo, quest'uomo non ha la minima paura di me. Il furfante mi ha guardato dritto negli occhi e mi ha detto "Vi sbagliate". *Vi sbagliate* ha detto, a me!

Il grido di sir Thomas si amplificò nella sala e Catherine lanciò un'occhiata esitante dietro di sé, felice di avere chiuso la porta.

— Il... colloquio... che voleva avere con me stasera non aveva quasi nulla a che fare con Clara. — La guardò con occhio critico dall'altra parte del tavolo. — Ha avuto il fegato di rimproverarmi... di darmi una strigliata... per come permetto che venga trattata *Jane*.

—Jane?

— Jane. Non gli piace per niente come permetto che venga trattata da *Musgrave*. Per Giove, ha continuato per un quarto d'ora a raccontarmi con quale insolenza il nuovo magistrato si rivolge a Jane. E ha protestato per come *noi* — l'uomo puntò un dito contro la moglie e poi contro di sé — la escludiamo sistematicamente dalla cerchia familiare. Non ha fatto che parlare di Jane. L'ha difesa. Mi avete sentito? Non ha parlato di Clara... per lei non ha alcun interesse. Invece pensa solo a difendere *Jane* e la sua impertinenza. — Emise una risatina, poi respirò a fondo. — Oh, sì. Ha detto che quel tuo tesoro di figlia è troppo giovane per lui. Non può davvero prendere in considerazione l'idea che diventi sua moglie.

— Che cosa possiamo fare? — chiese Catherine nervosamente, mentre Thomas girava attorno al tavolo per avvicinarsi a lei. — Non possiamo cambiare la sua età... come possiamo convincerlo a cambiare idea?

Mentre le andava incontro, Catherine vide l'espressione negli occhi del marito. L'aveva già vista altre volte. Tante, più di quanto le piacesse ammettere. L'uomo le mise una mano sulla spalla e lei cercò di nascondere il disgusto.

— Il nostro ospite si fermerà per tutti i quindici giorni, come era stato originariamente programmato. Così è compito *vostro*, signora, far in modo che mentre si trova in questa casa... riconosca le altre virtù di Clara.

Catherine deglutì a fatica mentre lo sguardo del marito si abbassava sul suo seno.

— Posso organizzare una festa... un ballo — rispose, mentre le mani di lui si muovevano sul broccato di seta della sua vestaglia. — Le ragazze sono sempre viste in una luce migliore durante le feste. Organizzerò qualcosa... per la prossima settimana.

— Fate quel che dovete — disse lui in tono vago, mentre la faceva voltare verso il tavolo.

Obbedendo all'invito, Catherine si chinò in avanti, sorreggendosi sui gomiti. Sir Thomas le sollevò la vestaglia e la camicia da notte fino alla vita, dopodiché lei lo intese posizionarsi alle sue spalle e fissò la candela accesa mentre lo sentiva trafficare con i pantaloni.

— Manderò gli inviti domani e... — trasalì leggermente e si aggrappò al tavolo mentre il marito l'afferrava strettamente ai fianchi e la penetrava. — Dirò a Fey di fare arrivare almeno una dozzina di altri uomini dalle masserie per aiutare a servire. — I movimenti del marito si stavano facendo più concitati e Catherine percepì un calore inondarle il viso. — E ... le... le farò avere maggiore aiuto per la cucina. E poi... sì... un nuovo vestito per Clara. Qualcosa di più sofisticato... e rivelatore. — Fu felice quando sentì il suo grugnito dopo l'orgasmo finale. E aspettò che si scostasse da lei.

— Sir Nicholas era rimasto conquistato da lei a Londra — osservò Catherine con fermezza. — Lo conquisteremo di nuovo.

Si allontanò dal tavolo, lasciò ricadere la camicia da notte e la vestaglia sulle anche e si voltò. Suo marito aveva già raggiunto la porta e stava per uscire.

— Voi ignorate il punto più critico — le disse in tono cupo. — Jane.

— Jane — ripeté la donna. — Non crederete che si interessi davvero a Jane, vero?

Sir Thomas scrollò le spalle. — Fate in modo che una delle vostre cameriere riveli a lady Spencer o a sua figlia la verità sul passato di Jane. Questo servirà a liberarlo da qualsiasi incantesimo lei gli possa avere gettato addosso.

— Ma... pensate che sia saggio metterli al corrente? Voglio dire, il passato di Jane getta una macchia su tutti noi.

— Fatelo — le ordinò il marito. — Tanto presto o tardi lo scopriranno comunque. Se non altro in questo modo ci assicureremo che dia la caccia alla ragazza giusta.

Catherine Purefoy osservò il marito girarle la schiena e aprire la porta, poi, mentre spariva nell'oscurità del corridoio decise che, una volta tanto, non poteva più essere d'accordo con lui.

***

La sagoma scura di Woodfield House si profilò in lontananza, oltre alla cresta della collina, e in quel momento Jane seppe di avere trovato il modo di nascondere il suo viaggio a Kildare.

La sua vecchia istitutrice, la signora Barry, abitava a Dublino con la figlia sposata. Perfetto. La vecchia insegnante l'aveva invitata tante volte a farle visitai Il fatto che l'anziana signora non avrebbe saputo nulla di quella presunta visita era irrilevante. Quel che importava era poter dire ai suoi genitori che sarebbe andata a Dublino. Il motivo per cui poi non sarebbe riuscita ad arrivarci l'avrebbe escogitato in un secondo tempo.

Pensò all'ultima volta che la signora Barry l'aveva invitata a passare un po' di tempo con lei durante la Pasqua scorsa. Sì, proprio perfetto.

Jane era sempre stata una cocca della signora inglese. Rimasta vedova poco dopo che con il marito e la figlia si erano trasferiti dal nord, la signora Barry era stata la prima istitutrice di Jane e senza dubbio anche la più paziente. Era lei che si era accorta di quanto la sua allieva fosse insofferente alle materie tradizionali e l'aveva incoraggiata ad andare oltre il disegno puro e semplice e a provare anche le tecniche con i colori a olio.

Naturalmente erano parecchie le famiglie protestanti che cercavano di offrire una buona istruzione alle loro figlie, cosicché Jane non era stata l'unica allieva dell'istitutrice. Nonostante la sua popolarità, tuttavia, la signora Barry non era rimasta a lungo da quelle parti dopo che sua figlia aveva sposato un buon partito di una famiglia benestante di Dublino. Jane sapeva che da quel momento in poi la donna si era dedicata con molta soddisfazione all'educazione dei nipotini.

Sollevata per avere trovato una soluzione, Jane spronò il cavallo per risalire il pendio verso il familiare profilo delle scuderie. Mentre si avvicinava rimase sorpresa nel vedere il bagliore della pipa di Paul, il capostalliere, sotto l'ombra di una quercia a qualche metro dal cancello del recinto. Allora rallentò l'andatura di Mab e la guidò verso di lui.

— Qualcosa non va?

— No, nulla, ragazza mia. — L'uomo si infilò il cannello della pipa tra i denti e prese le redini del cavallo mentre Jane smontava.

— Come mai siete ancora alzato? — gli chiese, mentre camminava al suo fianco verso il recinto.

— Una vecchia abitudine.

C'era qualcosa che lo preoccupava, pensò Jane, mentre si voltava a guardare la campagna deserta alle sue spalle.

— Non avete visto nessuno gironzolare qua attorno, vero?

— Non c'è stata anima vita. — Per quanti anni era stato alzato ad aspettarla? Pensò ai primi tempi, quando lo trovava preoccupato a morte per lei ai piedi della collina. Ad attenderla. Per sgridarla. Per proteggerla. Per troppi anni, così tanti che non riusciva neanche più a ricordare quanti, Paul era stato più che un padre per lei. Più di sir Thomas. Sollevò lo sguardo verso il berretto che l'uomo portava calcato sulla fronte, sotto cui un paio di occhi vivaci continuavano a osservare quei campi che lei aveva appena attraversato.

— Che c'è, Paul?

— Ho sentito che quello smidollato di Musgrave vi ha tormentato oggi. Ed è stato sufficiente per farmi inquietare.

— Allora avete parlato con l'inglese.

— Sì, ragazza mia... *e più di una volta.*

Era davvero curioso che Spencer non si limitasse a socializzare solo con la piccola nobiltà. Anche a Ballyclough lo aveva osservato in silenzio mentre trattava in modo amichevole la signora Brown e la cuoca di Henry e perfino due degli abitanti del villaggio che erano capitati lì in quel momento per sbrigare alcune incombenze con il reverendo Adams.

Erano arrivati al recinto, Paul aprì il cancello. — Ed è anche per questo che sono qua fuori a pensare, signorina.

— Forza, Paul. Vuotate il sacco.

— Molto bene. Si tratta solo di questo. Sto pensando che tutti hanno capito male.

Jane si girò per chiudere il cancello dietro di loro. — Tutti hanno capito male *che cosa?* — chiese pazientemente.

— Quell'uomo non vuole miss Clara, ragazza mia. Lui ha messo gli occhi su di voi, ne sono certo, come sono certo di esser qui adesso.

— Ma senti un po'! Via, Paul, è assurdo! — Il suo diniego suonò debole, mentre il capostalliere apriva la porta del ricovero di Mab. Jane lo seguì. — Non è necessario che ve ne occupiate voi. Ci penso io a Mab.

— Lo so, gioia mia. Ma non mi spiace viziarvi un po'... di tanto in tanto.

— Grazie.

— Su, rientrate in casa, adesso.

Jane osservò l'uomo e il cavallo che sparivano all'interno della stalla, poi scosse la testa e si voltò, senza ben capire che cosa fosse successo al suo vecchio amico.

La casa era buia e silenziosa. La luce della luna tracciava un sentiero luminoso attraverso il giardino. Pur non volendo rischiare di seguire quel percorso, Jane decise di non imboccare l'antico passaggio sotterraneo del castello.

La notte era veramente bella e la sua testa troppo confusa. Aveva bisogno di chiarirsi le idee. Decise così di seguire il vialetto nel giardino sapendo che, se la porta sotto la grande arcata di pietra fosse stata sbarrata per la notte, avrebbe potuto infilarsi in casa passando dalle cucine. Con un sospiro si avviò verso il cancello del recinto.

— Ah, miss Jane...

Il richiamo a bassa voce di Paul la fece fermare. L'uomo stava sbirciando fuori dalla stalla di Mab.

— Sapete che cosa penso? Che c'è sotto qualcosa di più di quel che si vede.

Capitolo Tredici

SEGUENDO IL SENTIERO, Jane risalì il pendio verso la casa immersa nel sonno... proprio come Nicholas aveva sperato. Vedendola avvicinarsi l'uomo si rianimò. Jane era accompagnata dal profumo del vento e dal mistero dell'oscurità. La ragazza si muoveva come una gatta e il suo corpo agile scivolava senza fatica nella notte.

Nicholas non ricordava l'ultima volta che una donna gli aveva trasmesso emozioni così forti.

— Una piacevole notte per una cavalcata, direi.

Jane sussultò sorpresa e si girò di scatto per guardare in direzione dell'ingresso del giardino. Nicholas rimase quasi deluso quando la donna non sguainò il pugnale che, ne era sicuro, portava con sé. Gli sarebbe piaciuto avvicinarsi abbastanza a Jane per affrontare sia lei sia l'arma.

— Che cosa ci fate qui? — Gli scuri occhi di Jane brillavano come due pietre preziose alla luce della luna. — Non pensavo che apparteneste a quel genere di uomini che si nascondono negli angoli bui a spiare le persone.

— Di solito non lo faccio, infatti. — Nicholas continuò a rimanere appoggiato con una spalla al muro di cinta. Il suo sguardo esaminò l'abbigliamento di Jane: comodi pantaloni neri, stivali alti, camicia dello stesso colore. — Stavo semplicemente godendomi un bel panorama.

Jane era vestita da uomo, ma Nicholas pensò che non ci si potesse ingannare. I suoi occhi indugiarono sui riccioli scuri che incorniciavano il viso messo in risalto dalla luce della luna. Come era possibile non accorgersi che era una *vera* donna?

Jane seguì Io sguardo di Nicholas rivolto verso la casa. — Se quel che cercate è una bella vista, come mai guardate nella direzione sbagliata?

— Io non guardo nella direzione sbagliata.

Jane non intuì subito il vero significato di quella semplice risposta, dato che non era abituata a ricevere simili complimenti. Nicholas si allontanò lentamente dal muro e le si avvicinò, mentre un raggio di luna lo illuminava. Jane non riuscì a proferire parola, e un insolito fremito la pervase. Il suo sguardo corse involontariamente al colletto aperto della camicia di Nicholas e alle maniche arrotolate che mettevano in evidenza braccia muscolose.

— È molto tardi. Dovrei andare. — Non capiva perché i suoi piedi si rifiutassero di muoversi.

— Vi prego, rimanete.

Se l'uomo avesse approfittato dell'attrazione che sembrava esercitare su di lei, sarebbe riuscita a sottrarsi facilmente, ma quella semplice richiesta le fece perdere ogni resistenza. Avrebbe voluto rispondere con distacco, ma non le venne in mente nulla, mentre lui le si fermava davanti.

— Clara! — disse alla fine. — Sì, Clara si alza sempre presto. Dovreste rientrare adesso. Di sicuro vorrà fare colazione con voi.

— Be', io intendo dormire fino a mezzogiorno domani.

Jane si infiammò per la collera. — Vorrei che smetteste di comportarvi così male con lei — gli rinfacciò, senza riuscire a guardarlo in faccia. — Non merita di essere trattata in questo modo.

— Clara sembra perfettamente soddisfatta del modo in cui viene trattata... così come i vostri genitori e tutti coloro che abitano a Woodfield House. Siete solo voi, Jane, l'unica che ha da ridire.

La rabbia sempre più intensa la costrinse a sollevare lo sguardo e rimase sorpresa nel constatare quanto fosse alto Nicholas... e di come stesse studiando intensamente ogni suo lineamento. Le tornarono in mente le parole di Paul. — Ma Clara...

— Smettetela con questa storia. Non ho alcuna intenzione di parlare di Clara.

La sfiorò con il braccio, sorprendendola per il calore che emanava. Arretrò di un passo. — Io... io devo rientrare.

— Rimanete... per qualche minuto ancora. — Le prese il polso e con il pollice le accarezzo delicatamente la pelle.

— Perché?

— È una notte splendida. Morivo dalla voglia di fare un giro nei giardini.

— Allora andrò a svegliare Clara. Lei ne sa molto di più...

— Ho mentito.

— Che cosa?

— Ho mentito. Non ho voglia di camminare. Ma ricordo di avere visto una panchina di pietra vicino al muro in fondo al giardino. Mi piacerebbe molto sedermi là con voi a parlare.

Jane cercò di ignorare la leggera pressione e il calore delle dita che la toccavano. — Dal momento che non avete voglia di discutere di mia sorella, non abbiamo nulla da dirci.

— Invece sì. — Le diede un lieve strattone che attirò il suo sguardo. — Ho delle domande che non farei ad altri che a voi.

Jane inarcò un sopracciglio. — Riguardo a Clara?

Nicholas scoppiò in una risata divertita che, nonostante tutto, la fece sorridere. — Per Giove, signora mia, siete davvero insistente.

— Grazie del complimento.

— Ma non lo era affatto — brontolò Nicholas, tirandola nuovamente per il polso e sbilanciandola leggermente. — Credetemi, quando vi farò un complimento non avrete dubbi. Ora venire a sedervi con me per qualche minuto.

Jane liberò il polso con uno strattone e per un momento esitò. Inutile negarlo. Avrebbe voluto seguirlo, ma nello stesso tempo non osava neppure pensare perché voleva farlo. Annuì e cercò di buttarla sul ridere.

— Voi mancate assolutamente di capacità di persuasione. — Lo vide aprire la bocca per replicare e con un cenno della mano lo interruppe, per poi continuare. — *Ciononostante* penso di essermi lasciata pregare abbastanza e ho deciso di darvi corda. Vi accompagnerò fino a quella panchina e poi indietro.

Un altro scoppio di risate da parte del baronetto le fece affiorare un sorriso sulle labbra. Per quanto riguardava l'etica, era assolutamente disdicevole passeggiare a mezzanotte in un giardino buio in compagnia di un uomo. Ma del resto, pensò, non aveva più nessuna reputazione da proteggere. E se anche lui avesse avuto intenzioni disonorevoli, sapeva di essere assolutamente in grado di difendersi. Era un capo dei ribelli e lui lo sapeva. Non era una ingenua verginella dagli occhi pieni di stelle che sperava di essere baciata da un bel mascalzone sotto un pergolato di rose tardive.

Questi pensieri calmarono alquanto Jane nel corpo e nella mente, almeno per il momento, mentre passavano sotto l'arcata di pietra.

Il braccio di Nicholas sfiorò il suo, questa volta non intenzionalmente e Jane pensò: "Sei davvero sicuro che io non ti faccia alcun effetto?".

Poi scosse la testa e gli sorrise, mentre si portava sul bordo del vialetto per allontanarsi da lui. — Io non sono una delle vostre giovani fanciulle della buona società londinese. Non so frenarmi se mi sfidano, mi stuzzicano o mi tentano. E adesso siate così gentile da dirmi che cosa volevate chiedermi.

Lo sguardo che le rivolse diceva chiaramente che Nicholas non aveva creduto neppure per un istante a quella sparata. Ma era chiaramente troppo gentiluomo per rinfacciaglielo. — L'argomento è estremamente serio.

— Ne sono lieta. Mi seccherebbe perdere delle buone ore di sonno per qualcosa che non lo sia.

— Fin da quando siamo arrivati in questa parte del mondo — continuò Nicholas — ho avuto la buona sorte di trovarmi faccia a faccia con una banda di noti ribelli e con il loro famoso capo. Sono stato anche interrogato su questo e ho dovuto sorbirmi interminabili sproloqui su questo gruppo. Purtroppo trovo che molte delle persone che mi hanno interrogato e subissato di spiegazioni siano scarsamente obiettive nel modo di presentare i fatti.

Jane aggrottò la fronte. Si era aspettata delle domande. Sarebbe stato più che naturale che sir Nicholas volesse sapere come aveva fatto ad avventurarsi coi Bianchi. Come appartenente alla nobiltà inglese non c'era dubbio che Spencer avrebbe considerato suo dovere chiedere queste cose. E dopo le domande sarebbero venuti gli ovvi consigli che un gentiluomo *deve* offrire a quegli esseri insignificanti, poco intelligenti e vulnerabili che sono le donne. Già lo sentiva pontificare.

Jane dovette però riconoscerglielo. Se non altro, era riuscito a evitare di intromettersi per quasi due giorni.

— Gran parte di quanto leggiamo e sentiamo raccontare in Inghilterra è basato su grossolane esagerazioni — continuò Nicholas. — So che è così perché ricordo le discussioni che ho sentito riguardo alle colonie americane dopo che sono ritornato da quei luoghi. Ciò che si diceva spesso aveva ben poco che spartire con la verità o la precisione. Noi parliamo tanto delle lotte e delle divisioni che ci sono qui, ma ignoriamo la povertà e lo sfruttamento che le provocano. Protestiamo per il minacciato coinvolgimento di spagnoli e francesi contro l'Inghilterra. Conferiamo i titoli di "eroe" o "furfante" solo in base al fatto che una persona sia inglese o no. Vediamo solo ciò che è nostro interesse vedere.

Erano arrivati in fondo al giardino, ma Jane scoprì di essere troppo affascinata dalle sue parole per tornare indietro. Passarono sotto un lungo pergolato di uva da cui, senza riflettere, Jane staccò un grappolo di frutti maturi.

— Ho visto questo stesso tipo di ignoranza tanti anni fa quando combattevo contro i francesi nella pianura di Abraham durante la conquista del Quebec e più tardi durante le campagne contro i Cherokee. Fino a un certo punto mi sono perfino fatto trascinare anch'io. Ma questa volta voglio fare di meglio. Non intendo ripetere lo stesso errore. Voglio comprendere la verità. — Jane lo sentì respirare a fondo prima di continuare. — In queste due sere ho passato, naturalmente con il permesso di vostro padre, parecchio tempo nella sua biblioteca esaminando i documenti da lui raccolti sulla cultura e la storia di questa zona. Ma si tratta di resoconti scritti soprattutto da inglesi che non mostrano alcuno sforzo di essere obiettivi e precisi.

Si fermarono vicino a una panchina di pietra sotto il pergolato e Nicholas vi appoggiò sopra un piede, poi si piegò su un ginocchio, rivolgendosi a lei. — Perciò mi chiedo se ci sia qualcuno qui a Woodfield House, o nelle vicinanze, che sappia come stanno le cose e sia tanto obiettivo da fornirmi un quadro comprensibile di ciò che succede da queste parti.

Tutto ciò non era affatto quello che Jane si era aspettata di ascoltare. Per così tanti anni si era trovata di fronte alle manchevolezze del sistema inglese, e dell'aristocrazia, che non poté fare a meno di chiedersi quali fossero i veri motivi che inducevano quell'uomo a parlare in tal modo. Sir Nicholas non era affatto simile ai suoi compatrioti.

— Devo chiedervi, signore, se il vostro desiderio di comprendere come stanno le cose abbia per caso origine dalla nostra piccola scaramuccia di ieri e dal vostro silenzio sull'identità del ribelle. Forse vi preoccupa la vostra decisione di non avermi tradita.

— No. — u suo diniego fu enfatico. — E vi do la mia parola che nessuno mai saprà che ci siamo incontrati prima di ieri sera... nel salotto dei vostri genitori.

Dopo una pausa Jane chiese: — Allora, ditemi, perché vi interessa tanto questa questione?

— Ve l'ho detto. Mi sono state rivolte domande e sono stato subissato da sproloqui sull'argomento prima da sir Thomas e questa mattina da Musgrave. Mi piacerebbe conoscere i fatti prima di formarmi un'opinione.

— Perché avete bisogno di formarvi un'opinione su di noi? — Jane gli lanciò un'occhiata di sfida. — Oggi siete qui, ma domani sarete lontano con mia sorella. Quindi...

— Io non me ne andrò con Clara... né domani né mai. E smettetela di confondere le cose.

— D'accordo. — Jane scrollò le spalle. — Ma il punto è che oggi siete qui e domani non ci sarete più. A mio modo di vedere, nel Quebec siete stato mandato per combattere. Era impossibile non venire coinvolti. Qui siete solo in visita alla mia famiglia. Perché non vi limitate a godervi la bellezza della campagna? In pratica ve ne andrete di qui essendo ancora la stessa persona che eravate all'arrivo. Non è necessario che ne sappiate di più su di noi.

Nicholas socchiuse gli occhi. — Come mai siete così contraria al fatto che conosca meglio la vostra causa?

Jane scrollò le spalle e si allontanò di un passo. —Sto cercando di fard un favore... rendervi più piacevole la permanenza... eliminando ogni motivo di inutile preoccupazione.

Vi ho chiesto di fornirmi informazioni, non protezione.

Jane lo sentì avvicinarsi e cercò di nascondere l'inatteso brivido che la percorse quando le loro braccia si sfiorarono.

— Tra tutte le persone che avete conosciuto dal vostro arrivo, perché vi rivolgete proprio a me?

— Perché nonostante la vostra nazione di origine e la vostra situazione familiare voi avete scelto la strada più difficile... e anche perché siete l'unico capo famoso dei ribelli che abbia avuto il privilegio di conoscere. — Anche al buio Jane sentiva la pressione del suo sguardo su di lei. — Mi ha fatto impressione ascoltare sir Thomas pronunciare il nome di Egan con lo stesso tono che usa per gli altri oppositori della Corona.

— E voi avrete pensato: "Ma guarda se si può essere più ciechi!".

— Nient'affatto. Anzi sono stato grato alla sorte per la sua ignoranza. C'è qualcosa di buffo e sconcertante nel fatto che ci sia proprio una donna inglese a capo di un simile movimento. — Non c'era ironia nel suo tono, solo una silenziosa ammirazione. — Quando avete cominciato a partecipare a queste azioni, non avete mai pensato che un giorno avreste potuto essere considerata un'eroina da coloro per i quali vi battete?

— Oppure che un giorno avrei potuto finire impiccata per tradimento? — Jane guardò in basso, mentre scavava nella terra con la punta di uno stivale. — I sentieri che percorriamo non sono sempre gli stessi che abbiamo imboccato all'inizio... o che avremmo continuato a seguire se ce ne fosse stata data la possibilità.

— Rimpiangete di essere stata coinvolta?

— Sono contenta di essere la persona che sono diventata. Sono rassegnata al ruolo che sembro destinata a svolgere. Ma sacrificherei tutto... anche me stessa... se potessi annullare solo alcune delle tragedie del passato o anche solo una di quelle ancora da venire.

Un fresco venticello, carico del profumo di fiori tardivi, le risvegliò ricordi sepolti da tempo, immagini di volti scomparsi.

— Sono diventata Egan per annullare il dolore... per dimenticare.,. — Jane provò un improvviso nodo alla gola. Non sarebbe mai diventata Egan se quei cinque giovani non fossero stati impiccati così ingiustamente. Non si sarebbe mai opposta alla malvagità della classe dominante inglese, se non avesse visto il corpo del suo innamorato marcire sulla forca.

Se Conor fosse vissuto, il coinvolgimento di Jane non sarebbe andato oltre lo struggersi per lui durante la sua assenza. Non era un'eroina. Eroi invece erano l'uomo che aveva amato e i suoi quattro sfortunati amici. Lei era solo una sopravvissuta.

Quando Jane sentì le dita di Nicholas asciugarle una lacrima che aveva inavvertitamente versato, si voltò e i loro sguardi rimasero come incatenati, mentre provava la sgradevole sensazione di avere rivelato fin troppo.

— Un giorno mi racconterete del vostro passato?

— Il mio passato è un libro aperto... fin dove è avvenuto il cambiamento in me. Chiedete pure in giro, di sicuro vi racconteranno tutto quanto. — Emise un profondo respiro, poi proseguì. — Per quanto riguarda il passato di questo paese, una persona come il reverendo Adams potrà raccontarvi tutto quel che volete sapere.

— Che stupido da parte mia non averlo immaginato. Il reverendo è un uomo che sembra conoscere tutto e tutti da queste parti.

Jane era troppo immersa nei propri pensieri per notare il tono di disapprovazione nella sua voce.

— Anche se la mia vita appartiene solo a me, sir Nicholas, so che da un ospite ci si aspetta un certo comportamento. Forse sarebbe opportuno che ci ritirassimo nei rispettivi alloggi. Buonanotte.

Il formalismo delle sue parole apparve a lei stessa forzato, ma doveva assolutamente andare via da lì. Sperò solo che Nicholas non la seguisse e mentre si allontanava si sforzò di respirare normalmente e di calmarsi.

Non riusciva però a spiegarsi lo stato di malinconia in cui era piombata improvvisamente. Solo il pensare a quelle poche parole pronunciate, molti anni prima, nello stesso punto di quel giardino le aveva fatto riaffiorare un periodo passato e i ricordi sepolti da tempo. E ancora una volta riviveva quell'atroce dolore nella carne e nella mente.

Un ricordo tagliente come una lama.

Nove anni prima aveva percorso quello stesso vialetto per incontrarsi con l'uomo che amava. Era la vigilia del suo compleanno. Stava per compiere diciassette anni e doveva incontrare Conor a mezzanotte sotto quello stesso pergolato. Sarebbe stato un bacio d'addio ma nessuno di loro ancora lo sapeva. Con i loro sussurri avevano parlato solo di futuro.

Come potevano immaginare che lui sarebbe stato arrestato il giorno seguente e impiccato neanche due settimane dopo? Come avrebbero potuto saperlo?

—Jane —la chiamò Spencer.

Un grido di dolore le sfuggì dalle labbra e la ragazza affrettò il passo.

—Jane!

Mentre le lacrime ormai le scorrevano abbondanti sul viso, Jane corse verso il cancello del giardino, sperando di trovare rifugio in casa, ma le forti mani di Nicholas la bloccarono un istante prima che mettesse piede sul pianerottolo, e fu costretta a voltarsi.

—Jane, che succede?

Dalle labbra non uscì una parola, ma le lacrime continuarono a fluire senza controllo. Il passato era alle sue spalle... perché continuava a tormentarla?

— Se a turbarvi è stato ciò che vi ho detto... — cominciò Nicholas — perdonatemi, non avevo idea che il vostro amico fosse tanto importante per voi. Non erano affari miei...

— Quale amico? — Jane si riprese subito, rendendosi conto di quanto Nicholas fosse rimasto sconcertato. Si asciugò il viso con il dorso della mano.

— Il reverendo Adams. Non ho alcun diritto di criticarlo. È solo che voi dite che si tratta semplicemente di un amico, ma io mi trovo a competere in ogni istante con quell'uomo per avere la vostra attenzione.

— Competere... per avere la mia attenzione? — Jane si scoprì a sorridere nonostante le lacrime. — E perché mai uno come *voi*... dovrebbe volere competere per avere la *mia* attenzione?

— Potete continuare a prendermi in giro... o a fingere ostinatamente di ignorare il mio interesse per voi — le disse Nicholas, asciugandole le lacrime sotto gli occhi con il pollice — ma io vi chiedo di perdonarmi per come ho parlato del vostro amico.

Il viso del baronetto era estremamente serio, ma Jane era troppo sconvolta dalle sue parole e dal tocco della sua mano per accorgersene. Il bisogno di ricevere conforto da un altro essere umano, di sentire l'inusuale calore di un tocco maschile quasi la travolse per la sua violenza. Fissò la pelle della gola attraverso il colletto aperto della sua camicia, il collo massiccio, il petto ampio e muscoloso. In un lampo avvertì un diverso tipo di calore salirle dal ventre ed espandersi in ogni fibra del suo corpo, ottundendo il dolore che provava, solo per procurarle una nuova e diversa sofferenza.

Di colpo distolse lo sguardo. Che le prendeva? Era evidente che stava perdendo il controllo di se stessa e aveva bisogno di rimettere in ordine quel groviglio di emozioni.

— Sono io quella che... quella che deve scusarsi — riuscì a balbettare. — Mi sono comportata in modo del tutto inappropriato. Le mie lacrime non hanno nulla a che fare con Henry... o con qualcosa che possiate avere detto.

L'uomo non parve del tutto convinto e, mentre continuava a tenerla stretta per le spalle, la fissò intensamente in viso. — E allora perché siete così sconvolta?

La domanda le andò direttamente al cuore, acutizzando le sue emozioni. La carezza del suo fiato sulla pelle le procurava una sensazione gradevolissima...

— Sono i fantasmi — rispose Jane, ritrovando la voce. — A volte tornano. Sono i fantasmi che mi tormentano.

— Allora le vostre lacrime non hanno nulla a che fare con Henry Adams?

— Assolutamente nulla.

Jane scosse la testa, sentendo il calore che continuava a pervaderla mentre il suo viso si rilassava. Fino a quel momento non si era soffermata sui lineamenti di quel volto così virile e così bello. Non aveva voluto ammettere di desiderare che la distanza tra i loro corpi potesse annullarsi.

Jane cercò di costringersi a respingerlo, ma non ci riuscì. Nicholas sollevò la mano appoggiata sulla sua spalla e le accarezzò l'ecchimosi vicino alla bocca.

— Adesso che abbiamo cominciato a scusarci, dovrei dirvi che mi spiace molto di avervi procurato questo livido.

Jane avrebbe voluto rispondere con una battuta spiritosa, ma si sentì mancare il fiato un attimo dopo, quando percepì le dita di lui seguire i contorni delle sue labbra.

— Siete così bella, Jane. Così viva... e bella.

Doveva rispondergli con un diniego, allontanarsi, ma il suo tocco le aveva scatenato un diluvio di sensazioni e si ritrovò a lottare per non venirne travolta.

— Non credo... che... sia una... buona idea...

— Avete ragione. — Le parole furono strascicate come se lui ci credesse davvero, ma improvvisamente Jane si trovò stretta tra le sue bracca e le labbra di Nicholas premettero appassionatamente sulle sue.

La ragazza si dimenticò di respirare. Non riuscì a trovare una sola ragione per protestare. Era conscia solo del fuoco che la divorava dentro.

Le sue mani presero a muoversi come se fossero dotate di vita propria, aggrappandosi alla camicia di lui, avvertendo i muscoli della sua schiena. Nicholas emise un gemito di approvazione. Due braccia potenti la strinsero ancora più forte, così che i loro corpi aderirono più strettamente, finché non rimase spazio tra i due cuori che battevano furiosamente come se fossero uno solo.

La passione era qualcosa che Jane aveva conosciuto tanto tempo prima, ma che poi aveva sepolto in un angolo remoto della propria vita. Aveva creduto che nessun uomo avrebbe mai potuto suscitare in lei quel bisogno imperioso che aveva un tempo provato e da cui era stata travolta. Ma ora, prigioniera della stretta d'acciaio di Nicholas, scoprì di ardere come una torcia.

Mentre la baciava lei si aprì a lui, avvicinandosi centimetro per centimetro al punto di oblio. Sentì la lingua di lui che la cercava avidamente. E quando si appoggiò con la schiena all'arcata di pietra, il corpo dell'uomo la seguì, incendiandola con il suo calore.

— Jane. — Nicholas allontanò la propria bocca dalle labbra di Jane e le baciò il collo, mentre le sue mani le scivolavano sul corpo accarezzandolo con passione; lei non riuscì a fare altro che afferrarlo per i capelli e attirarlo verso le proprie labbra per un altro bacio infuocato. — Sapevo che sarebbe stato così tra di noi.

Nicholas appoggiò la bocca sull'orecchio di Jane, tormentandolo di baci, succhiandolo. "Sarebbe stato così... tra di noi." Quelle parole le riempivano la mente. "Noi."

Le sembrava quasi di galleggiare al di fuori del proprio corpo. Jane si esaminò come in un sogno. La bocca di Nicholas le scivolava lungo il collo, mentre le mani percorrevano la curva delle sue natiche, premendole il corpo sempre più forte contro il proprio.

"Noi..."

Improvvisamente, Jane si ritrovò nel proprio corpo, perfettamente conscia di quanto stesse accadendo e quasi in preda al panico. Il gemito nella sua gola divenne un grido e le sue mani che non erano riuscite a stringere il corpo di Nicholas quando avrebbe desiderato lo respinsero per liberarsi.

Nicholas si fermò all'istante e fece un passo indietro. — Jane...

Jane aveva ancora difficoltà a riprendere fiato, ma fece ogni sforzo per pronunciare quelle parole che urlavano dentro di lei. — Non c'è nessun *noi,* Nicholas. Non ci potrà mai essere un *noi!*

Poi, mentre Nicholas stava per aprire bocca, sollevò una mano per bloccare le proteste sul nascere.

— E vi prego... vi prego... — lo supplicò mentre si spostava lentamente verso la porta. — Dimenticate ciò che è successo stanotte. Abbiamo commesso tutti e due un errore. E non dovrà mai più... non succederà mai più.

Jane corse in casa, senza sapere come perdonarsi per essere stata quasi sul punto di sedurre il futuro marito di sua sorella. Mai più, giurò in silenzio, salendo due scalini alla volta fino allo studio sotto il tetto. Mai più si sarebbe concessa di ritrovarsi sola con Nicholas Spencer.

Neanche per un secondo.

Dalla finestra della sua camera da letto, immersa nelle tenebre, sir Thomas osservò il baronetto allontanarsi nella notte. Anche da quella distanza avvertì il senso di frustrazione di quell'uomo, mentre si passava una mano tra i capelli.

— È molto più difficile da domare di quanto pensassi — mormorò.

Come faceva sempre, sir Thomas era rimasto in attesa del ritorno di Jane. Dalla sua finestra l'aveva vista risalire il vialetto ed essere avvicinata dal loro ospite. Poi li aveva osservati allontanarsi nei giardini.

La vista dei due giovani gli aveva procurato un momento di sollievo, ma subito dopo aveva accantonato quel pensiero. Non c'era alcuna possibilità che tra i due nascesse qualcosa. Jane non l'avrebbe permesso. Forse avrebbe fatto bene ad avvertire il giovane Nicholas quella sera stessa, in privato, quando avrebbero conversato dopo cena.

E come al solito aveva avuto ragione. Poco dopo Jane era tornata di corsa verso casa inseguita da Spencer. E adesso non gli restava che rilevare la frustrazione di un uomo che è stato respinto.

A tenere separati Jane e il baronetto era qualcosa di più dello scandaloso passato di sua figlia. Era qualcosa di più dell'ordine, da lui stesso impartito nove anni prima, di impiccare quel presuntuoso ragazzo papista. Quell'incubo si intrometteva tra lui e Jane.

C'era di più, molto di più.

Da principio, quando si era accorto del suo andirivieni a tutte le ore, era stato abbastanza stupido da pensare che ci fosse di mezzo un altro uomo. Poco dopo aveva cominciato a studiare i suoi dipinti e a osservarla con attenzione e non ci aveva messo molto a capire che sua figlia, il sangue del suo sangue, aveva abbracciato la causa dell'innamorato giustiziato. Ora Jane si batteva a fianco degli Shanavest.

Sir Thomas si allontanò dalla finestra e si lasciò cadere pesantemente sul bordo del letto. Era proprio per proteggerla che era rimasto magistrato così a lungo, sperando che nel frattempo lei si stancasse di seguire le follie di quel movimento. Lui non si sarebbe più mosso contro i ribelli finché Jane fosse stata coinvolta nei loro maneggi, ma era proprio Jane il motivo per cui continuava a premere su Musgrave perché prendesse provvedimenti più seri per catturare e impiccare i caporioni locali. Il vecchio sapeva che, una volta scomparsi i capi, gli altri sarebbero stati troppo scoraggiati per continuare nelle loro nefande imprese.

Solo allora, ne era sicuro, avrebbe avuto qualche possibilità di rimuovere quel terribile ricordo. Solo allora avrebbe potuto pregare di riavere indietro sua figlia.

Capitolo Quattordici

NEL PICCOLO SALOTTINO DA LAVORO, che Catherine utilizzava per organizzare tutti gli impegni domestici, l'atmosfera era elettrica quando Jane vi mise dentro la testa il mattino seguente. C'erano quattro inservienti già schierate in fila davanti a sua madre, che in modo isterico impartiva raffiche di ordini.

Poi, proprio mentre Jane stava riflettendo se era il caso di attendere che la tempesta si esaurisse, le vittime di sua madre si dispersero. Rimase solo la governante, la signora Fey.

Lady Purefoy si fermò un attimo per riprendere fiato e Jane colse l'occasione per entrare.

— Avrei bisogno di un momento del tuo tempo, madre.

— Allora dovrai aspettare, Jane. Non ora.

— Ma non posso aspettare. — Jane entrò e andò a sedersi su una delle due sedie disponibili. Fu sollevata vedendo Clara guardarla di sottecchi e sorridere prima di distogliere nuovamente il suo sguardo turbato.

Sua madre rivolse a Jane un'occhiataccia d'esasperazione. — Di che si tratta, Jane. Vedi di sbrigarti.

— Ho l'intenzione di fare visita alla signora Barry... a Dublino. Prenderò una diligenza a Cork e partirò fra circa nove giorni.

— E quanto starai via?

— Una quindicina di giorni, forse qualcuno in più.

— Molto bene. Avvertirò sir Thomas. — Ciò detto, lady Purefoy tornò a rivolgersi alla governante.

Tutto come Jane si era aspettata. Tranne che per qualche rara eccezione, erano anni che non parlava direttamente con suo padre. Tutto ciò che era necessario fargli sapere gli veniva comunicato dalla madre. E adesso che costei era stata informata del viaggio, Jane non aveva più nessun motivo di rimanere. La curiosità, però, la tenne inchiodata sulla sedia.

— Oh, sì. La sarta di cui ci siamo servite prima del viaggio a Londra — disse lady Purefoy, ricordando le istruzioni date a Fey. — Chiederò a Paul di farvi accompagnare da uno stalliere a Cork in modo che torniate con quella sarta. Adesso vi dirò che cosa comperare per quanto riguarda tessuti e colori. Accertatevi che qualunque sia lo stalliere che verrà con voi a Cork, non vi faccia fretta per tornare.

— Non avrò fretta, milady.

— Ma voglio che rientriate immediatamente. Non perdete tempo in città, mi raccomando. C'è molto da fare, Fey. *Molto!*

— Prepari una festa, madre? — chiese Jane di buona grazia, cercando di concedere un attimo di respiro alla governante.

— Un ballo — la corresse immediatamente lady Purefoy. — Il ballo più grandioso che abbiamo mai dato a Woodfield House.

Catherine balzò in piedi e corse dietro allo scrittoio, facendo una smorfia di fronte a un pacchetto di carta da lettere.

— Credevo che mi dessi una mano con questi inviti... Clara? — Fissò, per un momento, il viso alterato della giovane figlia. — Devi cominciare a scriverli subito se vogliamo che vengano consegnati *oggi*.

Jane osservò la sorella che, ubbidiente come al solito, si alzava per andare a sedersi dietro allo scrittoio. Clara era l'angelo di casa, abituata a rispettare fedelmente gli ordini dei genitori.

— Questa festa di fidanzamento... voglio dire il ricevimento... è quello che aspettavate tutti? — Nonostante quanto le aveva detto, Nicholas Spencer era lì per sposare sua sorella Clara e lo sapevano tutti. Tutti l'avevano accettato come un fatto compiuto. Lei non aveva nessun diritto... nessun motivo... di sentire quel macigno che improvvisamente le aveva colpito il petto.

Un silenzio sgradevole discese nella stanza. Sua madre e Fey la fissavano intensamente. Clara, invece, continuava a scrivere, senza fermarsi un attimo.

— Miss Jane è appena scesa — ricordò gentilmente Fey a lady Purefoy. — Non lo sa ancora.

Jane si guardò attorno. — Qualcuno vuole spiegarmi che cosa sta succedendo?

Clara depose la penna e disse: — Non c'è nessuna offerta di matrimonio. Ieri sera sir Nicholas ha detto a nostro padre che non desidera sposarmi.

— Non c'è nessun bisogno di dirlo come se si trattasse di una decisione definitiva — protestò immediatamente Catherine, che si portò dietro alla figlia, posandole le mani sulle spalle con fare protettivo e lanciando nel contempo un'occhiataccia a Jane. Clara ricominciò a scrivere gli inviti. — È ovvio che sir Nicholas non è pronto a prendere una decisione, ma le sue intenzioni sono molto chiare. Lui e la sua famiglia intendono rimanere qui ancora quindici giorni... come era stato programmato in origine.

— Così voi date una festa... chiedo scusa, un ballo?

— Perché no? — lady Purefoy prese uno degli inviti che Clara aveva finito di scrivere e lo piegò con cura. — In queste occasioni una giovane donna ha modo di mettere in risalto i suoi maggiori pregi. Non c'è niente di meglio della buona cucina, del buon vino e del ballo per aprire gli occhi del baronetto riguardo ciò che perderà. Prevedo che chiederà la mano di Clara il giorno dopo il ballo. — Fece un cenno a Fey. — Voi potete andare adesso. E non dimenticate quanto ho detto: non perdete tempo in città.

Fey esitò prima di uscire. — Intanto che ci siamo, non sarebbe il caso di pensare anche a un vestito per miss Jane, milady? Se non pensa di partire prima di nove giorni e il ballo è tra sei... — Fey sorrise gentilmente a Jane. — Non pensate che sia ora di abbandonare quei vestiti neri? Sono...

— Andate pure, Fey — la interruppe bruscamente lady Purefoy. — Jane è troppo vecchia per trarre qualche beneficio da queste cose. E poi sapete bene quanto me che a lei balli e feste non sono mai interessati. Non è così, Jane? Anzi, che differenza fa se tra nove giorni o sei... o due? Perché non ti organizzi per partire subito? Sarai molto più felice dalla signora Barry che qui, con tutta la confusione che ci sarà in questo periodo. Dirò a sir Thomas di lasciarti andare immediatamente.

— No, madre — protestò Jane, alzandosi in piedi mentre Fey spariva al di là della porta. Le parole di lady Purefoy l'avevano ferita. Nonostante il clima pesante di Woodfield House, era raro sentire sua madre asserire apertamente che Jane era indesiderata. Ma quelle parole erano state sufficienti a indurla a rimanere. — Partirò fra nove giorni come ho detto.

Catherine aveva un'espressione alquanto seccata quando Jane si fermò sulla porta e si voltò a guardarla. — E, mamma, per amore di Clara, pensa prima di parlare. Tu non immagini quanto le tue parole possano ferire a volte.

Jane lanciò un'occhiata a Clara, che sollevò lo sguardo solo per un istante prima di tornare a scrivere diligentemente e in silenzio gli inviti per il ballo.

Lembi sottili di foresta si snodavano tra le colline spoglie. Un sentiero solitario si dipanava dentro e fuori dal bosco per poi scomparire in prossimità della cima della collina più vicina. Alexandra Spencer sollevò il carboncino dalla carta mentre una nube grigia copriva il sole. La donna guardò verso est e studiò il contrasto di luci e ombre mentre la nube scivolava sopra la distesa di pendici collinari, foreste e pascoli.

I lavori di Jane, che aveva visto il giorno prima, avevano stimolato in lei il vecchio e familiare impulso di disegnare. Aveva bisogno di farlo. Aveva bisogno di creare.

Il sole riemerse ma, mentre lady Spencer si apprestava a riportare il carboncino sulla carta, un'altra ombra si proiettò su di lei. Questa, però, apparteneva a sua figlia, che ora si era fermata accanto alla panchina del giardino, oscurando la luce del sole. L'artista, tuttavia, non protestò quando vide il viso in lacrime di Frances.

— Oh, Fanny, che ti prende adesso? Nicholas non è ancora tornato dalla sua cavalcata con sir Thomas e l'addestratore? Non prendertela se non ti hanno portata con loro. Probabilmente in questo momento saranno immersi nel letame fino al ginocchio per visitare le scuderie. Non sarebbe certo un gran divertimento per una ragazza come te.

— Non sono arrabbiata con Nicholas — disse Frances, asciugandosi le lacrime con la mano. Ma altre lacrime ripresero a scorrere sulle guance pallide.

— E allora perché sei così sconvolta, mia cara? — Alexandra mise da parte il suo disegno e prese un fazzoletto, che passò alla figlia. — Non c'è ragione di annoiarsi. Lady Purefoy mi ha detto che stanno per dare una grande festa per la fine della settimana. Sono sicura che se ti offrirai di aiutarla ne sarà molto felice.

La giovane donna scosse la testa. — Non sono annoiata, mamma. E pensavo appunto di offrire il mio aiuto... ma quando ho sentito la storia... — Frances singhiozzò. — Oh, mamma... è una storia così *triste*... povera Jane.

Prima che Alexandra potesse dire una parola, Frances le si era seduta accanto sulla panchina e aveva appoggiato la testolina sul seno della madre, cominciando a piangere disperatamente.

— Che è successo a Jane? Non si sente bene? Ha avuto un incidente?

Ci volle qualche istante prima che Frances cominciasse finalmente a spiegare. — No, sta bene adesso... voglio dire in apparenza... la cosa è' successa parecchio tempo fa... e tuttavia...

Lady Spencer provò un sordo dolore. Nel breve tempo che era stata a Woodfield House aveva cominciato ad affezionarsi a Jane e tutto quel discorso incomprensibile la preoccupava.

— Frances Marie, comincia a spiegarmi dall'inizio.

— Ho scoperto perché... perché la famiglia la tratta così... così male. — Frances si raddrizzò a sedere sulla panchina e si soffiò il naso nel fazzoletto. — Credo... che si vergognino di lei.

Alexandra fu sul punto di obiettare, ma si frenò, vedendo gli occhi pieni di lacrime di Fanny.

— È così, mamma. Queste persone non ci hanno mai detto nulla di Jane... fino al nostro arrivo. E... — fece un gesto d'impazienza in direzione della casa. — Non si curano minimamente di lei. Ieri sera... nessuno ha domandato dove fosse. Non l'hai notato? E stamattina... qualcuno ha forse chiesto anche una sola volta di lei?

C'erano molte cose nel *ménage* della famiglia Purefoy che Alexandra non capiva. — Ogni famiglia ha le sue eccentricità. Solo perché non abbiamo visto molto Jane non significa che...

— Invece sì! — Frances afferrò le mani della madre. — Significa tutto se loro sono convinti che la sua reputazione sia rovinata e la considerano la vergogna della famiglia.

Alexandra rimase in silenzio. Conosceva sua figlia e sapeva che Frances, per quanto turbata, le avrebbe alla fine rivelato tutto ciò che aveva saputo.

— Il problema è che credo che Jane sia una triste vittima. Mamma, ho dovuto chiedere a *due* persone prima di sapere tutta la storia. — Frances socchiuse i suoi occhi azzurri e abbassò la voce, mentre lanciava un'occhiata in direzione della casa. — E poi, penso che abbiano progettato tutto apposta. Voglio dire, il fatto di farci sapere del passato di Jane.

— Ma via, Frances...

— Davvero! Mi hanno considerata una sempliciotta. Hanno mandato una cameriera a rassettare la mia camera da letto e mentre era lì ecco che *per caso* ha cominciato a raccontarmi i pettegolezzi sulla figlia maggiore. Non penso proprio che si tratti di una coincidenza, mamma. Sono convinta che, dopo avere visto come Nicholas era scontento per l'assenza di Jane ieri sera, abbiano voluto assicurarsi che sapessimo tutte le cose peggiori sul suo conto. — Frances guardò la madre negli occhi. — Avrò solo sedici anni, ma sono stata educata per capire che cosa succede attorno a me. E non appena quella ragazza ha cominciato a blaterare, raccontandomi come è stato *orribile* per la famiglia quando miss Jane è scappata di casa nove anni fa con un povero papista buono a nulla, ho capito che c'era sotto qualcosa. Naturalmente la cameriera ha continuato a raccontarmi che, nonostante la vergogna, quei cuori generosi di sir Thomas e lady Purefoy l'hanno subito riaccolta in casa.

Sebbene Alexandra non conoscesse tutti i particolari, fu contenta di vedere come sua figlia aveva accolto quella storia con scetticismo.

— Sapevo che non aveva l'intenzione di raccontarmi tutto quanto, così quando ha finito di sistemarmi la camera sono andata a cercare Fey.

— La governante?

Frances annuì, asciugandosi le ultime tracce di lacrime dal viso. — È chiaro come il sole che quella donna è affezionata a Jane. Così ho pensato che il modo migliore per conoscere la verità fosse di chiedere direttamente a lei.

— E Fey è stata disposta a parlartene?

— Lo è stata dopo che le ho detto quanto avevo sentito. — La ragazza tornò ad abbassare la voce. — La reputazione di Jane è stata rovinata nove anni fa. Lei allora aveva diciassette anni e Conor, il suo innamorato, diciotto, ma soprattutto apparteneva a un ceto inferiore, essendo figlio di un povero bracciante. La cosa che la domestica aveva tralasciato di dirmi era che Jane in realtà non è fuggita con il ragazzo di cui da anni era innamorata. Non ci è riuscita perché il giovane è stato arrestato e condannato all'impiccagione nella stessa settimana. Oh, mamma... ed è stato sir Thomas a ordinare che venisse giustiziato e Jane... Jane ha dovuto stare a guardare mentre moriva.

La ragazza si asciugò di nuovo le lacrime che avevano cominciato a scorrere.

— È per questo che miss Jane veste sempre di nero. Dopo

tutti questi anni è ancora in lutto per il giovane che amava. E una storia così triste... così triste!

Alexandra accolse Frances tra le braccia e la lasciò piangere. Una storia del genere, sia pure con un padre che ordinava la morte del giovane innamorato, era perfettamente credibile. La perdita della reputazione equivaleva a una condanna a vita per una donna. Ma in quel momento non voleva ricordarlo alla figlia, perché ciò che era consuetudine non era detto che fosse necessariamente giusto... o buono.

Ripensò ai quadri che aveva visto nella soffitta, quadri che emanavano una potenza che poteva nascere solo da una sofferenza interiore. E ora Alexandra comprendeva. Per una giovane donna poteva mai esserci un dolore maggiore di quello di essere condannata a vivere, per il resto della vita, sotto lo stesso tetto dell'uomo che aveva condannato a morte il suo innamorato? Specialmente se quell'uomo era il proprio padre!

— Credo che dovremmo informare Nicholas di questo. — Frances lasciò l'abbraccio della madre e si soffiò il naso. — Posso già dire che è... molto interessato a Jane... ma non può... non può uscirne nulla di buono.

— Invece non gli diremo nulla, mia cara. — Alexandra sollevò il mento della ragazza, che appariva sorpresa. — Tuo fratello scoprirà per conto suo ciò che deve sapere. Noi saremo qui ogni volta che ne avrà bisogno. Ma Nicholas dovrà decidere del suo futuro senza interferenze da parte nostra.

Capitolo Quindici

Da principio Nicholas non capì che cosa fosse stato a svegliarlo. Fuori era ancora buio e dalla finestra, che aveva lasciato aperta durante la notte, non entravano ancora i caratteristici rumori che precedono l'alba. Ascoltò più attentamente e gli sembrò di sentire un debole sussurrio di voci nel corridoio.

Un istante dopo era saltato fuori dal letto e aveva socchiuso la porta della camera. Il corridoio era immerso nel buio, solo poco più avanti si intravedeva un baluginio di luce. Riconobbe la voce bassa della governante. Aprì un po' di più la porta e vide Fey che parlava in fretta davanti alla camera di Jane.

Riuscì solo ad afferrare qualche frammento di ciò che veniva detto.

— ... la vedova di Seamus... i bambini... Buttevant...

E ancora: —... Musgrave...

Sentendo quel nome aggrottò la fronte. La porta della stanza di Jane si chiuse. Mentre i passi di Fey si allontanavano nel corridoio, Nicholas accostò la porta senza fare rumore. Poi si vestì in fretta. Pur non conoscendo la natura di quella visita notturna di Fey, le poche parole che aveva udito erano riuscite a metterlo in ansia. Era quasi certo che Jane se ne sarebbe andata di lì a poco.

Quando Nicholas arrivò alle scuderie, deboli sfumature rossastre stavano cominciando a illuminare il cielo sopra le colline orientali. Corse subito verso la stalla di Mab e trovò la cavalla già sellata e pronta per partire, anche se non c'era nessuno con lei. Senza fare rumore andò verso il ricovero che custodiva il suo cavallo e cominciò prepararlo.

Sabato, quando era uscito con sir Thomas e Paul, quest'ultimo aveva continuato a cantare le lodi di Jane ogni volta che il padre non poteva sentirlo. Se prima Nicholas era quasi certo della devozione del vecchio per Egan, ora non aveva più dubbi.

Adesso aveva visto Fey passarle un messaggio. Nicholas si chiese quanti altri abitanti di Woodfield House fossero fedeli sostenitori di Egan, nonostante il terribile odio che l'ex magistrato dimostrava per quel ribelle.

Aveva appena finito di sellare il cavallo quando ne sentì un altro muoversi nel recinto. Un istante dopo capì che Jane si stava allontanando al galoppo. Stava cercando di convincere il proprio cavallo a uscire dalla stalla, quando sulla soglia comparve l'alta figura di Paul.

— Sir Nicholas — mormorò l'uomo, sorpreso.

— La devo seguire, Paul. — Nicholas fece per montare a cavallo ma si fermò quando il capostalliere gli mise una mano sul braccio.

— Chi volete seguire, signore? Per quanto ne so io, tutti dormono ancora in questa casa.

— Intendo seguire Jane — rispose Nicholas a bassa voce, voltandosi verso di lui. — E non interferirò, a meno che non abbia bisogno del mio aiuto.

L'addestratore si impadronì delle briglie del cavallo. — No, signore. Non ho dubbi che in questo momento miss Jane stia dormendo come un angelo qual è. Perché...

— Miss Jane sta andando a Buttevant per una questione che ha a che fare con il nuovo magistrato. — Anche se Nicholas sapeva di poter sopraffare Paul se fosse stato necessario, sperava di guadagnarsi la fiducia dell'uomo e ottenerne l'appoggio. Ma non intendeva concedergli più di cinque secondi. — Di qualunque cosa si tratti, potrebbe essere una trappola organizzata da Musgrave.

L'uomo fissò Nicholas.

— So chi è miss Jane fin dal primo giorno. Ho assistito alle sue imprese e lei sa che con me il suo segreto è al sicuro. — Abbassò la voce e sollevò il braccio ferito da Jane. — Ho un grande rispetto per le sue capacità e so che è perfettamente in grado di difendersi. Ma ho visto Musgrave a Buttevant tre giorni fa e credo che stia complottando qualcosa.

La mano di Paul lasciò andare le briglie del cavallo. — Che cosa intendete fare?

— Semplicemente essere là — rispose Nicholas con sicurezza. — Per il solo fatto di essere con Jane potrei riuscire a distogliere l'attenzione di Musgrave da lei.

La severa espressione di esitazione di Paul si trasformò in sollievo. — Se cavalcate di buon passo, risalendo la valle a nord e prendendo il percorso a est lungo il fiume, dovreste raggiungerla.

Nicholas montò a cavallo. — Se qualcuno chiede di me, presentate le mie scuse.

Paul sorrise. — Certo signore. Ormai sono diventato un esperto bugiardo quando è necessario.

* * *

Jane cavalcò nel buio con il vestito e il mantello svolazzanti dietro di lei. Aveva riflettuto a lungo se fosse meglio spostarsi nei panni di Egan o con la propria identità, ma alla fine aveva deciso che, fin quando non avesse saputo con precisione il motivo di quella chiamata, sarebbe stato meglio essere se stessa. Più tardi, se ce ne fosse stato bisogno, avrebbe coinvolto gli Shanavest.

Il messaggio era arrivato da Buttevant. Kathleen, la moglie di Seamus, che era stata trascinata via dai Dragoni e rinchiusa nella loro prigione, aveva chiesto aiuto per i suoi tre bambini.

Il ragazzo che aveva portato il messaggio a Woodfield House aveva raccontato di come i soldati erano piombati il pomeriggio del giorno prima davanti alla catapecchia dove viveva la donna e l'avevano portata via a forza strappandola ai tre figlioletti urlanti. I piccoli erano rimasti soli insieme alla vecchia cieca con cui dividevano lo stesso tetto. L'accusa rivolta contro la madre non era conosciuta, ma Jane, mentre superava un torrentello per imboccare la strada per Buttevant, non poté fare a meno di temere che la faccenda potesse avere a che fare con la borsa di monete che aveva dato alla donna tre giorni prima.

Si accorse per la prima volta, dopo mezz'ora di galoppo, di non essere l'unica a procedere verso nord a quell'ora antelucana. Appena giunta sulla sommità di una collina, si era girata, come era sua abitudine, per guardarsi alle spalle e aveva intravisto un cavaliere che galoppava lungo il pendio cercando di raggiungerla.

Sul principio, a causa della distanza e della scarsa luce dell'alba, non lo aveva riconosciuto, ma dopo qualche istante si rese conto che l'uomo, che spronava lo stallone grigio a rotta di collo, non poteva essere altri che Nicholas Spencer.

Il primo fremito di piacere a quella vista si trasformò rapidamente in irritazione. Scacciò il sorriso che le era apparso sulle labbra e lasciò che la rabbia la invadesse. Mai nessuno l'aveva seguita. In tanti anni in cui aveva lasciato Woodfield House a tutte le ore del giorno o della notte, nessuno fino a quel momento ci aveva mai provato.

Sempre più furiosa, fece girare Mab verso quel mascalzone impiccione per affrontarlo e rinfacciargli il suo comportamento impudente.

— Sir Nicholas, vorreste spiegarmi che cosa ci fate qui? — gli chiese quando la raggiunse.

— Cavalco, signorina. Si dà il caso che mi piaccia fare delle moto.

— Potete risparmiare le vostre arguzie per i salotti, signore. E adesso vorreste gentilmente spiegarmi perché mi seguite?

— Io...

— E ditemi, perché non dovrei sospettare dei vostri motivi?

— Be', io...

— Perché dopo avermi detto ripetutamente di non avere intenzione di tradire il mio segreto, signore, vi scopro a... seguirmi.

— Ma...

— E devo anche avvertirvi che considero la menzogna una cosa orribile... in una situazione come questa. — Poteva vedere l'espressione divertita dipinta nei suoi occhi azzurri. — E non è questo il momento di pensare a uno dei vostri sagaci commenti.

— Jane...

— Mi rifiuto di venire trattata come un ottuso somaro — scoppiò a quel punto Jane, chinandosi nella sua direzione. — Il minimo che potete fare è cercare di trovare una risposta.

Nicholas le sorrise. — Se...

— Ma se non ci riuscite, vi suggerisco caldamente di fare dietro front con il vostro cavallo e ritornare...

Nicholas si chinò verso di lei così rapidamente che Jane rimase sbalordita quando la grossa mano le scivolò dietro la nuca e le sue labbra si fusero con le sue. Per un momento il mondo parve fermarsi. L'impulso di lottare rimase sospeso nell'aria. E, quando con l'altra mano, lui l'attirò ancora più vicina, la sua collera si trasformò in fuoco di passione. Le sue mani si aggrapparono disperatamente al bavero della giacca di Nicholas. Jane rimase scossa dall'insolito mugolio di soddisfazione che le era salito in gola quando lui l'aveva baciata con più veemenza.

— Così va meglio — sentenziò Nicholas con voce vellutata, quando si allontanò da Jane. Le sue dita indugiarono ancora per qualche istante, seguendo il contorno delle labbra della donna. — Spero di non avervi lasciato qualche altro livido. Avete una pelle assai delicata. Se qualcuno dovesse arrivare in questo momento, capirebbe di sicuro che siete stata baciata con passione.

Per un lungo momento Jane sentì di avere la mente annebbiata, poi di colpo tutto si schiarì e si drizzò sulla sella. Come era vulnerabile al fascino di quell'uomo, pensò allarmata.

— Vi prometto che questi lividi spariranno molto presto. — Nicholas si passò una mano sul viso non rasato, mentre i suoi occhi azzurri riflettevano il sorriso che aveva sulle labbra. — Ma sarò più pronto la prossima volta.

Jane avrebbe voluto fargli sparire quel sogghigno dalla faccia con uno schiaffo, ma pensò che come punizione era troppo banale. Doveva pensare a qualcosa di più doloroso. Per tenere la mano lontana dal pugnale che portava infilato nella cintura, sollevò le redini, attorcigliandole come un cappio.

— Non avevo alcuna intenzione di seguirvi da lontano — cominciò lui, osservando le sue mani. — Il mio desiderio era di accompagnarvi a Buttevant. Ma voi cavalcate con tale velocità e perizia...

— Come sapevate dove ero diretta?

L'uomo la fissò in volto. — Io...

— Voi mi avete *spiata?*

— No, io...

— Non avreste potuto saperlo in altro modo.

Quando lui cercò di allungare di nuovo il braccio verso di lei, Jane fece scostare Mab, mettendosi fuori portata. — Non osate più baciarmi.

— Oh, pensavo che voleste... va bene, datemi allora la possibilità di spiegarmi, non vi pare?

Jane aprì la bocca, ma la chiuse subito dopo, rendendosi finalmente conto della verità. Non poteva negarlo. In fondo al suo cuore desiderava davvero essere baciata da quell'uomo. Fece indietreggiare Mab ancora di un passo per lasciare raffreddare la propria passione.

— Molto bene, sir Nicholas. Questa è la vostra occasione. Spiegatevi.

Nicholas sollecitò il proprio cavallo verso Mab finché gli stivali dei due cavalieri si sfiorarono. Jane sentì che le loro ginocchia si toccavano.

— Per caso, assolutamente per caso, stanotte ho sentito brani di una conversazione nel corridoio. Non avevo intenzione di spiarvi, solo di trovare l'occasione per passare un po' di tempo con voi. — Si chinò in avanti e le accarezzò il viso con lo sguardo. — È stato un inferno, Jane. Avete continuato a scappare da me da quella volta che ci siamo parlati in giardino.

Jane non avrebbe voluto riconoscere il calore che quelle parole le avevano istantaneamente provocato. Non avrebbe voluto ammettere quante volte nei giorni precedenti aveva pensato a lui, ricordando ogni parola che le aveva detto e il bacio che si erano scambiati. Le dita le tremavano mentre fingeva di aggiustarsi il laccio del mantello e pregò che, con quella debole luce, lui non si accorgesse del rossore che le accalorava le guance.

— Vi avevo avvertito, signore... pregato anzi... di non accennare mai più a quanto avvenuto quella notte nel giardino. Io ho già cancellato quell'episodio dalla mia mente. Vi chiedo di fare lo stesso.

Sir Nicholas apparve ferito, ma solo per un momento. — Non credo che voi abbiate dimenticato quanto è successo. Il nostro bacio di qualche istante fa è la prova che ...

— Vi prego. Mi è parecchio difficile comprendere il mio comportamento. Vi prego. — Jane scosse la testa. — Ho delle cose importanti da fare e devo rimettermi in cammino.

Ci fu un lungo silenzio. — Come volete... ma lascerò perdere l'argomento solo per stamattina.

La battaglia doveva venire combattuta a vari livelli. La sua concessione era già un buon punto di partenza. Jane mitigò il tono e cercò di focalizzarsi sul problema al momento più immediato. — Ho già perso fin troppo tempo. E stamattina non sto cavalcando per fare del moto o per fare visite mondane. Vi sarei oltremodo grata se rispettaste i miei desideri e la smetteste di seguirmi.

— In questo momento non siete vestita da Egan, per cui deduco che non siete diretta a un convegno segreto.

— Purtuttavia, signore, si tratta di una faccenda privata che non vi riguarda.

— Qualunque sia il problema, voi siete diretta a Buttevant... e potreste trovarvi a dover affrontare Musgrave.

— Non credo che...

— Vi prego, lasciatemi finire. — Nicholas spinse di nuovo il proprio cavallo vicino a quello di lei e questa volta Jane non arretrò. — L'altra volta sono riuscito a fàre desistere Musgrave, ma sono convinto che quell'uomo sia abbastanza spregevole da cercare di farvi del male... se non altro per impartire una lezione *a me*.

— Sir Robert non ha bisogno di scuse per fare del male a qualcuno. E ritengo che le notizie inquietanti che mi sono giunte questa mattina siano del tutto indipendenti dal vostro incontro con il magistrato.

— Vi prego, Jane — insistette Nicholas. — Volete farlo per me? Permettetemi di accompagnarvi. Solo per questa volta.

Jane avrebbe voluto sollevare migliaia di obiezioni, ma rimase in silenzio. Si sentiva dilaniata tra ciò che desiderava e ciò che sentiva avrebbe dovuto fare. Ma alla fine non riuscì a costringersi a rifiutare il suo appoggio.

— Se... se vi permetto di accompagnarmi, sia ben chiaro che voi venite solo come osservatore e nulla di più.

— È chiaro.

— Non ho intenzione di incontrarmi con Musgrave. Anzi, sulla scorta di quanto mi avete detto, preferisco che rimaniate con me, invece che separarci a Buttevant.

— Non c'è nulla che potrebbe farmi più piacere.

Il suo rapido ed evidentemente entusiastico consenso le provocò un nuovo formicolio di eccitazione al ventre.

— Bene, ma dovete darmi la vostra parola d'onore che non parlerete mai più di quanto è accaduto tra di noi — proseguì — né nel bosco né quella volta... nel giardino.

La risposta non fu immediata. Poi Nicholas annuì con il capo.

— D'accordo.

Jane fece voltare Mab verso la strada. Avrebbe dovuto sentirsi felice a quel punto, ma nel profondo era scontenta di quell'ammissione. Poi un sorriso le spuntò sulle labbra e pensò che dopotutto quell'uomo era troppo mascalzone per fare delle vere concessioni senza combattere.

Capitolo Sedici

IN UN CANTUCCIO buio dell'unico locale della catapecchia, una bambina stava rannicchiata vicino al fratello più grande che continuava a dormire un sonno agitato nonostante il rumore attorno. Le striature di sporco che le macchiavano il faccino innocente indicavano che si era asciugata le lacrime da poco. Gli occhi della piccola si erano riempiti di paura quando Nicholas era entrato nella stanza.

Jane gli aveva detto di non pronunciare una sola parola se avessero incontrato qualche irlandese. Gli aveva anche chiesto di rimanere fuori, ma Nicholas non voleva lasciarla entrare da sola e l'aveva seguita quando era passata attraverso le assi sconnesse che facevano da porta. Una volta dentro, però, si era attenuto a quanto gli era stato chiesto e non aveva pronunciato una sola parola.

— Non so dove ha avuto quelle monete — spiegò la vecchia cieca, rimestando in una pentola appesa sopra un fuoco di torba. Il liquido contenuto sembrava un brodo molto diluito. — Kathleen è rientrata dal villaggio e subito ha mandato Bowie ad avvertire il giovane Mick di farvi venire qui. Aveva capito che c'erano guai in vista.

Il bambino più piccolo continuava a guaire come un cucciolo ferito, ma si spostò quando Jane cercò di accarezzarlo.

— Kathleen voleva avvertire Egan. Siete voi Egan?

Questa era la terza volta che la cieca le rivolgeva la stessa domanda. Nicholas si chiese se la donna avesse rivelato questo fatto nel caso fosse entrato qualcun altro sostenendo di essere Egan.

— Sono io Egan, Bridget — sussurrò Jane. — Dovete ricordare la mia voce. Sono stata qui solo tre giorni fa.

L'espressione della vedova non rivelò nulla che le facesse capire che si ricordava di lei. — L'ho sentita dire che voleva che venisse avvertito Egan. — La donna abbassò la voce, nonostante ora il bambino piangesse forte. — L'ho sentita anche parlare tra sé delle monete che le avete dato. Poi è corsa nell'orto sul retro... ed era ancora lì quando sono arrivati i soldati.

Il bimbo continuava a piangere. La sorella si alzò e lo prese tra le braccia. Il bambino le posò istantaneamente il capo sulla spalla e il pianto si ridusse a piccoli singhiozzi. Nicholas pensò che la bambina non era molto più grande del fratellino, ma dal punto di vista emotivo era molto più matura dei suoi anni.

— Hanno detto qualcosa quando l'hanno portata via? Sono entrati e hanno fatto male ai bambini? — Jane si diresse nell'angolo della stanza dove dormiva il maggiore dei fratelli. Nicholas la vide irrigidirsi quando toccò il viso del piccolo.

— L'hanno presa in giardino, poi uno di loro è entrato in casa, ha rovesciato il tavolo e se n'è andato. — rispose Bridget con calma.

— Da quanto tempo dorme Bowie, Maire? — chiese Jane alla sorella, cercando di mantenere un tono di voce calmo. Le sue mani si spostarono lungo il collo del ragazzino, premendogli sul torace mentre rimaneva in attesa di una risposta.

La bambina non sembrò avere sentito la domanda e continuò a cullare il piccolo, tenendo fisso lo sguardo su Nicholas.

— Maire — la chiamò Jane a bassa voce, ma ancora non

ottenne risposta. Il suo sguardo si spostò dal ragazzino addormentato al viso terrorizzato della piccola.

— Potete venire qui? — chiese poi a Nicholas.

Il baronetto si accucciò di fianco a Jane e vide che aveva aperto la camicia all'altezza del petto del ragazzo. C'erano dei lividi scuri sulle costole.

— Chi c'è con voi? — sussurrò Bridget con una traccia evidente di paura nella voce. Le sue mani smunte brancicarono freneticamente nel vuoto. — Dove sono i bambini? Maire, dov'è Daniel? Sveglia subito Bowie, Maire. Sveglialo subito.

La bambina si strinse più stretto al petto il fratellino e si spostò ancora più lontano dalla vedova.

— Non c'è nulla di cui avere paura, Bridget — la rassicurò Jane. — L'uomo che è con me è un amico. È qui solo per dare un aiuto.

— Voi non dovete essere Egan — replicò Bridget in tono d'accusa. — Lei è venuta da sola. Voi avete portato un uomo con voi. No... Egan non l'avrebbe mai fatto.

Nicholas posò una mano sulla fronte di Bowie. Il ragazzo bruciava per la febbre e si percepiva anche il suo ansimare difficoltoso.

— Ha solo sette anni, ma ha sofferto più di un uomo di settanta — spiegò Jane a bassa voce. — E non ha solo la febbre. Sospetto che abbia anche qualche costola rotta.

Jane si spostò verso la cieca che era riuscita ad alzarsi dal luogo in cui era seduta vicino al fuoco. La donna era così agitata che continuava a muovere le mani e per poco non rovesciò la pentola fumante.

— Bridget, sono io. — Jane le afferrò le mani smunte. — Sentite qua. È lo stesso scialle che Kathleen mi ha dato solo tre giorni fa. — Appoggiò sulla lana le dita dell'anziana donna, poi lasciò andare la presa perché continuasse a tastare da sola il tessuto.

Nicholas aveva visto lo scialle lacero quando Jane si era tolta il mantello. Il suo sguardo ora era rivolto al visino pallido di Maire, che si era illuminato. La bambina sembrava essersi svegliata dal torpore, mentre si avvicinava a Jane con passo esitante. Anche il piccolo Daniel aveva smesso di piangere e aveva sollevato la testa per guardare la sorella.

— Bowie sta male — disse Jane mentre la donna sollevava la mano per tastarne leggermente il viso.

Nicholas non era molto fiducioso sullo stato mentale di Bridget. Se la cieca fosse stata interrogata da Musgrave e dai suoi uomini, chi poteva dire se non avrebbe descritto loro Egan. Era già un guaio che sapesse che Egan era una donna.

— Voglio portare via Bowie... per farlo visitare da un dottore.

— No. — Bridget scosse la testa. — Kathleen tornerà dai bambini.

— Sicuro. Ma Bowie sta male e ha la febbre alta. Ha bisogno di aiuto e dobbiamo farlo prima che ritorni sua madre.

Prima che Bridget potesse obiettare, Jane le toccò il braccio. — Farò in modo di avvertire Kathleen dei bambini e farle sapere dove trovarli quando le autorità la rilasceranno.

Questa volta quando Jane allungò le mani verso il più piccolo, questi si lasciò prendere tra le braccia di buon grado, ma il suo sguardo continuò a rimanere fisso sul viso della sorella. Maire, da parte sua, si rannicchiò tra le pieghe delle gonne nere di Jane.

Bridget mormorò qualcosa riguardo a santi e folletti e tornò alla sua pentola.

Nicholas si incaricò del bambino febbricitante. Mentre lo avvolgeva nella sua giacca e sollevava quel corpicino svuotato di energia, gli tornò alla mente l'immagine della ragazzina che aveva trovato a St James's Park la sera prima di Natale. Bowie era quasi leggero e inconsciente come lei. Entrambi erano vestiti solo di stracci. Tutti e due sembravano bambini abbandonati alla loro sofferenza, anche se la situazione del ragazzo era molto diversa. Un debole colpo di tosse risuonò nel torace di Bowie e Nicholas cercò di scacciare la sensazione di morte che lo tormentava. Pregò il Signore che ci fosse ancora tempo.

Il sole luminoso che splendeva all'esterno offriva uno stridente contrasto con il buio dell'interno. La leggera carezza del primo vento autunnale contro il viso di Bowie lo fece tossire di nuovo e il ragazzino nascose il viso nella camicia di Nicholas.

Il baronetto si avviò a passo svelto verso il proprio cavallo, ma si fermò un attimo per fissare la scena davanti a lui.

Jane era già in groppa a Mab e i due bambini erano seduti davanti a lei. In quel momento stava parlando dolcemente a Maire e nello stesso tempo teneva Daniel per mano incoraggiandolo ad accarezzare la morbida criniera del cavallo. C'erano così tanta dolcezza, tenerezza e amore nei suoi gesti che Nicholas pensò che era il più bello spettacolo a cui avesse mai assistito.

Jane lo guardò e nel contempo rivolse un'occhiata ansiosa a Bowie. Poi sollevò lo sguardo verso Nicholas e quando i loro occhi si incrociarono, questi capì di avere di fronte la donna che aveva sempre cercato.

Le due donne chine sul letto osservarono preoccupate il bambino sofferente.

— Dove si è procurato questi lividi?

— Mentre venivamo qui, la piccola Maire mi ha raccontato che, ieri, Bowie è arrivato proprio mentre i soldati stavano portando via sua madre. Così questo piccolo coraggioso ha preso un bastone e ha cercato di impedirglielo.

Jane strizzò il panno sul catino per fare uscire l'eccesso d'acqua, prima di continuare a detergere il viso del ragazzo. La signora Brown pronunciò qualche parola commiserevole, mentre cercava di togliere con la massima delicatezza la camicia stracciata del piccolo.

— Maire ha detto che l'hanno preso a calci.

La carnagione rossastra della signora Brown si fece ancora più rossa mentre in lei saliva la rabbia. — Figli del demonio, ecco cosa sono. Prendersela con i più deboli!

Jane soffocò la collera che provava, ma si ripromise che gliel'avrebbe fatta pagare. Alcuni degli Shanavest, come Ronan e perfino il più mite Patrick, avevano ripetutamente suggerito che era ora di tendere un'imboscata ai Dragoni di Buttevant per le violenze che commettevano sempre più spesso contro gli irlandesi. Jane si era sempre opposta. Non voleva dare a Musgrave il pretesto di andare alla caccia degli Shanavest. Non la preoccupava un eventuale successo del magistrato, ma il fatto che molti innocenti avrebbero senza dubbio sofferto molto nella lotta che sarebbe seguita.

Innocenti come Bowie.

— Il reverendo Adams ha già mandato a chiamare il dottore? — chiese Jane, mentre toccava di nuovo la fronte bollente del bambino.

— È andato lui stesso a cercare il dottor Forrest. Non voleva correre il rischio che il dottore se la prendesse comoda solo perché chi aveva bisogno delle sue cure era il figlio di una povera vedova irlandese. Ah, no... guardate qui. — La signora Brown indicò altri lividi sul fianco di Bowie.

— Ma verrà?

— Oh, il reverendo farà in modo che venga, potete starne certa — rispose la governante con assoluta sicurezza.

— La sorella del ragazzo ha anche detto che Bowie stava già male qualche giorno prima che arrivassero i soldati. Aveva tosse e brividi. — Jane osservò la donna che con abili mani apriva la bocca del paziente per somministrargli alcune gocce d'acqua. — Prima la malattia... poi il dolore di vedere portare via la madre... infine il pestaggio. Veramente troppo per un ragazzino.

La gola di Bowie fece un evidente sforzo per vincere il dolore, ma alla fine il ragazzo riuscì a inghiottire il liquido.

— Sì — disse la governante, raddrizzandosi. — Se non vi spiace, miss Jane, perché non andare a occuparvi degli altri due bambini? La cuoca ha cercato di farli mangiare, ma la bambina...

— Maire.

La signora Brown annuì. — Non credo che mangerà un boccone se non la confortate un po'. È un tipo difficile.

La governante sollevò la testa del bambino e l'adagiò sul cuscino, poi stese un lenzuolo pulito sul petto del ragazzo.

Jane si alzò con riluttanza. Sapeva che la signora Brown era molto più capace di lei a capire ciò di cui aveva bisogno il bambino malato. Ma sapeva anche che Maire era molto fragile,

— Sir Nicholas è ancora al piano di sotto o è andato con il reverendo Adams?

— No. — La governante sollevò lo sguardo, sorpresa. — Non so dove sia scomparso. Ha portato quassù il ragazzo, l'ha messo sul letto, poi è sceso ed è uscito.

Niente di strano, pensò Jane. Di sicuro quanto era successo era moto di più di quanto fosse in grado di affrontare. Molto di più di quanto fosse disposto a impegnarsi.

Ma non aveva tempo adesso per occuparsi di queste cose. Gettò un'ultima occhiata alla figura immobile del bambino e scivolò silenziosamente fuori dalla stanza.

Era quello il suo compito nella vita. E non si sarebbe fatta distogliere neanche di un passo dal suo percorso, quali che fossero le tentazioni.

Si disse che avrebbe dovuto essere felice che Spencer fosse rinsavito.

Capitolo Diciassette

CLARA INFILÒ la copia consunta del *Castello di Otranto* sotto la coperta che portava sul braccio, pregando di non essere vista, e passò via di corsa davanti al boschetto di alberi da frutto dove si era accidentalmente imbattuta in lady Spencer impegnata a disegnare.

Soprattutto voleva stare un po' da sola e avere un attimo di quiete. Se avesse sentito ancora una sola parola da parte di sua madre, un solo invito a farsi bella davanti a sir Nicholas per cercare di circuirlo sarebbe impazzita.

Con la coda dell'occhio vide lady Spencer deporre lo schizzo che stava tracciando, alzarsi e stiracchiarsi. Distolse lo sguardo e proseguì verso il prato. Anche se le sue ospiti, madre e figlia, erano persone abbastanza simpatiche, in quel momento non aveva proprio voglia di impegnarsi in una conversazione.

Dopo colazione, lady Purefoy si era intrattenuta in un lungo colloquio con la figlia nella sua stanza di lavoro. In realtà si era trattato di un lungo rimprovero in cui la madre aveva chiarito quanto fossero delusi per il modo in cui Clara si era comportata coi loro stimati ospiti. La ramanzina si era conclusa con precise istruzioni su come Clara avrebbe dovuto atteggiarsi per guadagnare l'attenzione del degno gentiluomo, nonché il suo affetto e infine una proposta di matrimonio.

Clara provava addirittura la nausea per alcune delle cose dette da sua madre. Come erano diverse adesso le istruzioni da quelle che le erano state impartite durante il viaggio a Londra! Scosse la testa, rendendosi conto di che scandalo avrebbe creato se avesse cercato di mettere in pratica la maggior parte di ciò che le aveva consigliato sua madre. Sarebbe stato meglio andare a Cork e unirsi alle prostitute che passeggiavano lungo il fronte del porto.

Mentre cercava il segno del libro, si fermò un attimo, pensando all'idea che le era venuta in mente mentre sopportava i rimbrotti della madre.

Anche Henry era stato invitato alla festa di venerdì e Clara sapeva che sarebbe venuto. Sua madre intanto aveva fatto in modo che assolutamente nessuno, al di fuori della stretta cerchia familiare e di Fey, fosse informato del rifiuto di sir Nicholas.

Sarebbe stato interessante se qualcuno l'avesse comunicato a Henry... magari con una lettera. Henry un tempo l'aveva amata. Il solo pensiero che lui potesse considerare suo dovere consolarla per il mancato matrimonio le procurava un brivido. E sarebbe stato assolutamente delizioso mettere in pratica alcuni dei metodi suggeriti proprio da sua madre, non per cercare di intrappolare il navigato sir Nicholas, ma per sedurre l'infinitamente più malleabile Henry Adams.

Un fremito d'eccitazione le percorse le braccia. Senza avere letto una sola parola, chiuse il libro e si alzò in piedi con impazienza.

Sì, era quella la strada. Aveva avuto modo di verificare la passione di Henry tre giorni prima. Lui l'amava ancora, nonostante le dure parole che le aveva rivolto. Se lei avesse insistito, lui avrebbe ceduto. E sarebbe stato senz'altro un uomo troppo d'onore per non sposarla se... se fossero stati scoperti in una.., situazione compromettente. Tutto quel che doveva fare era mandargli una lettera per mettere in moto le cose.

In preda a un'euforia che le dava alla testa, stava cominciando a ripiegare la coperta quando sentì arrivare un cavallo. Il cavaliere chiamò qualcuno nel recinto e dal forte accento Clara riconobbe immediatamente l'uomo. La voce apparteneva a uno stalliere che lavorava per Henry. Tramite lui avrebbe mandato la lettera al reverendo Adams. La Provvidenza sembrava proprio dalla sua parte.

Attraversò la siepe e si avviò verso il cancello del recinto. Avrebbe scritto una lettera molto breve. Forse non avrebbe neppure dovuto fornire tante spiegazioni, ma limitarsi a dire che era di importanza vitale che Henry la incontrasse da qualche parte... in privato.

Sì. Di persona e in privato. Faccia a faccia aveva maggiori probabilità di successo.

Clara rallentò intenzionalmente il passo. Non voleva avere un'aria troppo ansiosa. L'uomo era smontato da cavallo e stava parlando con uno dei garzoni di stalla di Woodfield House.

— Roger! — lo chiamò.

Lo stalliere di Henry si girò e quando riconobbe Clara si levò il berretto.

— Oh, miss Clara! Buongiorno a voi! Stavo giusto andando verso casa per consegnare una lettera da parte del reverendo.

— Potrei portarla io... visto che sono qui e che vado in quella direzione.

L'altro stalliere le rivolse un educato cenno con la testa e si allontanò con il cavallo di Roger. Il messaggero prese una lettera dalla tasca e la porse a Clara.

— Grazie, signorina.

— È per mio padre?

— No... voglio dire sì. Adesso che ci mi ci fa pensare il reverendo Adams non ha detto a quale dei vostri genitori andava consegnata. Io avevo pensato di darla a Fey, anche se sulla busta c'è un nome, non è così, signorina?

Clara diede un'occhiata alla busta. — Sì, è così.

— Dice lady Purefoy, signorina?

— Non sapevo che voi sapeste leggere, Roger. —Clara si infilò la lettera in tasca. — C'è scritto proprio così.

— Non ho mai avuto il tempo di imparare a leggere. Ma penso che riguardi miss Jane, per cui deve essere diretta a vostra madre.

— Gliela porterò immediatamente.

— Grazie.

— Vi spiacerebbe aspettare un momento prima di ripartire, Roger. Può darsi che mia madre voglia consegnarvi una risposta, E poi... anch'io ho una lettera che vorrei portaste a Ballyclough per me.

— Come volete, miss Clara. — Assentì di nuovo educatamente con il capo. — Intanto devo comunque provvedere al cavallo del reverendo. Quel furfante ha perso un ferro ai piedi della collina.

Clara si avviò su per il pendio, ma invece di pensare a ciò che doveva scrivere, la sua attenzione era concentrata sul messaggio che aveva in tasca. Roger aveva detto che riguardava Jane. Da molto tempo ormai sua sorella andava e veniva misteriosamente da Woodfield House. Da due giorni Clara non si era più preoccupata per lei quando non si era presentata per i pasti. È sapeva che neanche i suoi genitori si erano impensieriti per gli andirivieni di Jane.

Uscita dal recinto, Clara imboccò il sentiero che passava per i giardini e quando fu fuori dalla vista prese di tasca la lettera e fissò il sigillo di Henry. Tanto sua madre le chiedeva sempre di leggere la corrispondenza e rispondere. Così adesso la curiosità per il contenuto di quella lettera, anzi la sua preoccupazione per Jane, la spinse a rompere il sigillo.

Il suo sguardo scorse rapidamente l'elegante scrittura di Henry e ci volle un momento prima che le pa' role assumessero un senso compiuto.

Jane si trovava a Ballyclough. Henry informava lady Purefoy e sir Thomas che la loro figlia era andata a fare visita ad alcune famiglie della parrocchia. E, poiché intendeva passare un po' di tempo al capezzale di un bambino ammalato, il reverendo raccomandava che si fermasse in canonica durante la notte invece di compiere un rischioso viaggio di ritorno.

Quando quelle parole le si fissarono nel cervello, Clara si sentì trafiggere da una fitta di gelosia che mai aveva provato in passato. Improvvisamente un profluvio di calde lacrime le sgorgò dagli occhi.

Henry non si interessava più a lei. Era pazzo di Jane e Clara avrebbe dovuto immaginarlo. Accartocciò la lettera e se la infilò in tasca prima di correre verso casa.

Avrebbe dovuto capirlo, pensò amareggiata. Per tanti anni Clara l'aveva segretamente ammirato, osservato, adorato, ma l'attenzione di lui era sempre stata rivolta a Jane.

Clara salì di corsa le scale per rifugiarsi nella sua stanza.

Lei aveva rifiutato la sua offerta sei mesi prima non solo per via dei piani dei suoi genitori, ma in parte anche per quella tensione di doversi misurare continuamente con Jane. Il giorno prima della sua proposta di matrimonio, Henry aveva passato l'intero pomeriggio con Jane. La settimana prima ancora, e una dozzina di altre volte da allora, Jane lo aveva invitato a Woodfield House. E spesso lui chiedeva come stava Jane... se dipingeva... in effetti Henry era l'unica persona che Jane invitava nella sua soffitta.

Clara si sentì ribollire pensando a quanto tempo i due passavano insieme lassù. Da soli. Adesso capiva il *vero* motivo per cui Jane non aveva protestato per essere stata estromessa dal viaggio a Londra.

Chiuse la porta della sua camera con violenza. Al pianto era subentrata una furia vendicativa.

— Si può essere più ciechi? Come posso esserlo stata fino a questo punto?

Clara si mise a passeggiare avanti e indietro. Perfino la signora Brown aveva accennato all'interesse di Henry la settimana prima, ma Clara, troppo ottenebrata per rendersi conto di ciò che invece era ovvio, gli si era buttata addosso.

E lui l'aveva respinta, l'aveva *respinta* non per i motivi che aveva elencato, ma perché desiderava quella svergognata di Jane.

Dolore... rabbia... vendetta. Dentro di lei si agitava un turbinio di emozioni a lungo represse. Era sul punto di scoppiare quando si accorse che qualcuno bussava con insistenza alla porta. L'aprì rabbiosamente.

La giovane domestica arretrò di un passo quando vide il viso di Clara stravolto dall'ira.

— Che c'è?

— Chiedo scusa. Qualcuno vi ha visto arrivare. Vostra madre vuole sapere che cosa diceva il messaggio.

— Portale questa. — Clara prese dalla tasca la lettera accartocciata e gliela gettò contro; stava per chiudere di nuovo rabbiosamente la porta, quando la giovane la fermò con un gesto.

— Scusatemi, signorina. Ha chiesto anche se avevate qualcosa da mandare al... al reverendo Adams. C'è il suo uomo che aspetta.

— No! Niente. — La mano di Clara artigliò lo stipite della porta. — Ma tu puoi fare una cosa per me.

La domestica annuì preoccupata.

— Scopri se il baronetto è tornato. Se sì, di' alla cuoca di preparare un cesto da picnic e chiedi a Paul di fare approntare una carrozza aperta. Andremo a fare una gita.

— E se non c'è? — chiese la domestica, innervosita.

— Allora vieni ad avvertirmi appena rientra.

Clara continuò a rimanere aggrappata alla porta anche dopo che la domestica era scomparsa in fondo al corridoio. I suoi genitori avevano ragione. Lei era troppo fine per un postaccio come l'Irlanda. Troppo bella e troppo bene educata per non riuscire a trovarsi un marito decente.

Nicholas Spencer non aveva chiesto la sua mano, era vero. Ma solo perché da quando aveva lasciato Londra aveva solo pensato a nascondere il suo fascino, il suo garbo, la sua intelligenza.

Adesso che aveva deciso che il baronetto sarebbe stato un marito ideale, quell'uomo non avrebbe avuto scampo. Nel giro di una quindicina di giorni sarebbero stati sposati.

Il sonno si impadroniva lentamente dei bambini. Daniel cominciò a chiudere le palpebre, ma dopo un lungo istante le sollevò di nuovo di scatto. Era evidente che non voleva perdersi la storia che stava raccontando Jane. Anche Maire, che stringeva tra le manine quella di Jane, la fissava con occhi spalancati.

Nonostante avesse notizie importanti da comunicare, Henry Adams non si risolveva a disturbare quella scena così serena. I due bambini erano sdraiati nello stesso letto e Jane, seduta accanto a loro, raccontava una storia irlandese in gaelico.

Henry osservava Jane, affascinato. Non si era mai sentito così conquistato dalla sua bellezza. Una bellezza che sembrava nascere dall'anima. Rivelava un lato così dolce e materno che non aveva mai osservato e che lo faceva soffrire, ricordando quanto fosse stata crudele la società con lei.

Eppure Jane aveva il diritto di essere donna e madre. Una volta aveva amato e aveva sofferto tremendamente quando aveva perso il suo innamorato. Ma la gente non dimenticava mai, non superava mai i pettegolezzi e gli scandali.

Jane terminò la storia con un lieto fine. Daniel si addormentò di colpo, mentre Maire le lasciò andare la mano con una certa riluttanza. Jane la baciò leggermente sulla fronte, spense la candela sul tavolo vicino al letto e girandosi notò per la prima volta la presenza di Henry. — Da quanto tempo siete qui? — gli chiese con un sorriso.

Henry provò un intenso calore al cuore. Jane era sua amica da tanto tempo. — Abbastanza da essere rimasto incantato dalla magia delle vostre parole. — Le mise affettuosamente un braccio sulle spalle e uscirono in corridoio. — Sapete che avete sempre un buon profumo?

Jane si fermò e gli rivolse un'occhiata perplessa. — Si può sapere che cosa vi prende questa sera, reverendo Adams?

Henry scoppiò a ridere, mentre proseguivano nel corridoio. — Per voi sono come un libro aperto, non è vero, miss Purefoy?

— Per forza... dopo tutti gli anni che ci conosciamo. — Jane si fermò davanti alla porta chiusa della camera di Bowie. — Come sta?

— Ha ancora la febbre. Ma era sveglio quando sono entrato a dargli un'occhiata.

— Finalmente! — esclamò Jane sollevata. Aveva già la mano sulla maniglia quando Henry la fermò.

— Preparatevi a una sorpresa.

La sua espressione non rivelava nulla, ma Jane ricordò come l'aveva visto rilassato sulla soglia dell'altra stanza. — Non potrà essere che una buona sorpresa. — Spinse la porta e si sentì mancare il fiato per il sollievo. — Kathleen! Siete qui!

Bowie era sveglio e teneva stretta la mano della madre. La giovane donna si alzò in piedi e sorrise a Jane tra le lacrime. — Sono appena arrivata... qualche minuto fa.

Jane l'abbracciò con impeto.

— Grazie e... miss Jane — le sussurrò la giovane madre con le lacrime agli occhi. — Sapevo che sareste venuta a occuparvi di loro. Ero sicura che non ci avreste lasciati in difficoltà.

Dietro di loro arrivò la signora Brown con un vassoio su cui c'era una scodella di minestra e un filone di pane. Jane si separò dalla donna.

— Penso che Maire non si sia ancora addormentata nella camera qui a fianco, Kathleen. Daniel è con lei.

Bowie allungò un braccio verso sua madre e Kathleen tornò a sedersi accanto al figlio ancora febbricitante, ma felice.

— Grazie, signorina, ci andrò fra un momento.

Troppo felice per dire qualcosa, Jane si girò e vide Henry uscire dalla stanza. Lo seguì, raggiungendolo in cima alle scale. Quando lui sentì i suoi passi si girò e Jane, con il cuore gonfio di riconoscenza, gli gettò le braccia al collo.

— Grazie, Henry. Siete proprio un brav'uomo. Grazie per tutto quello che avete fatto.

Anche Henry rispose abbracciandola. — Vorrei meritare la vostra gratitudine, ma non sono stato io a riportare qui Kathleen, bensì il fidanzato di Clara... sir Nicholas.

Jane si allontanò di colpo da lui e ne fissò il viso che aveva un'espressione solenne. — Ma io credevo che se ne fosse andato...

— È partito questa mattina per Buttevant. Mi ha detto che intendeva andare a trovare Musgrave. Ha accennato a una donazione di monete che aveva fatto con il vostro aiuto ad alcune famiglie bisognose della zona. Voleva chiedere informazioni al magistrato sul motivo dell'arresto di Kathleen. Se tale motivo riguardava quel denaro, era deciso a richiedere la liberazione della donna.

— Non mi avevate detto nulla!

— A dire il vero non credevo che avesse molte possibilità di successo. — Henry si voltò e cominciò a scendere i gradini.

Jane lo tirò per la manica per farlo fermare. — Che cosa avete contro di lui, Henry?

— Perché mi fate questa domanda? — chiese lui in tono evasivo, il viso privo di ogni emozione.

— È evidente che voi due non avete molta simpatia reciproca. Perché?

— Se proprio insistete per saperlo potrei elencare un buon numero di motivi per cui trovo che non sia la persona adatta per Clara, ma è a *lui* che dovete chiedere perché ha quell'atteggiamento indisponente nei miei confronti.

Jane si sentì in colpa per l'atteggiamento di Spencer. Non avrebbe dovuto tessere le lodi dell'uno di fronte all'altro. Era come se avesse gettato un osso a un cane da combattimento mentre il rivale stava a guardare.

— Adesso dov'è?

— Credo che intendesse ritornare subito a Woodfield House.

— Non l'avete invitato a rimanere per mangiare qualcosa? Né gli avete chiesto se voleva vedermi?

Henry scrollò le spalle. — No! Ho pensato che fosse ansioso di tornare da vostra sorella.

— Oh, Henry! A volte siete proprio duro di comprendonio. — Jane gli passò davanti e corse giù per le scale. Lui la seguì. — Da quanto è partito?

— Non gli ho sbattuto la porta in faccia, Jane, e in ogni caso lui non ha chiesto di vedervi.

Jane gli rivolse un'occhiata penetrante. — *Quando* è partito?

— Da non molto. Ma non vorrete seguirlo adesso, vero?

— Io torno a Woodfield House — dichiarò Jane quando arrivarono nell'atrio dell'ingresso. Si gettò il mantello sulle spalle.

— E Kathleen e i suoi bambini?

— Dite loro che tornerò domani.

— Ma ho mandato un messaggero a vostra madre per informarla che sareste rimasta qui per la notte.

— Non si accorgerà neppure della differenza — lo rassicurò Jane, dandogli un leggero bacio sulla guancia. — Buonanotte, Henry.

Nella stalla il suo cavallo era già pronto per la notte. Jane lo sellò in fretta e uscì all'aperto.

Nicholas aveva fatto questo per *lei,* pensò, mentre faceva passare le redini sopra la testa del cavallo. Era tornato a Buttevant dai militari... e molto probabilmente in questo modo aveva salvato la vita di Kathleen. Adesso non vedeva l'ora di incontrarlo e ringraziarlo.

Jane stava per montare a cavallo quando vide la figura allampanata di Henry appoggiata a un albero accanto alla canonica. L'uomo la stava osservando in silenzio. Anche lui meritava di sentirsi dire quanto il suo aiuto era stato apprezzato. Con un sorriso un po' colpevole, tornò verso di lui.

— Scusatemi... non avevo il diritto di essere così critica.

— Siete perdonata. — Henry parlò con solennità, ma Jane notò un abbozzo di sorriso.

— E non vi ho ancora ringraziato per ciò che state facendo per Kathleen e i suoi bambini. Io do sempre per scontato tutto quel che fate, Henry e...

— Su, andate, adesso, Jane — le disse lui, facendo cenno di capire con il capo. — Andate a raggiungere sir Nicholas.

Capitolo Diciotto

ALEXANDRA ENTRÒ nel salottino in cui Fanny e la figlia di lady Purefoy erano impegnate in una partita a carte. Alexandra osservava Clara e il suo occhio artistico notò in lei qualcosa di diverso, tanto che si ripromise di scoprire di cosa si trattasse.

Clara appariva silenziosa come al solito, ma sembrava avere perso la sua aria trasognata. Ora sembrava molto sveglia... perfino intelligente,

Alexandra si sedette su una sedia accanto a loro. — Mi chiedo che cosa pensereste mai di un inglese di buona famiglia che si annoia mortalmente quando deve passare troppo tempo con gente del suo rango.

— Io lo trovo affascinante — sbottò Frances. — Dove potrei trovare un uomo così?

— Frances! — la rimproverò dolcemente la madre.

— Io stavo parlando con Clara.

— Ma, mamma, dovresti essere più chiara nella tua descrizione. Io, da parte mia, sarei molto curiosa di sapere se questo nobile gentiluomo è per caso anche giovane e incredibilmente bello e disperatamente in cerca dell'amore della sua vita. — Negli occhi di Frances brillava una luce birichina. — Dopotutto non sono troppo giovane. Sedici anni è l'età giusta per mettersi alla ricerca di...

— Questa discussione non ti riguarda, signorina — la interruppe dolcemente Alexandra, ma con un tono che non ammetteva repliche.

— Oh! Adesso capisco. Ti stavi riferendo a *Nicholas*.

Lady Spencer lanciò un'occhiataccia alla figlia, che nascose un sorriso, poi si rivolse a Clara.

— E qual è la vostra opinione?

Alexandra rimase molto sorpresa vedendo che anche costei stava cercando di soffocare un sorriso, nascondendo il viso dietro le carte.

Clara abbassò le carte e guardò Alexandra dritto negli occhi.

— Chiedo scusa, lady Spencer, ma trovo che vostra figlia abbia un dono dell'onestà e della franchezza veramente delizioso.

— Un modo davvero curioso di definire una calamità.

Le due donne ridacchiarono e Alexandra rifletté con stupore sulla trasformazione che era avvenuta anche nel rapporto tra loro due.

Da qualche parte in fondo al cuore dovette ammettere che era stato tutto molto più facile quando Clara *non* le piaceva. Ora questa nuova donna che si trovava di fronte aveva maggiori probabilità di successo. Senza dubbio era tornata a essere la donna che Nicholas, in un certo momento, aveva preso in considerazione di sposare.

Alexandra si avvicinò alla finestra e guardò nel buio della campagna. Il suo pensiero corse a Jane. Da parte sua aveva deciso di non interferire e di lasciare fare al destino. Ma adesso non era più sicura che fosse davvero una buona idea. Se Clara, come pareva, si era messa in testa di competere con Jane per guadagnarsi l'attenzione di Nicholas, la sorella maggiore non avrebbe avuto nessuna possibilità di successo. E anche se Jane non aveva mostrato la minima traccia di interesse per Nicholas, Alexandra aveva tenuto d'occhio il figlio e aveva notato che era chiaramente dibattuto tra sentimenti che lo mettevano a disagio. Ogni volta che Nicholas partecipava a un pranzo in cui la maggiore delle Purefoy era assente, il suo modo di fare peggiorava. Ma Nicholas non era tipo da lasciarsi coinvolgere a tal punto da una donna, a meno che tra di loro l'intesa fosse maggiore di quanto gli altri sapessero.

Ma dov'era Jane?

Armata di nuova determinazione lady Spencer capì che doveva fare tutto il possibile per aiutarla. Dopo tutto, a volte, occorreva dare una leggera spinta al destino, se si voleva ottenere qualcosa.

———

La luna che sorgeva formava lunghe ombre e faceva apparire enormi le montagne in lontananza.

Nicholas si sforzò di tenere sotto controllo la rabbia e la frustrazione, concentrando la sua attenzione sulla campagna, che già gli era in gran parte familiare. Scorse il fiume Blackwater sulle cui rive sorgevano fattorie a cui si alternavano i terreni ondulati dei pascoli. Più a sud si estendeva la brughiera solcata da boschi e profonde valli paludose. Quella vista, i nomi delle montagne, dei villaggi e degli agglomerati di pietre celtiche annidati tra le colline, si erano ormai incisi nella sua memoria. Boggeragh, Banteer, Drommahane, Nad. Oggi, però, ovunque guardasse vedeva solo il viso di Jane.

Quanto la desiderava! Un desiderio travolgente che per lui era una sensazione del tutto nuova. Mai sperimentata prima. E che trovava magica, anche se lo faceva infuriare.

Avrebbe voluto passare ore infinite con lei. Voleva vederla. Toccarla. Perdersi sulle sue labbra dolci e morbide. Voleva vederla sorridere e voltarsi verso di lui come aveva fatto quel mattino quando avevano lasciato la casupola di Kathleen.

Ma non avrebbe potuto averla. Non si sarebbe messo in lizza per guadagnarsi il suo affetto se lei era già innamorata di un altro uomo. Nicholas si rifiutava di fare la parte del secondo uomo.

Voleva il suo corpo, il suo cuore, la sua anima, voleva *lei* tutta per sé. Non intendeva dividerla con altri.

Jane aveva detto che non c'era nulla tra lei e Henry Adams, ma Nicholas era convinto che non fosse stata del tutto onesta con lui. Era stato a casa del reverendo che lei aveva voluto portare i tre bambini. Era stato al reverendo che aveva chiesto aiuto.

Tra i due c'era fiducia, amicizia... e anche qualcosa di più, sospettava Nicholas.

Un rumore proveniente da un punto imprecisato sulla sua sinistra indusse Nicholas a tirare le redini al cavallo e ad aguzzare gli occhi nell'oscurità. Per quanto potesse vedere non c'era nessun altro lì attorno. Non c'erano luci accese provenienti da case o villaggi vicini. Si portò la mano all'impugnatura della spada e controllò che il pugnale infilato nello stivale fosse al suo posto.

Poi sulla cresta di una collina comparve Un cavaliere e il cuore gli balzò in petto quando intuì, più che vedere, di chi si trattava.

I raggi della luna splendevano sulle spalle della donna, i cui capelli neri danzavano nel vento, mentre il suo corpo si muoveva armoniosamente assecondando i movimenti del cavallo. Quando si accorse di Nicholas, Jane rallentò l'andatura di Mab, portandola al passo. I suoi occhi brillavano nella notte mentre osservavano Nicholas e lo valutavano, quando fermò il cavallo accanto a lui.

— Siete un soggetto difficile da inseguire, sir Nicholas.

— E voi avete gli occhi di un gatto — le disse lui con voce bassa e roca. — Mi avete seguito, miss Jane?

La giovane donna lo studiò con un'intensità che gli procurò una vampata di calore nelle viscere, poi si spostò sulla sua bocca. Nicholas strinse le mani sulle redini, ma non si mosse.

— Infatti.

— Che cosa volete da me?

Jane si chinò verso di lui e gli passò una mano dietro la nuca, poi, mentre lo attirava verso di sé, si allungò sulla sella finché le loro labbra si incontrarono. La sua bocca era morbida e la sua lingua sbarazzina mentre lo stuzzicava. Nicholas assaporò il piacere di quel bacio, poi non riuscì più a trattenersi e spinto da un famelico impulso di stringerla e toccarla, cercò di afferrarla mentre le loro bocche si impegnavano in un appassionato duello. Ma mentre stava per strapparla di sella e attirarla *a sé, Jane* pose fine al bacio e Mab indietreggiò di un paio di passi.

Nicholas le scoccò un'occhiata. — Il vostro è un gioco assai pericoloso, lady Jane.

— Lo so. — Jane sembrava senza fiato e Nicholas dovette fare un grosso sforzo per non prenderla nuovamente tra le braccia.

— Come mai quel bacio?

— Per ringraziarvi... per quello che avete fatto per Kathleen e per i bambini.

Gratitudine? Quello non era stato un bacio di gratitudine. Improvvisamente Nicholas desiderò che Jane ammettesse che quel bacio nasceva dal desiderio... dalla passione... da ciò che sentiva per lui.

— Avete mostrato altrettanta gratitudine anche nei confronti del reverendo Adams? Anche lui ha aiutato quella famiglia.

— Avverto forse una traccia di sospetto, perfino di *gelosia,* nel vostro tono? — gli chiese Jane con un sorriso.

— Sono solo una persona semplice che ha fatto una semplice domanda.

— In voi non c'è nulla di semplice, sir Nicholas Spencer. — Le sue parole avevano un tono carezzevole e dolce. — Voi mi avete stupita, sorpresa e affascinata fin dal primo momento che ci siamo incontrati.

— Prima o dopo che vi ho disarcionato?

— Molto divertente.

— Volete dire che non avete baciato il reverendo Adams?

Jane scoppiò in una risata e Nicholas sentì il proprio umore migliorare di colpo. — No... non l'ho fatto. Non come ho baciato *voi,* almeno.

Prima che Nicholas potesse chiederle come esattamente aveva baciato il reverendo, Jane fece girare Mab in direzione delle colline a sudovest.

— Se non avete una gran fretta di tornare a Woodfield House, potrei ringraziarvi come si deve mostrandovi una delle più interessanti vedute di Munster. E prima che me lo chiediate — aggiunse sorridendo — no, non ho mai portato il reverendo Adams alle pietre di Knocknakilla.

— Non mi sarei mai sognato di chiedervelo. — Nicholas spinse il proprio cavallo accanto al suo, mentre si avviavano. — E, per essere franco, Jane, se voi non siete a Woodfield House, non ho davvero alcun interesse particolare per tornarvi.

Perfino nelle tenebre si accorse che le sue parole avevano avuto effetto. Jane lo guardò e, per un istante, Nicholas pensò che intendesse allungare la mano verso di lui. Poi una civetta fece udire il suo richiamo in lontananza e l'incantesimo si spezzò. Jane sorrise e guardò verso le colline occidentali.

— Cercate di starmi al passo, Spencer — gli disse, spronando Mab. — Ci attende una lunga galoppata e devo riportarvi alla mia famiglia a un'ora ragionevole.

Mentre i loro cavalli pascolavano nella brughiera spazzata dal vento, Jane e Nicholas si avvicinarono all'antico cerchio di pietre. Il silenzio della notte era così perfetto e completo che non avrebbe potuto contrastare di più con il tumulto che Jane sentiva in sé.

La sua agitazione però non aveva nulla a che fare con l'uomo che le camminava al fianco, bensì con il fatto di essere tornata in quel posto.

Alcune cose erano rimaste sacre per lei in quegli ultimi nove anni. Per esempio aveva continuato a vestire di nero. Non aveva mai permesso a se stessa di sentirsi attratta emotivamente o fisicamente da un altro uomo. Aveva frenato ogni passione. E non era mai tornata in quel luogo.

E c'erano anche altre cose che erano rimaste immutate, perché la vita di un ribelle viene spesso stroncata troppo presto. Non si era mai permessa di pianificare o sognare un futuro. Non aveva mai desiderato ciò che non avrebbe mai potuto avere. Amore, famiglia, bambini... nulla di tutto questo aveva avuto posto nella vita di Egan.

Ora, però, nella magia di quella notte e di quella terra, Jane avvertì per la prima volta la sofferenza per ciò che avrebbe potuto essere.

Posò una mano su una delle pietre e trovò che era calda. Al suo interno avvertì una pulsazione di vita.

— Non è bello qui? — Jane si riempì i polmoni e mentre sollevava lo sguardo verso la volta di stelle girò le spalle al vento che si era sollevato in quel momento.

— Stupefacente.

Jane girò la testa e si accorse che Nicholas guardava solo lei.

— *Voi* siete stupefacente — ripeté Nicholas, avvicinandosi ancora. E a ogni passo il cuore di Jane prese a battere più forte. Ogni fibra del suo corpo vibrava percettibilmente sotto lo sguardo dell'uomo.

Nicholas si fermò a pochi centimetri di distanza e la sua grossa mano coprì quella di Jane appoggiata sulla pietra. Un ritmo insolito, terrificante e nello stesso tempo eccitante le pervadeva il corpo.

Jane cercò di concentrare la propria attenzione sulla bellezza della terra, non sull'uomo che le stava vicino. La luna era alta nel cielo. Non lontano dal cerchio di pietre sorgeva una casupola abbandonata e seminascosta tra l'erba alta del prato.

— Avevo dimenticato come questo posto mi aveva fatto credere di potere toccare il cielo... di diventare parte del vento. — I loro sguardi si incontrarono. — Sono stata troppi anni lontana da qui.

— Vestendo di nero, lontana da qui, a fare l'eremita, timorosa di qualsiasi legame troppo stretto. Sono tutti elementi collegati, vero?

— Io non ho paura dei legami — protestò Jane, non del tutto sicura di essere pronta ad aprire il suo cuore... e a rivelare il suo passato.

— Ma è così, Jane. — Le dita di Nicholas le scostarono dal viso i capelli scompigliati dal vento. — Voi avete paura di me. Non mi sto riferendo alla mia corporatura o al fatto che sono in grado di tenervi testa quando mi puntate contro un pugnale, né che sono al corrente delle vostre attività segrete. — Le rivolse un sorriso complice. — Voi avete paura dell'uomo, della nostra reciproca attrazione e di ciò che sta avvenendo tra di noi.

— Tra di noi non c'è nulla. — Jane cercò di staccarsi dalla pietra, ma la pressione della mano di lui glielo impedì. Tuttavia non era ancora pronta a rinunciare a lottare. — Se credete che solo perché vi ho baciato mi senta attratta da voi... vi ho già detto che è stata solo un'espressione di gratitudine... sono rimasta colpita da ciò che avete fatto... e...

— Mi sembrate turbata, Jane. — Nicholas le sfiorò nuovamente le labbra con la bocca e si scostò prima che lei potesse respingerlo o avvinghiarsi a lui. — Voi volete ignorare ciò che siamo, ma non sapete come reagire a ciò che provate qui dentro. — Così dicendo le premette un dito sul cuore. — E qui. — Le toccò delicatamente la tempia. — Potrei mostrarvi anche altri punti in cui siete confusa, ma non mi prenderò simili libertà finché non sarete disposta ad ammettere di sentirvi attratta da me come io lo sono da voi.

— Che sciocchezza. — Jane voltò la testa, non volendo mostrargli quanto fossero giuste le sue parole.

— Perché mi avete portato qui? — Nicholas le mise una mano sotto il mento e la costrinse a voltare il viso verso di lui. — Qui c'è qualcosa che volete mostrarmi... o magari dirmi.

— Vi ho portato qui solo perché c'è una vista stupenda.

— Di notte? — chiese Nicholas dolcemente.

Anche lei si era fatta la stessa domanda. L'impulso di lanciarsi al suo inseguimento e poi baciarlo, e poi il desiderio di condividere... quel luogo così particolare. Che cosa aveva pensato? Quelle pietre pagane di Knocknakilla avevano un significato speciale nella sua vita. Tanti anni prima erano appartenute a due giovani molto innamorati.

In un momento di panico si chiese se era a causa dell'uomo che aveva di fronte che era disposta ad aprire questa porta sul passato. Come era possibile che le cose cambiassero così in fretta?

— Vi ho visto in azione, Jane. E so per certo che non avete nessuna paura a rischiare la vita... per le idee in cui credete. Eppure in questo momento ne avete.

Naturalmente aveva paura. Sapeva bene quanto fosse dolorosa una ferita al cuore. Conosceva bene lo strazio che sopraggiunge di notte e che lacera fino a prima dell'alba, mentre si prega di morire. Sapeva bene che cosa voleva dire raggomitolarsi in un angolo della stanza e guardare la luce del giorno svanire e non avere più lacrime per piangere.

Sì, aveva paura. Aveva terrore di come lui avrebbe reagito se avesse saputo tutta la verità. Ma aveva anche timore di provare per Nicholas Spencer un interesse molto più forte di quanto avrebbe saputo esprimere a parole.

Jane parlò rapidamente prima che il coraggio le venisse a mancare. — È inevitabile che finiate per sentire voci scandalose sul mio passato mentre siete a Woodfield House. Io stessa ho accennato più di una volta alla mia reputazione perduta. Vi ho portato qui... perché invece di queste voci... voi meritate di sapere la verità... da me. — Jane trasse un profondo respiro e lo guardò negli occhi. — Quando avrete sentito la mia storia, potremo riparlare della... della vostra attrazione per me.

Nicholas intrecciò le proprie dita a quelle di lei sopra la pietra. — Raccontatemi allora di questo evento così orribile che si cela nel vostro passato.

Per Jane sarebbe stato molto più facile parlare del suo passato se non avesse avuto di fronte la realtà del presente. Nicholas Spencer era tutt'intorno a lei.

— Qui, proprio in questo posto, ho donato la mia verginità all'uomo che amavo. — Jane sperò di scandalizzarlo con la brutalità di quella rivelazione. — Avevamo giocato insieme da bambini, ci siamo innamorati casualmente e, in molte notti come questa, ci siamo ritrovati proprio qui a fare progetti per il nostro futuro insieme.

Jane si guardò attorno e vide tutte le immagini di un tempo lontano impresse sull'erba e sulle pietre.

— Conor era tutto per me. Era il mio passato, il mio presente e il mio futuro. Era la mia vita e i miei sogni. Era il mio eroe e la mia speranza. Mi aveva offerto quel rifugio che non avevo mai trovato nella mia famiglia. — Sollevò il viso verso Nicholas. — Non ho alcun rimorso per ciò che ho fatto e non provo alcuna vergogna a parlare di lui... né con voi né con altri... mai.

"Ma era solo un povero contadino. Un popolano. Un cattolico. E, peggio ancora, uno Shanavest, che aveva un cuore tanto generoso da amarmi nonostante i peccati di mio padre e del mio paese contro la sua gente." Non voleva mettersi a piangere. Perdio! Non voleva! Ma le lacrime le facevano bruciare gli occhi e Jane voltò le spalle a Nicholas, liberando la mano da quella di lui.

Il vento si era alzato di nuovo. Jane si strinse il mantello attorno alle spalle e si incamminò verso il centro del cerchio di pietre.

— Conor era diverso dalla mia gente — continuò con amarezza. — Mentre loro passavano la vita a classificare gli altri in base ai loro ipocriti e limitati criteri *e* a comportarsi in un modo che generava solo odio, lui mi trattava come una persona vera... non come un burattino che rappresentava gli oppressori inglesi. Si rifiutava di giudicarmi in base al passato. E si rifiutava di lasciarsi intimidire dalle nostre differenze sociali o dalla mia cosiddetta educazione. Perché un giorno, davanti a Dio, saremo tutti uguali.

— E ora dov'è? Dov'è andato? — chiese Nicholas.

— Fu impiccato. — Jane sentì sulle labbra il sapore salato delle lacrime e dovette respirare a fondo per tenere ferma la voce. — Conor fu impiccato per ordine di mio padre. Non fu ucciso perché aveva commesso qualche orribile crimine. Era il più pacifico di tutti gli Shanavest. Il magistrato... mio padre... emise il verdetto di condanna a morte perché Conor aveva una relazione con... me.

Le lacrime le soffocarono le parole in gola *e* Jane cercò di ricacciarle indietro. Uscì dal cerchio di pietre e fissò lo sguardo sulla valle sottostante. Nella mente rivedeva ancora il corpo di Conor, morto, che oscillava appeso alla corda. E nel vento sentiva ancora le sue grida di strazio risuonare nella città.

Nicholas le cinse la vita con le braccia e le loro mani si intrecciarono. Il suo forte abbraccio la rincuorò.

— Questo è un mondo crudele, Jane. — Con il mento le sfiorò i capelli. — E mi spiace per le ingiustizie che noi stessi creiamo.

Jane si appoggiò a lui. La forza di Nicholas le diede il coraggio di ritrovare la voce.

— Dovevamo fuggire il giorno seguente. Ma in qualche modo mio padre venne a sapere del nostro piano, forse a causa di un servo. Mi chiuse a chiave nella mia stanza, ma riuscii ugualmente a mandare un messaggio a Conor. Lui però venne lo stesso nel luogo dell'appuntamento, forse nella speranza che io riuscissi in qualche modo a sgattaiolare fuori di casa. — Jane chiuse gli occhi nella speranza di alleviare il dolore, ma inutilmente perché era impossibile eluderlo. Era dentro di lei. — Quella notte furono arrestati anche altri quattro Shanavest, tutti amici di Conor, poco lontano da Waterford. Nessuno di loro sospettava però quanto fosse prossima la loro fine.

Jane cercò di liberare una mano per pulirsi il viso dalle lacrime, ma Nicholas la fece girare dolcemente e le asciugò lui stesso.

— La mia famiglia aveva intenzione di tenermi rinchiusa. Di nascondere ciò che avevo fatto... ciò che io e Conor intendevamo fare. Nessuno al di fuori della stretta cerchia familiare avrebbe mai dovuto sapere della vergogna di cui si era macchiata la loro figlia. Ma io riuscii a fuggire. — Gli occhi di Jane si posarono sul bavero della giacca di Nicholas, ma in realtà continuavano a vedere solo i cinque corpi che dondolavano al vento. — Quando lo trovai... feci in modo che tutti sapessero. Ero pazza, forse. Riuscii a raggiungere quei poveri morti e recisi le corde che li sorreggevano. Poi mi inginocchiai davanti alle forche e maledii mio padre e tutti coloro che erano responsabili di quanto era accaduto. Davanti alla folla che si era raccolta gridai che Conor era il mio amante... arrivai perfino a dichiarare che portavo in grembo suo figlio.

— Ed era così?

— Lo credevo. Quel giorno pregai che fosse così. Ma il destino non lo volle. L'unica vendetta che potei esercitare quel giorno contro mio padre... contro la mia famiglia... fu di rovinare il loro nome. Neanche per un istante pensai che i loro pari potessero simpatizzare con loro per l'incomprensibile depravazione di una figlia. Ma il mondo... e mio padre... mi avrebbero isolata. Da quel giorno sarei diventata la figlia che non avevano mai avuto.

Nicholas non disse nulla *e* si limitò a tenerla stretta a sé mentre Jane sfogava il suo dolore in un fiume di lacrime. Per quanto non avrebbe saputo dirlo. Non ci furono parole tra di loro, solo di tanto in tanto Nicholas le sfiorò i capelli con le labbra e a poco a poco un cambiamento ebbe luogo in lei.

Per troppo tempo Jane aveva vissuto in cerca di una vendetta che non era in grado di compiere. Dentro di sé sapeva che uccidere un uomo, suo padre, non sarebbe servito a riportare in vita quei cinque giovani né ad alleviare il suo dolore. Ma unirsi al movimento dei Bianchi era servito a qualcosa?

Poco più tardi Jane si rese conto di avere smesso di piangere. Come se si fosse svegliata da un lungo sonno, si accorse che il suo sguardo si era concentrato sulle sagome scure delle pietre. Cinque pietre che erano in quel posto da tempo immemorabile e che erano state portate lì ed erette per qualche misteriosa ragione da gente scomparsa ormai da secoli. Pietre che sarebbero rimaste per sempre.

— Io vedo tragedia e orrore nel vostro passato, ma non vergogna — le sussurrò Nicholas. Le girò con delicatezza il viso fino a guardarla negli occhi. — Ammiro il vostro coraggio. Ammiro la donna che siete diventata nonostante le difficoltà della vita.

C'era comprensione negli occhi di lui e Jane provò un brivido scoprendo che, nonostante Nicholas avesse scoperto la verità sul suo passato, ancora la desiderava.

— Il presente e il futuro appartengono a coloro che lo sanno cogliere, Jane. Afferratelo con me.

— La buona società mi evita. Per voi sarebbe uno scandalo avere a che fare con me.

— La buona società può andare all'inferno — ringhiò lui. — Conosco l'ipocrisia della gente. E so anche riconoscere ciò che è buono e giusto quando lo vedo.

La sua bocca si chiuse su quella di Jane, forzandola ad aprire le labbra. Mentre Nicholas la baciava intensamente le sue mani si aggrapparono a lui. Rendendosi conto che tutto stava succedendo troppo in fretta, Jane strinse i pugni sul bavero della giacca e cercò di staccare la propria bocca.

— Aspettate! C'è Clara... non possiamo.

— Ve l'ho già detto prima, Jane. Tra me e Clara non c'è nulla e non ci sarà mai nulla. Ne ho già parlato con vostro padre. — Le forti mani di Nicholas si chiusero attorno al suo viso, mentre lui la fissava intensamente negli occhi. — Come posso farvelo capire? A chi altri dovrei dirlo? Come posso fare per convincervi che siete *voi* che mi affascinate. Siete *voi* che sto cercando.

Jane si sollevò sulla punta dei piedi e lo baciò di nuovo. Questa volta cercò di immettere, nel calore delle sue labbra, nel gioco frenetico delle lingue, tutta la sua frustrazione e il desiderio che la lacerava. La reazione di Nicholas fu immediata. L'avvolse tra le sue braccia e la sua bocca la cercò freneticamente. Jane si avvinghiò a lui, cercando di mantenersi in equilibrio e di conservare un minimo di lucidità.

Troppi anni erano passati e quasi aveva dimenticato cosa volesse dire perdersi in un turbinio di passione. Ma, mentre le mani di Nicholas l'accarezzavano, modellando il mantello e il vestito sul suo corpo che si risvegliava a quel richiamo tenera-mente e appassionatamente sensuale, non furono le immagini del suo giovane amore a susseguirsi davanti ai suoi occhi, bensì l'intensa realtà di quell'uomo che la costringeva ad ammettere il vero significato di quanto stava facendo.

Era impossibile negarlo. Per Jane, Nicholas ormai era diventato qualcosa di molto più importante di quanto avrebbe pensato fosse possibile. Ma già una volta aveva seguito quella strada e aveva incontrato solo la sofferenza. Peggio ancora, capiva che questa volta il percorso sarebbe stato ancora più impervio e doloroso.

Quando Jane lo respinse, Nicholas la lasciò subito andare. Jane arretrò di un passo, ma non riuscì a guardarlo in viso.

— Dovremmo andare... adesso... è tardi. Si staranno preoccupando per voi. — La ragazza fece qualche passo in direzione dei cavalli, ma si girò quando si accorse che Nicholas non l'aveva seguita.

Il baronetto non si era mosso. Era rimasto fermo tra le pietre, con la luna alle spalle, il volto in ombra, e la osservava. Jane sentì il cuore che le martellava in petto, mentre il suo corpo vibrava spasmodicamente, desideroso di essere ancora accarezzato. Le ci volle tutta la sua forza per non corrergli incontro.

— Nicholas... domani voglio andare a Ballyclough. Da lì partirò per andare a fare altre visite. Se voi... se voi volete venire con me...

— Lo voglio.

Jane cercò di non farsi travolgere dalla sensazione di sollievo che l'aveva pervasa.

— Allora... domani mattina.

— Aspetterò.

Patrick bloccò con una mano il braccio di Ronan, impedendogli di uscire dalle rovine della casupola.

— No, non hai nulla da fare laggiù. Andiamo a riprendere i cavalli.

— Oh, sì, che ho una cosa da fare.

— Non le torcerai un capello.

— Io non ho niente contro Egan. Ma quello sporco bastardo d'inglese è tutt'altra faccenda.

— Non ha fatto niente per suscitare la tua indignazione. — Patrick osservò i due che montavano a cavallo.

— Quel porco ha fatto un patto con Musgrave, no?

— In realtà non sappiamo se l'abbia fatto o no. Sappiamo che è entrato da solo nella caserma di Buttevant ed è uscito con la vedova di Seamus. Non siamo informati su quello che sia successo là dentro, ma credo che i motivi per essergli grati e quelli per sospettare di lui si equivalgano. Non abbiamo idea di cosa farebbe quel magistrato per uno come lui.

I due uomini, che dall'arresto di Kathleen avevano continuato a tenere d'occhio la caserma, avevano seguito Spencer e la vedova a Ballyclough e da lì l'avevano tenuto d'occhio con discrezione... fino a quando Egan si era incontrata con lui a metà strada da Woodfield House.

— Io a quel bastardo voglio rompere lo stesso il collo.

Il tono minaccioso di Ronan indusse Patrick a posare nuovamente la mano sul braccio muscoloso dell'uomo. — Certo, tu vuoi rompergli il collo, ma non sarà perché ha baciato Egan?

— Quell'uomo si approfitta di lei — ringhiò Ronan.

— Tu sembri dimenticare che è lei che gli è corsa dietro — lo rimbeccò Patrick. — Quando ti ficcherai in quel testone di legno che Egan è una donna matura? Non ha bisogno di gente come te, che le corri dietro sbavando come un cucciolotto con il mal d'amore.

— Come sarebbe a dire "gente come *me*"? — Il giovane si voltò inviperito contro il compagno. — È da quelli come *lui* che lei è fuggita lontano per tutti questi anni. Lei... mi è affezionata. Aspetta solo che io glielo chieda... e sceglierà me per occupare il posto di Conor... che Dio lo abbia in gloria.

Patrick scosse la testa, incredulo. — Comincio a credere che quando Egan ti chiama "piccoletto" si riferisca alle dimensioni del tuo cervello.

— Guarda che anche se sei mio amico, Paddy, finirai per sentire i miei pugni sulla zucca.

Patrick gli lanciò un'occhiataccia, per nulla impaurito. L'età e l'esperienza gli dicevano che Ronan non avrebbe dato seguito alle minacce.

— Puoi picchiarmi quando vuoi, Ronan, ma mettiti in quella testaccia dura che tu non sarai mai adatto a lei. Tu non sarai mai un Conor. E hai più probabilità di diventare Luogotenente d'Irlanda che di indurla a sceglierti come suo uomo. Conosco Egan da quando era uno scricciolo di bimba e ti dico che sarà *lei* a decidere chi vuole.

Patrick si gettò un'occhiata alle spalle e scoprì che Egan e l'inglese erano scomparsi. Grazie al cielo.

— Io dico che Liam dovrebbe essere informato di questa faccenda.

L'uomo più anziano restituì l'occhiata ostile di Ronan. — E Liam sarà informato. Ma ricordati, neanche una parola sii questa faccenda del bacio, o dirò io stesso a Egan del tuo stupido desiderio di diventare il suo uomo.

Ronan fece un gesto di noncuranza per quella minaccia e si avviò verso l'uscita della casupola, seguito da Patrick.

— E allora, che Dio ti aiuti, piccoletto.

Capitolo Diciannove

NICHOLAS SENTÌ BUSSARE LEGGERMENTE alla porta, tirò il chiavistello e afferrò Jane per il braccio. Il gridolino di sorpresa della giovane donna fu soffocato immediatamente quando lui chiuse di nuovo la porta e vi spinse contro Jane. Un istante dopo la sua bocca cercava famelicamente quella di lei.

Si baciarono a lungo prima che Nicholas si tirasse indietro e i due riprendessero fiato.

— Non... non ricordo di avere mai ricevuto un saluto così piacevole di primo mattino — gli disse Jane, sorridendo.

Il suo corpo era ancora appoggiato alla porta e le sue dolci curve si modellavano perfettamente contro di essa. — Non mi è piaciuta la vostra insistenza per arrivare a Woodfield House in momenti diversi ieri sera. Non ho avuto modo di darvi il bacio... il saluto della buonanotte.

Negli occhi di Jane aleggiava una scintilla sbarazzina e le sue braccia gli si strinsero attorno ai fianchi. — Mi state dicendo che è stato il desiderio insoddisfatto di un bacio ieri sera il motivo della vostra accoglienza di stamattina?

— Oh, non è stato solo un bacio mancato... ma tutta voi stessa.

Nicholas si chinò per baciarla e dolcemente la sua lingua

saettò all'interno della bocca di Jane per stuzzicarla e scatenare la sua passione. Il corpo della donna si inarcò contro quello di lui, le sue mani gli sgualcirono la camicia sulle spalle e con le anche assecondò il movimento appassionato di lui.

Nicholas spostò la bocca vicino all'orecchio e le mordicchiò il lobo. — Oh, Jane... Jane... Ho sognato tutta notte di fare l'amore con te — le disse lasciando cadere per la prima volta la barriera formale del voi.

La sua mano scivolò sul seno coperto dal vestito e sentì la punta di un capezzolo irrigidirsi quando il pollice l'accarezzò. Jane gettò indietro la testa contro la porta e chiuse gli occhi, mentre lui le assaporava la pelle del collo.

— Tu eri qui. Abbiamo chiuso la porta. — Con la mano le sfiorò l'abito. — E io ti ho sfilato ogni indumento, uno alla volta, fino a quando la mia bocca non ha potuto assaporare ogni centimetro della tua pelle.

Un lieve gemito le sfuggì dalle labbra quando la mano di Nicholas le si posò sul monte di Venere attraverso lo strato di abiti.

— Abbiamo fatto l'amore su quel giaciglio... e poi sul pavimento... e poi una volta ancora su quella sedia, con te sopra di me... e ancora una volta contro questa porta.

Il viso di Jane era accaldato. I suoi occhi incredibilmente neri e grandi si spalancarono e lo fissarono, mentre Nicholas sollevava il pesante tessuto delle sue gonne e le sue dita le accarezzavano le pieghe umide del sesso.

— Che ne dici, Jane? — Le loro labbra si sfiorarono, mentre le sue dita continuavano ad accarezzarla intimamente. — Che cosa pensi del mio sogno?

Nicholas non attese la risposta e la sua lingua si insinuò tra le labbra semiaperte di Jane mentre le sue dita seguivano lo stesso movimento.

Il momento delle domande e delle risposte era ormai passato e Nicholas godette sentendo il corpo della donna rispondere appassionatamente al tocco della sua mano. Adagio, con tutta l'abilità derivata dall'esperienza, Nicholas le titillò il centro del piacere e un dolce tormento la portò alle vette dell'estasi per sciogliersi infine in grida di liberazione mentre si afflosciava tra le sue braccia.

Ignorando la violenza del proprio impulso, Nicholas si beò della sensazione che gli procurava il fatto di stringerla tra le braccia. Amava quella morbidezza e quella forza, la lotta e la resa, la bellezza e l'intelligenza. La tenne stretta e la baciò teneramente, mentre il corpo di lei continuava a sussultare, percorso da ondate di una tempesta che si stava placando.

Il suono di due voci femminili nel corridoio riportò Nicholas alla realtà. Jane scese a sua volta dal paradiso e Nicholas non poté fare a meno di sorridere di fronte allo sforzo con cui lei cercava di concentrarsi sul presente. Lasciò ricadere le gonne che teneva ancora sollevate e quando sentì bussare spinse Jane dietro di sé. Ridacchiò tra sé pensando che era stata una fortuna che non l'avesse trascinata direttamente sul letto, perché non aveva tirato il chiavistello della porta. Rivolse un'occhiata rassicurante a Jane e aprì la porta di uno spiraglio.

Lo accolse l'espressione sorpresa delle due giovani servette.

— Oh, signore... chiediamo perdono. Abbiamo visto il vostro valletto e abbiamo pensato che... che...

— Abbiamo pensato che... foste già sceso... a fare colazione...

— Stavamo sistemando le camere e... e...

— Tornate fra mezz'ora — disse loro Nicholas. — Poi potrete fare quello che volete. .

Le due ragazze fecero una riverenza e scomparvero nel corridoio. Nicholas attese un momento, poi gettò un'occhiata a destra e a sinistra del corridoio ormai sgombro prima di chiudere la porta.

— Non so dirti quanto sia scandalizzata dal mio comportamento — sussurrò Jane, accanto al muro. Con mano tremante spinse qualche capello ribelle dietro all'orecchio. — Il modo in cui mi sono comportata... lasciandomi andare così licenziosamente tra le tue braccia... permettendoti di... di...

— Sì, un momento così può lasciarti scandalosamente soddisfatta. — Nicholas l'allontanò dal muro, riprendendola tra le braccia. — Se non fosse perché tra poco quelle due sciocchine torneranno qui, ti mostrerei io il vero significato della parola licenziosità.

Le accarezzò le labbra con le proprie e sentì il corpo di Jane sciogliersi di nuovo tra le sue braccia.

— Dimmi, amor mio, dove mi vuoi portare?

A Jane ci volle qualche istante per mettere a fuoco le sue parole, ma poi il suo sguardo si schiarì mentre gli posava le mani sul petto.

— Per la verità solo a Ballyclough per vedere come stanno Kathleen e i bambini e poi ritorneremo qui. Ma adesso scendete a fare Colazione senza di me. A quanto pare mia madre ha continuato a lamentarsi ieri per non avervi visto.

— Come sarebbe a dire che è scomparsa? — sir Robert appoggiò le mani sulla scrivania e si alzò in piedi. — Ieri mi avevate detto che la donna è vecchia e cieca. Non è possibile che sia andata lontano.

— Abbiamo rivoltato quella catapecchia da cima a fondo.

Il capitano dei Dragoni stava seduto in posizione ben eretta sulla sedia. Certo era un idiota, pensò Musgrave, ma era anche il fratello minore della moglie del conte di Kildare.

— Ho mandato i miei uomini a perlustrare tutta la campagna circostante e ho fatto interrogare i contadini della zona. Ma naturalmente nessuno sa niente di lei. Ieri sera era qui, sir Robert, ma stamattina non è sparita.

Musgrave si avvicinò, furioso, alla finestra. Avrebbe dovuto seguire il suo intuito e fare portare lì la vecchia ieri, subito dopo che il baronetto se ne era andato con l'altra. Tutte quelle fandonie che Spencer gli aveva ammannito sul suo desiderio di aiutare i poveri gli stavano ancora sullo stomaco.

Aveva fatto arrestare Kathleen perché era la moglie di un bastardo che era stato ucciso il mese prima. Sapeva come agivano i Bianchi e sapeva che si prendevano cura delle loro donne e dei loro bambini. Così aveva fatto spiare la donna e, come aveva previsto, era andata al mercato con soldi da spendere.

— Che sia dannato quello Spencer! — mormorò Musgrave tra sé. — Doveva esserci qualcun altro in contatto con lei. E lui era deciso a scoprire di chi si trattasse.

Kathleen si era rifiutata come un mulo di rispondere alle sue domande. Ma lui aveva pensato che qualche giorno di gattabuia, in compagnia dei suoi Dragoni, l'avrebbe indotta a cantare come un'allodola.

Poi era arrivato quell'arrogante bastardo di sir Nicholas Spencer a minacciarlo di esprimere la sua contrarietà al lord luogotenente, che *si dava il caso* fosse un suo caro amico di famiglia...

Sapeva di avere liberato la vedova troppo in fretta, ma bisognava stare sempre attenti ai *cari amici di famiglia*. E c'era un'altra cosa che lo infastidiva. Continuava a rivedere lo scialle stracciato che Jane aveva avuto al collo il giorno prima. Ma se Jane vestiva sempre di nero era pur vero che non indossava mai stracci. E allora, come poteva avere un oggetto del genere, a meno che non fosse il dono di una qualche papista? Doveva averglielo dato la vedova. Ma perché a lei e non a sir Nicholas, a meno che non le fosse estremamente grata per qualcos'altro oltre alle monete?

Si volse verso Wallis, che si stava studiando accuratamente i pollici.

— Avete scoperto altro, capitano?

— Sì, sir Robert. Abbiamo avuto conferma che sono stati sir Nicholas e miss Purefoy a prelevare ieri i figli della vedova.

— E dove li hanno portati?

— Questo non... non siamo ancora riusciti ad accertarlo, signore.

— Volete dire che non avevate incaricato qualcuno di seguire

Spencer e la vedova, ieri? Sono sicuro che avrà portato la donna dai suoi figli.

Un cupo rossore si diffuse sul collo taurino dell'ufficiale. — Chiedo venia, sir Robert, ma non ho pensato proprio...

— Possibile che debba essere io a pensare a tutto, capitano Wallis? — Musgrave, disgustato, intrecciò le mani dietro la schiena, mentre si avvicinava all'ufficiale. — Devo proprio darvi anche il minimo ordine? Il vostro comando, capitano, si riflette non solo su di voi ma anche su di me. E anche sulla vostra famiglia. Sono stato chiaro?

— Le mie scuse, signore — rispose in fretta l'uomo. — Avevo creduto, erroneamente a quanto pare, che voi foste soddisfatto del vostro incontro con il baronetto e... e ho chiaramente sbagliato a non farli seguire. Ma non commetterò più questo errore, sir Robert.

— Lo spero proprio — disse Musgrave in tono solenne. — Questa è una faccenda della massima importanza e dovete accertarvi che i vostri uomini non commettano errori. E voglio che conduciate *voi* stesso gli interrogatori, di persona.

Il capitano dei Dragoni lo ascoltò attentamente.

— Sì... voglio che tutti coloro che una volta o l'altra sono stati a contatto con quel ribelle, Egan, vengano portati qui e interrogati. E quando dico tutti, intendo anche i vostri Dragoni che potrebbero averlo visto. I preti della zona. I proprietari terrieri e i loro affittuari. E anche l'ospite di sir Thomas.

— E il vescovo, sir Robert?

— Di lui mi occuperò io... ma voglio che voi interroghiate anche quel grassone del suo segretario. — Musgrave rivolse un'occhiata penetrante al suo subordinato. — L'interrogatorio questa volta sarà diverso. Invece di ciò che è successo e come e quando, insomma le solite cose inutili, voglio che sia rivolta la massima attenzione a questo Egan. Voglio la sua descrizione. La sua corporatura. Il colore dei suoi capelli. Dei suoi occhi. Il suo peso e l'altezza. Voglio sapere tutto ciò che è possibile sapere su di lui. E voglio tutti i particolari sul suo cavallo. È sempre lo stesso o usa cavalli diversi? Si sposta mai a piedi? Che lingua parla normalmente? Parla inglese con accento? Capite cosa cerco, capitano?

— Perfettamente, sir Robert. Volete scoprire l'identità di quel furfante.

— Voglio la sua testa, capitano.

— Sissignore.

— E mettete in pista i vostri uomini. Voglio dei risultati... e li voglio subito.

Quando Jane entrò nella piccola sala per la colazione vide, con sua grande delusione, che tutti i membri della sua famiglia erano ancora a tavola. Mormorò un saluto per lady Spencer e Frances, ignorò l'occhiata sospettosa di sir Thomas e si sedette di fronte alla madre, che apparve sorpresa.

— Che piacevole sorpresa vedervi questa mattina, Jane — esclamò eccitata la giovane miss Spencer. — Ci è appena stato detto da lady Purefoy che eravate andata a fare visita ad alcune persone di Ballyclough e che nessuno sapeva quando sareste tornata.

— Capisco. Be', ieri sera poi ho deciso di rientrare... tardi. — Jane ringraziò con un cenno dei capo la giovane cameriera che le aveva versato del tè. — Nessuno poteva prevederlo.

— E come sta il buon reverendo Adams? — chiese interessata lady Spencer.

— Molto bene, credo. Vi porto i suoi saluti e quelli della signora Brown. — Jane nascose il viso dietro la tazza e spostò lo sguardo verso Clara, che stava seduta vicino agli ospiti. L'espressione petulante dipinta sulle labbra strette della sorella, indusse Jane a chiedersi cos'avesse fatto infuriare Clara a tal punto quel mattino.

In quel momento sulla soglia del salottino comparve Nicholas e la sua presenza gettò la stanza nel caos. Lady Purefoy balzò in piedi ordinando alle cameriere di correre in cucina per portare nuovi vassoi con il necessario per la colazione preparato di fresco. Anche Clara era scattata in piedi. Frances fece qualche commento ironico sul fatto che suo fratello maggiore dormiva sempre fino a tardi e, se non fosse stato per il solerte intervento di lady Spencer, la ragazza avrebbe raccontato qualcosa che di certo non sarebbe stato troppo lusinghiero sul conto del fratello. Anche sir Thomas fece qualche osservazione casuale affermando che la solitaria escursione compiuta il giorno prima da Nicholas era la prova sicura che si sentiva perfettamente a suo agio in Irlanda.

Per Jane fu però soprattutto la reazione di sua sorella a risultare preoccupante. A differenza della sera prima, questa mattina l'attenzione di Clara era concentrata completamente su Spencer. E il suo stato d'animo era mutato considerevolmente rispetto a un minuto prima.

Jane osservò la sorella portargli una tazza e un piattino, per prendere poi la teiera dalle mani della domestica e versargli lei stessa il tè, prima di sedersi accanto a lui. Stupefatta, vide Clara fare alcuni commenti diretti solo a lui che gli suscitarono un sorriso. Quando poi Clara si sporse in avanti e gli toccò la manica, ridendo con fare incantevole di fronte alla vaga risposta sulla sua cena della sera prima, Jane si lasciò andare contro lo schienale della sedia, decisamente sbalordita.

Clara era interessata a Nicholas.

Il risentimento che la pervase la lasciò atterrita. Rifiutò quanto le offriva una delle cameriere e cercò di nascondere il viso improvvisamente arrossato dietro una tazza di tè, incurante della vivace conversazione che ferveva nella stanza. Mentre cercava di riprendere il controllo di se stessa, soffocando l'impeto d'ira che l'aveva colta, si chiese, inorridita, se per caso non avesse frainteso il vero interesse di Clara. Rendersi conto che forse stava intrecciando una relazione illecita con il futuro marito di sua sorella non fece che aggravare il suo sgomento.

Osservandoli, Jane capì che anche se era in grado di convivere con la vergogna, non sarebbe probabilmente riuscita a sopportare il dolore che le dilaniava il cuore per la gelosia.

In quel momento Clara stava dicendo: — Sapete, sir Nicholas, ci sono paesaggi incantevoli qui attorno. E visto che voi siete così interessato alla campagna irlandese, mi eleggo a vostra guida. Potremmo prendere una carrozza o fare una cavalcata, come preferite. Vi garantisco che rimarrete affascinato da ciò che vedrete.

— Siete molto gentile, miss Clara, ma sono spiacente di dover rifiutare la vostra offerta.

Le parole di Nicholas sbalordirono tutti i presenti provocando uno scandalizzato silenzio. Jane sentì che la mano le tremava mentre posava sul tavolo il piattino da tè.

— Temo di avere già preso un impegno per oggi. Magari sarà per un'altra volta.

— Quando? — intervenne immediatamente lady Purefoy. — Quando? Queste gite occorre prepararle con un certo anticipo, sapete.

Jane si alzò in piedi. — Se volete scusarmi — mormorò. — Come ho già detto, mi aspettano a Ballyclough stamattina.

Evitando gli sguardi dei presenti si diresse verso la porta, senza fermarsi un secondo di più. Con la certezza che il groppo che sentiva in gola l'avrebbe soffocata, uscì correndo di casa e si precipitò alla cieca verso le scuderie.

Capitolo Venti

LE SUE SCUSE sul giorno che fuggiva suonarono false come una moneta balorda. La sua risposta alle domande riguardo il suo "precedente impegno" furono vaghe e brusche. Nicholas aveva una sola cosa in mente: correre dietro a Jane. E non gli importava nulla di cosa pensassero gli altri della sua affrettata uscita.

— Dov'è miss Jane, Paul? — chiese Nicholas all'addestratore nel recinto. Uno degli stallieri stava portando in quel momento Queen Mab nel pascolo sul retro. Il manto nero della cavalla riluceva al chiarore del giorno. — Dovevo andare con lei a Ballyclough stamattina. È già partita?

Il capostalliere scosse la testa e gli indicò con il capo un edificio dopo le scuderie. — La troverete nel ricovero della carrozze, signore. Miss Jane ha molti vestiti e coperte che Fey ha preparato per la vedova e i suoi figli.

Mentre Nicholas stava per muoversi, Paul gli posò una mano sul braccio.

— Un avvertimento, signore. Quella che è passata di qui un istante fa non era una ragazza felice. Perciò non ditele che vi ho indicato io dove si trova, perché mi aveva espressamente detto che voleva andare a Ballyclough da sola oggi. Niente conducente per la carrozza... *e* neppure sir Nicholas.

— Non vi metterò in difficoltà, Paul — l'assicurò Nicholas prima di avviarsi rapidamente in quella direzione.

Dal ricovero delle carrozze ne mancava una, che Nicholas trovò sul viale accanto all'edificio. Si trattava di una moderna *phaeton* trainata da due cavalli, con ruote molto alte e molle ammortizzatrici ed era già carica, pronta per la partenza.

Domandò a uno degli stallieri, che teneva le briglie dei cavalli dove fosse Jane, gli indicò le cucine.

La incontrò che ne stava uscendo con un grosso cesto di viveri e vide subito che aveva gli occhi arrossati e le spalle curve, da persona in preda a una estrema tristezza.

— Posso aiutarti a portarlo? — le chiese, allungando le mani verso il cesto.

Jane sembrò sorpresa di vederlo, ma subito dopo allontanò da lui il cesto. — Me la posso sbrigare da sola, grazie.

Il suo tono non era né brusco né furioso, solo stanco, da persona sconfitta. Nicholas le camminò a fianco. — Vuoi che mi allontani a cavallo fingendo di andare a sud e poi ti raggiunga sulla strada per Ballyclough?

— Oggi voglio andare da sola.

— Ma mi avevi detto...

— Ho cambiato idea. Scusami...

Perplesso, Nicholas le rivolse un'occhiata. C'erano lacrime non versate dietro quegli occhi scuri. Le accarezzò il dorso delle mani e lei si sottrasse a quel contatto.

— Che c'è? — le chiese a bassa voce.

— Niente — rispose lei, scuotendo la testa e girandola.

A parte lo stalliere in attesa vicino alla carrozza, non si vedeva nessun altro nei pressi del ricovero delle carrozze. Il ragazzo prese il cesto e lo sistemò sul sedile, poi Jane gli chiese di condurre la carrozza sul viale fuori dal recinto e Nicholas le posò una mano sul braccio mentre la carrozza si allontanava. — Possiamo parlare?

— Temo di non averne proprio il tempo adesso.

— Non ci vorrà molto.

— Ho detto che non ho tempo. — Jane cercò di sottrarsi al suo tocco, ma Nicholas accentuò la presa. Nei suoi occhi balenò un lampo. — *Lasciami.*

— Non lo farò finché non mi concederai un momento del tuo tempo.

— Ti vedrò all'inferno prima di permettere che tu o chiunque altro faccia il prepotente con me.

Nicholas sarebbe stato pronto a reagire se lei avesse di nuovo cercato di colpirlo con un pugnale, ma non si aspettava proprio il pugno che gli arrivò contro il diaframma. Rimase un momento senza fiato ma cercò di non darlo a vedere, mentre sorrideva spudoratamente a Jane, che apriva e chiudeva il pugno, evidentemente indolenzito.

— Questo è il meglio che sai fare?

— No di certo.

Nicholas vide arrivare la seconda gragnuola di colpi. La collera di Jane esplose come un vulcano e fu seguita da una serie di calci e pugni. Nicholas, ben sapendo che il modo migliore per non farsi male era di attaccare, reagì fulmineamente bloccandole le braccia sui fianchi e sollevandola di peso da terra, per poi correre verso il ricovero delle carrozze.

— Lasciami andare... brutto bestione... delinquente. — Contorcendosi come un serpente, Jane non lo lasciò in pace un attimo. — Ti taglierò in mille pezzi. Ti sventrerò come una lepre e getterò il tuo cuore in pasto ai miei cani.

— Questo è un bel miglioramento rispetto alla prima volta che ci siamo incontrati, Jane. — Nicholas le sorrise, tenendola inchiodata contro una delle stalle per minimizzare i colpi che avrebbe potuto infliggergli. — O forse non è così, considerato che ho potuto comprendere solo metà delle imprecazioni in gaelico con cui mi hai investito quel giorno.

— Nessuno può cavarsela impunemente comportandosi come hai fatto tu...

Nicholas le cercò le labbra e avvertì le vibrazioni della sua protesta svanire in un mormorio mentre la baciava più intensamente. Jane lottò ancora un istante, senza troppa convinzione, e Nicholas cercava di controllare l'irresistibile impulso del suo corpo a fare l'amore con lei in quell'edificio... subito. Nel momento in cui i due corpi si toccarono, Nicholas percepì il proprio desiderio esplodere in una fiammata che quasi lo travolse. Si ricordò la morbida pelle accarezzata quel mattino, risentì il calore umido della donna che lo accoglieva con passione e allora le premette contro il suo corpo, godendo del sapore della sua bocca e di quelle vibrazioni desiderose di soddisfarlo.

La teneva bloccata contro il muro e le sue mani frugavano sotto il mantello. Avvertiva i seni sodi sotto il vestito e le mani di Jane che lo cercavano con crescente ardore per attirarlo sempre più vicino. Poi Jane si bloccò e il sapore salato delle sue lacrime si mescolò al bacio. Nicholas allontanò di scatto la propria bocca da quella di lei. Annebbiato dalla passione le vide gli occhi chiusi e osservò i lucciconi che le rigavano le guance.

— Jane — le sussurrò accostando le proprie labbra alle sue. — Jane, ti prego dimmi cosa è accaduto. Che cosa è successo prima che entrassi nella saletta della colazione?

Jane voltò la faccia, ma lui le afferrò il mento e gliela girò di nuovo. Lei riaprì gli occhi e Nicholas vi lesse una tristezza che avvolse anche lui.

— Avresti dovuto accettare l'offerta di Clara... — riuscì a dire Jane. — Dovresti passare il tuo tempo con lei... e non... con me.

Nicholas rimase impietrito, stupefatto per la propria cecità. Era naturale che Jane fosse rimasta sconvolta per il modo in cui cercavano in tutti i modi e in ogni momento di gettargli la sorella tra le braccia. Ma nulla era cambiato.

— Non c'è nulla tra Clara e me, Jane. *Nulla.*

— Lei ti ha invitato e tu...

— Devo forse accettare ogni invito che ricevo? *Tu* stessa acconsenti a ogni proposta che ricevi?

Jane scosse la testa. — È diverso. Vedi... io mi sono lasciata...

mi sono interessata a te solo perché credevo che a Clara tu non piacessi.

— E io non ho alcuna voce in capitolo? — Nicholas cercò di mantenere un tono scherzoso. — Te l'ho già detto prima. Io non ho mai avuto mire su di lei. Il mio interesse è sempre stato solo per *te* fin dal primo momento che sono arrivato qui.

— Non si tratta di questo. Ciò che mi sconvolge ora è la mia reazione. — Di nuovo le lacrime sgorgarono abbondanti. — Non importa... a chi ti sia interessato... io non avrei mai dovuto permettermi di... essere attratta da .te... se avessi saputo che mia sorella aveva il minimo interesse... o speranza... su di te... È stato... è un errore da parte mia... starti vicino... passare del tempo con te... lasciarmi tentare.

Migliaia di risposte turbinarono nella mente di Nicholas anche se sulla lingua gli bruciavano solo espressioni del tipo: *"E chi se ne frega* se Clara è interessata!". Sentì che la rabbia e la frustrazione la invadevano. La sorella minore aveva tutto ciò che avrebbe mai potuto desiderare dalla vita: genitori che stravedevano per lei, ricchezza sufficiente a garantire un eccellente matrimonio, bellezza e intelligenza ben nascosta che non avrebbe messo in imbarazzo molti potenziali mariti della buona società. Nicholas avrebbe voluto scrollare Jane e farle vedere la realtà. Le sue preoccupazioni per la sorella non avevano fondamento. Invece era necessario che guardasse dentro di sé e vedesse chiaramente ciò che desiderava *lei* dalla vita. Ma Nicholas sapeva già che qualsiasi discorso in tal senso non avrebbe fatto che allontanarla ancora di più.

La guardò nel profondo degli occhi. — Ho avuto abbastanza a che fare con le donne da capire che tutto l'interesse mostrato stamattina da Clara era solo una messa in scena. Tutta questa improvvisa attrazione per me non ha fondamento.

Jane scosse la testa e voltò il capo, ma Nicholas le prese di nuovo il mento e la costrinse a guardarlo. — Non capisci che recitava una parte a beneficio dei vostri genitori? Sta cercando di essere una brava figlia e di mostrare loro... specialmente a vostro padre, credo... che sta facendo la sua parte per conquistarmi. So a che cosa mira il ballo indetto per venerdì sera. Non sono cieco e vedo quanto gli costerà in soldi e tempo. E tutto al solo scopo di farmi girare la testa abbastanza da indurmi a cambiare idea e chiedere la mano di Clara.

— Sembra che anche lei lo voglia, mi pare.

— Invece *no* — la corresse lui con asprezza. — Se stamattina non ci fosse stato nessuno nella saletta, non si sarebbe neppure fermata per tenermi compagnia. Mi ha già detto e ripetuto che sono troppo vecchio per lei. Sembra che io la intimidisca, o che addirittura la spaventi, a volte. Che razza di matrimonio sarebbe mai questo?

— Un matrimonio della buona società inglese?

Irritato, Nicholas la staccò da sé. — *Non* intendo sprecare la mia vita con una persona come Clara. Ne conosco a dozzine come lei in Inghilterra. Perché dovrei sposarla quando ho già trovato un'altra donna che è più adatta a me? Una donna con un cuore e un'anima che già mi sono cari? — Si allontanò di qualche passo, ma poi si voltò di scatto. — È vero, qualche mese fa, in mezzo alla neve di Londra ho pensato che qualsiasi ragazza con un bel faccino e una fortuna ragionevole sarebbe andata bene... ma ora non ho più una visione così limitata. No, Jane, non accetterò una moglie qualsiasi... e mi rifiuto di venire manipolato dai tuoi genitori.

Nicholas si avviò furiosamente verso l'uscita. Per Giove, amava quella donna! Ma non sarebbe servito a nulla dirglielo se lei non buttava via il paraocchi.

— Vorrei... — La pressione delle dita sulla sua schiena lo fecero arrestare vicino alla soglia. La voce di Jane era dolce e suadente. — Vorrei proprio che venissi con me stamattina.

— Viaggiamo separati o insieme?

Vide la lotta interiore di lei dipinta sul viso mentre guardava fuori dalla porta. Poi, quando riportò lo sguardo su di lui, la sua espressione era decisa.

— Insieme.

Solo a metà mattina Alexandra riuscì a trovare Fey da sola, senza la corte di domestiche che le sfarfallavano attorno. Colse quindi l'occasione all'istante, entrando nel salotto azzurro e chiudendo parzialmente la porta dietro di sé. La governante sollevò lo sguardo dal caminetto che stava esaminando.

— Lady Spencer, posso aiutarla in qualcosa?

— Oh, sì. — Lady Spencer le sorrise con fare incoraggiante. — Me lo sono sognata, Fey, o lady Purefoy ha chiesto che una sarta venisse questa settimana a Woodfield House?

— È esatto, milady. Ha mandato a prendere la sua sarta a Cork.

— Immagino che sia per fare i vestiti da ballo di Clara e Jane, vero?

— Solo per miss Clara — tagliò corto Fey, togliendo un'invisibile granello di polvere dal caminetto.

— E come mai non per miss Jane?

— Non credo che miss Jane rientri nei piani della signora per quella serata.

— I suoi piani o le sue speranze? — sussurrò Alexandra. Seguì un momento di silenzio prima che la donna rispondesse: — Non sta a me sapere che cosa pensa la signora. Ma se posso fare qualcosa per voi...

— Oh, sì — rispose lady Spencer. — Voi dovreste sapere quant'è impegnata la sarta. Pensate che se volessi farle fare un vestito... riuscirebbe a trovare il tempo per me?

— E questo vestito sarebbe per... per qualcuno che conosciamo entrambe?

— Direi proprio di sì.

— Dovrò chiederglielo — rispose Fey, tutta eccitata — ma penso che potrebbe farlo. C'è però il problema dei tessuti e degli accessori...

— Oh, penso che farò un salto a Cork con mia figlia Frances questo pomeriggio proprio per acquistare queste cose. —

Alexandra le si avvicinò e abbassò la voce. — Pensate che la sarta sarà capace di preparare quel vestito, anche se non potrà fare delle prove?

— C'è una ragazza che lavora nelle cucine che ha proprio la corporatura giusta, milady.

— Eccellente. Naturalmente la sarta sarà debitamente ricompensata... in aggiunta a quanto pagherà lady Purefoy.

— È una donna che lavora, farà come le direte.

— Molto bene. — Alexandra si apprestò a uscire. —Intanto parlatele e stasera tornerò con quanto le serve. E... ancora una cosa.

— Sì, milady?

Lady Alexandra fissò la governante come per soppesarla. — Vorrei che questa piccola chiacchierata rimanga tra di noi.

Fey annuì con un lieve sorriso sulle labbra. — Se insistete, milady.

— Perfetto. — Lady Spencer le rivolse un gran sorriso e si avviò verso la porta. Non c'era nulla di meglio di una sorpresa per ravvivare un ballo e lei era ben decisa a far sì che quella sorpresa, e quel ballo, fossero veramente grandiosi.

***

Kathleen aspettò che la signora Brown fosse uscita, prima di afferrare le mani di Jane e portarsele alle labbra.

— Che Dio vi benedica, signorina — le sussurrò, cadendo in ginocchio. — Dio sa che non so trovare parole sufficienti per ringraziarvi.

Jane fece rialzare la giovane donna e la fece sedere su una sedia vicino alla finestra. — Voi meritate di più, Kathleen, dopo tutto quello che avete passato. — Lanciò un'occhiata verso Bowie. Era pallido e debole, ma la febbre era scesa. — E spero che ora le cose vadano meglio. Il reverendo Adams mi ha detto di avervi offerto una casetta vuota qui al villaggio.

— Sì, è così. — Nuove lacrime rigarono il viso di Kathleen. —

È una benedizione avere di nuovo un tetto sulla testa. E con tutto quel che avete portato voi stamattina, vivremo ancora meglio di quando c'era Seamus. Voi avete un cuore generoso, Egan. Le leggende parlano di un Egan che vola sulle montagne per andare ad aiutare chi è nel bisogno...

— Non date retta alle leggende, Kathleen — le disse Jane, sorridendo. — Io sono solo una donna come voi...

La vedova scosse la testa. — Ma è proprio questo il punto. Voi *non* siete come noi. E sapendo ora chi siete realmente e il sacrificio che avete fatto... l'amore che portate qui dentro — la donna si toccò il cuore — per la povera gente come noi... mi fa credere in voi più ancora che alle leggende e alle storie dei santi e degli angeli. Voi siete un angelo inviato dal Signore per proteggerci.

Jane ricacciò indietro le lacrime a fatica. — Io non sono degna di quanto dite, Kathleeen. Non sono stata né prescelta né mandata dal Signore... sono solo una donna e basta.

La giovane donna afferrò di nuovo la mano di Jane.

— Anche se voi vi considerate indegna, noi crediamo in voi. Sì, crediamo in voi.

Jane avrebbe voluto avere la forza di ribattere. Avrebbe voluto avere il coraggio per essere veramente ciò che quella gente desiderava che fosse.

— Ma quel che conta non è tanto ciò che farete, quanto ciò che avete già fatto — riprese Kathleen. — Voi ci avete dato coraggio... e noi dobbiamo proteggervi. — La giovane donna abbassò la voce. — Vi stanno dando la caccia, Egan. Il magistrato e i suoi Dragoni stanno diventando sempre più brutali quando interrogano la gente su di voi. Ma non possiamo lasciare che vi scoprano.

— Non mi scopriranno — disse Jane, ma anche alle sue orecchie le parole mancavano di convinzione. Aveva bisogno di pensare, riflettere sul futuro. — Non mi prenderanno.

— Ne sono felice. Ma datemi retta — disse Kathleen. — Sarebbe meglio che Egan scomparisse senza essere mai stata sconfitta, che vederla penzolare dalla forca a Cork.

Pur avendo camminato in lungo e in largo per il villaggio di Ballyclough, Nicholas non aveva visto nulla di ciò a cui era passato vicino. Si ritrovò seduto su un muretto, che circondava un cimitero situato su una collina, prospiciente il villaggio, e scosse la testa per snebbiarsela mentre osservava il castello diroccato e in rovina e la cappella a fianco. In fondo al torrente sorgevano casupole mal messe. Le tinozze di legno abbandonate e le rastrelliere malandate indicavano che un tempo il villaggio aveva prosperato con l'industria della concia. Ma ora non era più così.

Le cose cambiano, pensò.

L'attrazione tra lui e Jane era innegabile. Nicholas aveva già ammesso con se stesso di esserne innamorato. Ma c'erano tante complicazioni sul loro cammino.

Jane faceva parte del movimento dei Bianchi. Anzi, era uno dei capi.

A Nicholas non interessava per nulla la reputazione che la ragazza aveva perso tanti anni prima, ma era evidente che per lei contava e avrebbe influito sulle sue decisioni.

In più Jane era preoccupata per il futuro di Clara.

Inoltre, per quanto cercasse di apparire indifferente, era evidente che Jane si sentiva profondamente ferita per essere messa in disparte dai genitori. E probabilmente c'erano anche altri problemi che ora non gli venivano in mente. Ma Nicholas non era uomo da arrendersi tanto facilmente. Lui l'amava ed era deciso a superare ogni ostacolo.

Aveva però bisogno d'aiuto.

Quando rientrò nella canonica, una domestica l'accompagnò nel salotto e un momento dopo entrò Henry Adams.

Ah, sì. C'era anche la questione del buon reverendo.

— Avete fatto una piacevole passeggiata, sir Nicholas?

— Oh, sì.

— Temo che miss Jane non abbia ancora terminato la sua visita stamattina — annunciò il reverendo, rimanendo sulla soglia.

— So che siete venuti insieme in carrozza. Se desiderate tornare a Woodfield House posso farvi approntare un cavallo.

Nicholas si impennò. — Non ho nessuna fretta di tornare, reverendo, ma grazie per l'offerta.

— Avevo l'impressione che doveste passare il pomeriggio con miss Clara.

— Davvero? — Nicholas si portò al centro della stanza. — Forse sapete qualcosa che io non so, reverendo Adams?

— Forse sì. — Henry entrò nel salotto, tenendo le mani intrecciate dietro la schiena e con una chiara espressione di disapprovazione dipinta in viso. — Diciamo che trovo il vostro comportamento... strano. Passare la mattina in compagnia di una sorella e il pomeriggio in compagnia dell'altra. Trovo disdicevole, signore, vedervi intrattenere due giovani donne contemporaneamente. Mi chiedo se avete riflettuto sulle possibili conseguenze... per una di loro...

— State camminando su un terreno pericoloso, signore — ringhiò Nicholas.

Nonostante la professione del reverendo, Nicholas era deciso a farla finita. Non gli piacevano le insinuazioni di quell'uomo. Non gli piaceva il suo tono. E francamente, cominciava a dargli fastidio anche la sua faccia.

Per amore di Jane, però, frenò per il momento la collera. — Mi chiedo se state rivolgendomi queste domande nella vostra funzione di consigliere *spirituale* di queste giovani donne?

— Ora siete voi che camminate su un terreno pericoloso.

— Davvero? — Nicholas incrociò le braccia sul petto, soppesando l'avversario. — Non so se sono affari vostri, ma ho parlato con sir Thomas il giorno dopo il mio arrivo per correggere eventuali equivoci riguardo il mio supposto interesse per miss Clara. Non ci sarà nessuna proposta di matrimonio. Non ci sono mai stati progetti di matrimonio e non ho nessuna intenzione di sposare la figlia minore. E dopo avere chiarito questo punto coi genitori, *non* intendo passare del tempo in sua compagnia.

— E Clara che cosa ne pensa? Per il fatto di essere presa in giro così, intendo dire.

Il tono accusatore del reverendo indusse Nicholas a fare un passo verso di lui con aria minacciosa. — Io non ho mai preso in giro miss Clara, e vi avverto che trovo le vostre insinuazioni un intollerabile affronto al mio onore.

— Se le vostre intenzioni sono state onorevoli come dite, allora non avete di che offendervi, signore. Il che mi induce a chiedervi che intenzioni avete nei confronti di Jane. — Il religioso lo fissò con un'occhiata altrettanto infuocata. — La conosco e l'ho cara da troppi anni per permettere a uno sconosciuto di entrare oggi nella sua vita per uscirne domani e causarle dolore. Mi rifiuto di permettere...

— Ciò che c'è tra me e Jane non è cosa che vi riguardi...

— Invece voglio che mi riguardi...

— Interrompo qualcosa? — La domanda espressa a bassa voce da Jane sulla soglia della porta frenò i due uomini. Ma, come due tori pronti a incornarsi, nessuno di loro si mosse né distolse lo sguardo carico di rabbia fin quando lei non ripetè la domanda.

Henry Adams fu il primo a girarsi verso di lei. Un'occhiata di tenerezza passò tra i due e Nicholas si sentì attorcigliare le viscere quando il reverendo le prese la mano e se la portò alle labbra.

— Oh, ecco Jane. Interrompere? No, stavo solo dimostrando la mia... ospitalità.

Il sorriso smagliante con cui Jane lo baciò lievemente sulla guancia fu per Nicholas un altro pugno nello stomaco. In quel momento fu vicinissimo a rompere la mascella al buon uomo e senza accorgersene fece un passo verso i due.

— Siete pronto, sir Nicholas? — gli chiese Jane tornando a un tono formale per salvare le apparenze e Nicholas ebbe l'impressione, sotto quello sguardo magico, che la stanza gli girasse attorno. — Onde evitare al padrone di casa la tentazione di avvelenarvi... con la sua ospitalità... devo rifiutare l'offerta del reverendo Adams di rimanere a pranzo con lui.

Adams non aveva affatto chiesto loro di rimanere e Nicholas

desiderò di riuscire a sorridere di fronte al tentativo di Jane di alleggerire la tensione tra loro. Ma le mascelle dell'ecclesiastico rimasero serrate e l'uomo non disse nulla.

— Sì, credo proprio che partiremo immediatamente — disse Jane, rivolgendo ad Adams un altro sorriso smagliante mentre prendeva Nicholas sotto braccio. — Credo che questa casa non possa ospitare più di un certo numero di persone per volta.

Capitolo Ventuno

PER LA CENTESIMA volta Jane guardò il viso imbronciato di Nicholas e rifletté sul modo migliore di comportarsi. Era evidente che il baronetto aveva bisogno di sfogare la sua ira. Quello che Jane aveva visto nel salotto del reverendo non se l'era sognato. Nicholas e Henry erano stati chiaramente sul punto di battersi, che fosse alla spada o con la pistola. E considerato che era emotivamente coinvolta con entrambi, Jane soffriva all'idea che potesse essere lei la ragione di una così palese ostilità.

— Vuoi farmi provare la mia stessa medicina? — gli chiese, ma fu come se Nicholas non avesse sentito.

— So di non essere stata molto comunicativa durante il viaggio a Ballyclough, ma avevo bisogno di riflettere... su di noi. Su ciò che mi hai detto prima di partire. — Uno scossone della carrozza proiettò Jane contro il fianco di Spencer e la ragazza si scostò solo di un filo. — Ho accettato il fatto che tutto tra di noi possa essere complicato. Il nostro passato, la nostra vita, perfino le persone che ci sono care, tutto sembra volersi frapporre tra noi.

La ragazza gettò un'occhiata alla campagna che le era così familiare. — Anche se può sembrare una follia a uno che viene da fuori, questa è la vita che ho scelto per me tra i Bianchi e la gente del luogo... riempie un vuoto in me... l'esigenza di giustizia... e di avventura, immagino. Mi dà addirittura sicurezza. Nonostante il pericolo, sento sotto di me un terreno solido e sicuro.

Nicholas le lanciò una rapida occhiata. — Mi stai dicendo che non è nei tuoi desideri ciò che sta accadendo tra di noi?

Jane infilò un braccio sotto il suo e lo guardò negli occhi. — Sarebbe molto più semplice se potessi dire che non lo desidero, ma non è così. — L'espressione di Nicholas si addolcì a quelle parole. — Vorrei sapere quanto potrà durare tra noi, ma non ho il dono di prevedere il futuro. Però, ciò che provo per te... il modo in cui hai scombussolato la mia vita, le mie emozioni... non posso ora girare semplicemente le spalle.

Jane si strinse a lui, cercando di trarre forza dalla sua presenza. — Molti cercano per tutta la vita senza mai imbattersi neanche una volta in ciò che io invece sono stata così fortunata da trovare. E voglio cogliere l'occasione.

— E Adams?

Nicholas non l'aveva neppure guardata mentre faceva la domanda e Jane capì il senso di frustrazione che provava. Dopo-tutto, anche lei era stata dilaniata per tutta la mattinata dalla stessa incertezza... riguardo Clara.

— È un caro e fidato amico, nulla più.

— Forse secondo te. Ma da parte sua le cose non sono così semplici.

Jane cercò le parole giuste per spiegare che cosa aveva creato quel legame d'amicizia così speciale tra lei e Henry. — Ci cono-sciamo da tutta una vita. Siamo sempre stati vicini come un fratello e una sorella della stessa età. E per molti anni dopo la morte di Conor, Henry si è assunto il compito di colmare il vuoto creato nella mia vita dal comportamento dei miei genitori. Se ho bisogno, lui è sempre lì, disponibile. E ha un atteggiamento protettivo nei miei confronti come tu l'avresti per Frances.

— Io non affronterei un uomo che sta aspettando Frances così come lui ha affrontato me oggi.

— Oh, penso di sì — lo sfidò Jane. — Mettiti nella sua posi-zione. Che cosa sa esattamente di te? Lui crede, come del resto tutti noi prima, che tu sia venuto in Irlanda per sposare Clara. E adesso scopre che passi molte ore in mia compagnia.

— Gliel'ho spiegato oggi. Ma l'atteggiamento ostile non è cambiato.

— Perché Henry è un uomo logico e razionale. Conosce lo scandalo del mio passato. Sa che un tale passato non offre alcun futuro nella vostra società. Perciò conclude che noi due non abbiamo possibilità di vivere un futuro insieme... almeno non un futuro onorevole. — Nicholas fece per parlare, ma Jane scosse la testa e continuò. — E sa anche che cosa provo per te... quanto mi stai a cuore... e questo lo turba. È deciso a intervenire perché non vuole vedermi soffrire di nuovo. Non venire a dirmi che non faresti lo stesso per Frances... o per qualsiasi altra amica che abbia sofferto molto nella vita. Sono convinta che anche tu interverresti se pensassi che qualcuno sta facendo una scelta sbagliata.

Nicholas voltò la testa e mormorò un nome sottovoce. Jane lo prese per il mento e lo fece girare verso di sé.

— Ti spiace ripetere? — gli chiese, baciandolo leggermente sulla guancia.

— Stanmore. — Nicholas parlò più chiaramente questa volta, rivolgendole un mezzo sorriso. — È il mio più vecchio amico. E l'anno scorso ho ficcato il naso nei suoi affari quando ho avuto dei dubbi sulla donna che era deciso a sposare.

— Capisco. E che cosa è successo?

— La donna si è rivelata assolutamente al di sopra di ogni sospetto. Si sono sposati. E ora sono felice di dire che Rebecca e io siamo grandi amici.

Jane lo abbracciò e lo strinse a sé. — Vedi... dai tempo al tempo e anche tu e Henry diverrete amici.

— Ne dubito.

— Oh, ma sei proprio un bestione ostinato. — Jane rinunciò a convincerlo con le parole e attirò il suo viso verso di sé, sfogando tutta la propria frustrazione in un bacio appassionato.

Mentre lo baciava, Jane sentì la carrozza arrestarsi bruscamente e fu spinta in grembo a Nicholas. La bocca di Nicholas catturò la sua con una intensità che le scatenò le fiamme in corpo.

— Ti... desidero — gli sussurrò con voce rauca.

Le labbra le sfiorarono la pelle infuocata del collo mentre le mani erano già sotto il mantello per accarezzarle i seni.

— Desidero fare l'amore con te, Jane — le disse.

Jane pensò per un momento che il prato che stavano attraversando sarebbe andato benissimo come letto, poi le venne un'idea.

— Quanto sapresti pazientare? — gli chiese con un sorriso, scostandosi da lui e afferrando lei stessa le redini dei cavalli.

— Dove mi vuoi portare?

— Lo scoprirai.

Mentre la carrozza correva per la campagna a rotta di collo, la bocca e le mani di Nicholas continuavano a stuzzicarla. Jane fremeva per quei contatti finché il suo corpo fu così teso che le parve di esplodere e sentì che sarebbe impazzita se non fossero arrivati presto a destinazione.

Le rovine del castello, abbandonato dagli uomini e dal tempo, si ergevano su un cornicione di roccia sopra il fiume Blackwater. Jane, come Egan, vi si era rifugiata molte volte per ripararsi dal brutto tempo.

— Dove siamo? — chiese Nicholas, quando scorse le rovine.

— È una mia dépendance di campagna — scherzò Jane, sollecitando i cavalli a risalire il pendio. — Lo chiamano il Trono di Cuchulainn.

I due chinarono la testa mentre Jane sistemava la carrozza sotto un basso e antico portale e arrestava i cavalli.

— Allora vieni? — gli chiese, scendendo dalla carrozza con il cesto di viveri che le aveva consegnato la signora Brown e dirigendosi verso la porta della torre quadrata che era quasi tutto quel che restava del muro occidentale.

L'espressione di Nicholas procurò a Jane un fremito di desiderio. Lo vide prendere una coperta dal sedile e seguirla attraverso il cortile. Era buio sulle scale a chiocciola che portavano alle stanze del piano superiore, che un tempo dovevano essere state abitate dal proprietario del castello e dalla sua famiglia.

Jane lo guidò verso l'unica stanza del piano che aveva ancora una parte di tetto e tre muri. Il quarto muro, quello rivolto verso la valle, era da tempo franato nel letto del fiume.

— Questo è uno dei nascondigli segreti di Egan — gli sussurrò. — Rivelalo a qualcuno e la pagherai cara.

Il silenzio di Nicholas le fece bruciare ancora di più la pelle. Quando lui lasciò cadere la coperta e le si avvicinò, si rese conto che questa volta l'esperienza sarebbe stata molto diversa da quella condivisa tanti anni prima con Conor. Quella era stata la scoperta dei fuochi della passione tra due giovani innocenti. Ora invece aveva di fronte a sé un uomo. E Nicholas Spencer aveva passato la vita in compagnia di donne di mondo. Era sicura che non ci fosse nulla che non sapesse sui modi dell'amore. Paura e insicurezza gettarono un'ombra sul viso di lei, ma Nicholas fu svelto a stringerla a sé.

— Non fuggire — le sussurrò mentre le slacciava il nastro del mantello. L'indumento cadde ai suoi piedi. Poi la prese tra le braccia e la fece appoggiare a un muro mentre cominciava a sbottonarle il retro del vestito.

— Ho paura — gli sussurrò lei, premendo la fronte contro la fredda pietra.

— Anch'io.

Jane avvertì la carezza gelida dell'aria sulla pelle mentre Nicholas le apriva il vestito sulla schiena.

— Desidero tanto che tutto questo... avvenga nel modo giusto. Che possa mostrarti quanto... quanto ti amo.

Sorpresa da quelle parole, Jane si girò tra le sue braccia, rimanendo sconvolta dall'intensità delle emozioni che lesse nei suoi occhi azzurri.

— Nicholas... — le parole le rimasero in gola *e* si sentì bruciare gli occhi per le lacrime.

— È vero... ti amo, Jane. — Nicholas la baciò appassionatamente su ogni centimetro di pelle, mentre le abbassava il vestito alla cintura. — La sensazione delle sue grandi mani sui seni, attraverso la sottile camicia, le fece inarcare la schiena, desiderosa di essere accarezzata ancora più ardentemente. E cessò del tutto di respirare quando lui le abbassò le spalline della camicia sulle braccia. Quando Nicholas si tirò indietro, vide i suoi occhi assumere un colore più scuro mentre le ammirava il seno, prima di tornare a guardarla in viso.

— Sei così bella.

Jane lanciò un gridolino mentre la bocca di Nicholas si abbassava famelica. Ora non c'erano più dubbi, solo desiderio. Jane provò la sensazione di sciogliersi e percepì i suoi umori intimi. Lo strinse tra le braccia. Il suo corpo era pronto, ansioso di accoglierlo. Nicholas l'attirò sulla coperta e le abbassò ancora il vestito sulle anche, aiutandola a liberare le gambe.

Poi si tolse rapidamente i propri indumenti e un istante dopo i muri echeggiarono delle grida di estasi di Jane mentre i loro corpi si univano. Jane sentì che il cielo li avvolgeva, sollevandoli su una nube di azzurro infinito.

Ti amo.

Quelle parole, dolcemente sussurrate, le continuavano a rimbalzare nella mente, ma Jane cercò di escluderle, cercando solo di perdersi in quel momento magico.

Ogni pensiero razionale l'abbandonò e rimase solo il dolce ritmare dell'amore. Perfino il tempo parve fermarsi, scandito solo dalle pulsazioni dei loro corpi che battevano all'unisono mentre le loro anime si elevavano in un gioioso momento di liberazione.

Più tardi, mentre giaceva tra le sue braccia, Jane ripensò alla dichiarazione che non riusciva a fare. Quali che fossero i suoi sentimenti, "amore" era una parola che non riusciva a pronunciare.

L'amore, pensò, scacciando una lacrima, era qualcosa che il mondo non le avrebbe mai concesso.

Patrick trovò il suo uomo al vecchio Mercato del Burro di Cork. Il giovane che stava disponendo le merci sul carretto prima di tornare a Woodfield House, lo tenne d'occhio e lasciò cadere una cassa di tè sul selciato.

Fingendo di aiutarlo a rimettere la cassa sul carretto, Patrick gli sussurrò il messaggio che doveva venire comunicato a Egan prima di notte. — Incontrarsi nello stesso luogo e alla stessa ora dell'ultima volta. Liam dice che Egan dovrebbe arrivare presto. Ci sarà Finn. Non mancare di avvertirla.

Mentre si risollevava, Patrick prese in braccio il figlio minore che era rimasto un po' indietro per osservare un carrozzone degli zingari dipinto a colori vivaci. Si mise il bambino in spalla, soddisfatto di avere passato il messaggio senza problemi.

Mentre padre e figlio si avviavano verso il fiume, Patrick non si accorse però che due Dragoni lo sorvegliavano attentamente, seguendolo a distanza di sicurezza.

Clara si spostò un poco, costringendosi a rimanere ritta sulla sedia. L'estremità appuntita di una delle stecche le tormentava la pelle. C'era voluto l'aiuto di due cameriere, sotto la supervisione di sua madre, per farla entrare nell'abito. Un oggetto che doveva essere stato inventato di certo da qualcuno che odiava profondamente le donne.

Frustrata abbassò lo sguardo sui seni sostenuti come cuscini dalle stecche. I capezzoli erano appena nascosti da una scollatura terribilmente profonda. Era sicura che se si fosse chinata in avanti anche solo di poco, o qualcosa avesse dato un piccolo strattone all'abito, sarebbe sgusciata fuori dal vestito come un pisello dal baccello.

"E a che pro?" pensò, sentendo una vampata di calore salirle alle guance. Il baronetto non l'aveva neppure degnata di uno sguardo.

Clara non era cieca. Per tutta la durata della cena l'attenzione di Nicholas era stata concentrata su Jane. Jane e il suo abito nero dal colletto alto, così severo da non rivelare neppure un centimetro di pelle. Jane che oggi si era presentata all'ora dei pasti per ben due volte. Jane, che aveva effettivamente preso parte alle conversazioni a tavola e non era sembrata neppure arrabbiarsi per eventuali osservazioni offensive da parte dei genitori. Jane che era arrivata perfino a sorridere davanti a una battuta umoristica tentata da sir Thomas.

Clara scoprì di provare una grande antipatia per sua sorella.

— Lady Spencer, oggi siete stata molto misteriosa, riguardo al vostro viaggio a Cork con vostra figlia.

— Oh, nulla di misterioso — replicò la sua ospite in tono allegro. — Ho solo pensato che a Frances sarebbe piaciuto vedere che cosa offrono i vostri negozi. Naturalmente non abbiamo potuto fare a meno di acquistare qualcosa qua e là. Fanny ha scelto uno splendido cappello.

— Be', se desiderate tornarvi sarei felicissima di accompagnarvi. Conosco un meraviglioso negozio di modista poco lontano dal Mercato del Burro.

— Sarebbe meraviglioso.

— E voi, sir Nicholas? — lady Purefoy rivolse la sua attenzione al baronetto. — Raccontateci quale splendido angolino della nostra campagna avete visitato oggi.

— Sono andato a Ballyclough con miss Jane.

La sua risposta secca attirò le occhiate di tutti i presenti. Lady Spencer e Frances si scambiarono una rapida occhiata. Sir Thomas, con il bicchiere a metà strada verso le labbra, grugnì e ingollò il vino prima di lasciarsi andare contro lo schienale della sedia. Catherine rimase per un istante con la bocca spalancata prima di riprendersi. Clara pensò che quella era forse la prima volta nella sua vita che vedeva la madre rimanere senza parole. Il viso di Jane era arrossito e la ragazza teneva lo sguardo fisso sul proprio piatto.

Clara si sentì ribollire e fulminò la sorella con lo sguardo. Per quasi tutta la giornata aveva continuato a rimuginare sul fatto che andava sempre più spesso a Ballyclough. E la cosa non le piaceva affatto.

Henry non aveva mai voluto che Clara andasse a trovarlo ogni giorno. Henry non le aveva mai chiesto di accompagnarlo nelle visite ai parrocchiani. Henry non aveva mai condiviso pensieri o progetti con lei. La cosa era evidente, ormai. Henry era infatuato di Jane.

E così pure sir Nicholas.

Era evidente che di questi tempi era necessario che una ragazza avesse una reputazione macchiata per attirare l'attenzione.

Clara si sentiva divorare dal risentimento. Che sua sorella volesse portarle via *entrambi* gli uomini con tanta noncuranza era vergognoso... tutte quelle sue chiacchiere sull'unico uomo che aveva amato nella vita, la sua devozione per Conor, il dolore che ancora provava... tutte menzogne. Jane era solo in cerca di commiserazione. Di attenzione. E, chiaramente, ci era riuscita.

— Penso che... dovremmo lasciare gli uomini... al loro Porto e ai loro sigari — riuscì a dire lady Purefoy alla fine. Si alzò in piedi e tutti la imitarono.

Clara continuò a tenere gli occhi puntati su Jane. Tra il baronetto e sua sorella continuavano a passare messaggi silenziosi. Ne percepiva l'elettricità nell'aria. Quando Jane lasciò la sala davanti agli altri, Clara lesse negli occhi dell'uomo il suo evidente desiderio.

Seguì la sorella, con il cuore pieno di risentimento. Avrebbe voluto dirle qualcosa, ma mentre le si avvicinava vide Jane sparire su per le scale.

Doveva avere un appuntamento con quegli Shanavest, pensò. Clara cominciò a riflettere su cosa dire alla sorella. Era ora che qualcuno le facesse sapere quanto fossero futili i suoi tentativi.

Era venuto il momento che qualcuno dicesse a Jane che non aveva alcuna possibilità di successo... con nessuno dei due uomini.

Nicholas era riuscito a sganciarsi da sir Thomas prima che arrivasse la seconda bottiglia di Porto. Jane non gli aveva detto nulla, ma Nicholas sapeva dove sarebbe andata. Un salto alle scuderie confermò che Mab non era al suo posto.

Mentre risaliva il pendio verso casa, Nicholas sollevò lo sguardo verso l'imponente costruzione, cercando di indovinare dove fosse la stanza di lavoro di Jane. Desiderava trovarsi circondato solo dalle sue cose.

— Ho immaginato che ti avrei trovato qui fuori. — Dall'arcata dell'ingresso, immerso nell'ombra, gli arrivò la voce della madre. — Sono delusa, però, di trovarti solo.

— Non più di me. — Nicholas aveva fatto un patto con se stesso quel pomeriggio. Non avrebbe cercato di negare i suoi sentimenti per Jane... né in pubblico né in privato. — Che cosa fate qui, milady.

— Mi sono stancata di bere vino con la padrona di casa, temo. E anche se Clara finge di giocare a carte con tua sorella, sembra che abbia voglia di tagliare la testa a qualcuno.

Lady Spencer fece un paio di passi all'aperto e sollevò lo sguardo verso il cielo stellato. — Così, con Jane che evita la nostra compagnia e sir Thomas che si è ritirato nel suo studio qualche minuto fa, ho pensato che se Woodfield House aveva qualcosa da offrire sarebbe stato qua fuori.

— E che cosa avreste fatto, di grazia, se io e Jane fossimo stati qua fuori da soli? — chiese Nicholas, come sempre divertito dal modo di pensare di sua madre. — Spero non avrete pensato di spiarci.

— Cielo, no! Solo tenerti d'occhio per il tuo bene. — Gli sorrise teneramente. — Sono sicura che non hai bisogno della mia approvazione. Ma voglio che tu sappia, comunque, che ho una grande considerazione per Jane. È una donna molto speciale.

— Lo so — convenne Nicholas a bassa voce.

Lady Spencer scrutò la valle sottostante immersa nelle tenebre. — La perfezione non esiste, Nick. La bellezza è solo una fuggevole illusione. La felicità non è un inizio o un fine, mg l'impegno di una vita. Un viaggio. — Si volse verso il figlio. — Amore vuol dire dare.

Non era la prima volta che Nicholas udiva quelle parole. Esse rappresentavano i principi di vita in base a cui era stato cresciuto. Le aveva ascoltate tante volte in gioventù, anche se si chiedeva da quando aveva cominciato a sentirsi indegno della felicità. Forse là nelle piane di Abraham.

— Non me ne sono dimenticato.

— Bene. — Sua madre annuì soddisfatta. — Dovrai ricordartene. Jane se lo merita. E ora vieni con me. Voglio mostrarti il tesoro di Woodfield House.

Capitolo Ventidue

— HO PARLATO CON FINN OGGI, Egan— disse Liam mentre aspettavano che arrivassero gli altri. — Ha detto che le fattorie di John Stack e Denis Cahill hanno ricevuto la visita dei Dragoni questa mattina. E questo pomeriggio sono andati a Kilcorney, ficcando il naso da Connell, da Jock Dineen e Ned Ryan. Hanno interrogato tutti su di te.

Egan cercò di scherzare sui timori dell'amico. — A meno che non promettano la luna, non credo che queste persone diranno su di me niente di diverso dall'ultima volta.

I contadini di cui aveva parlato Liam si sarebbero fatti tagliare un braccio piuttosto che tradirla. Le famiglie menzionate conoscevano perfettamente l'identità di Egan. Ognuna di loro aveva aiutato gli Shanavest o fornito rifugio alle famiglie scacciate dalle loro abitazioni.

— Ma Finn pensa che questo sia solo il principio — l'avvertì Liam. — E c'è molta altra gente che non sarà così fedele... o coraggiosa... o astuta da sapere che cosa dire o non dire. È preoccupato per te.

— Per me? In tutto questo tempo Finn ha fatto di tutto per non farsi conoscere!

— Non so che dire, ma di certo quell'uomo è preoccupato per

te. Ieri sera ci ha perfino fatto trasferire quella donna cieca, Bridget, a Charleville, perché le avevi parlato. E stamattina all'alba i Dragoni la stavano cercando per tutta Buttevant.

— Noi due ci battiamo da troppo tempo per spaventarci così facilmente. — Il tono di Egan era fiducioso. — Non è la prima volta che buttano all'aria i granai per cercarci.

Liam scosse la testa. — C'è sempre stata la sicurezza che fossimo in tanti e nel sapere che quando vengono a cercarci possiamo dividerci in direzioni diverse e dileguarci. Ma questa volta sembra che diano la caccia solo a te, gioia mia, e la faccenda non ci piace.

Egan lanciò un'occhiata alle persone che si stavano raggruppando. Tutti fedeli e leali. — E Finn, che cosa raccomanda?

— Vuole che tu rimanga nell'ombra per un po'. Se le cose rimarranno tranquille, senza traccia di Egan, pensa che smetteranno di cercarti e di interrogare la gente.

— E per la riunione di Kildare?

— Finn pensa che dovremmo mandare qualcun altro al posto tuo. — Liam studiò la folla. — Sarebbe bene avvertire stasera stessa del cambiamento di piani.

Molto bene, pensò Egan. Così non avrebbe fatto il viaggio. In quel frangente riteneva di essere troppo distratta dai suoi sentimenti per Nicholas. I suoi amici meritavano di essere rappresentati da una persona in quel momento più idonea.

— Allora, chi pensi che potrebbe prendere il tuo posto? — chiese Liam.

— Patrick — rispose Egan. — È la persona perfetta.

Alla vista della stalla vuota, le speranze di sir Thomas svanirono come neve al sole. Nello stesso tempo il senso di frustrazione scatenò la sua collera.

Per tutta la notte aveva dato per scontato che Jane fosse con il baronetto. Quando li aveva visti sparire dopo cena aveva pensato, anzi sperato, che i due si fossero rintanati in privato in qualche angolo nascosto.

Era sicuro di non essersi sbagliato. I segni e i gesti erano stati fin troppo evidenti. Spencer era pazzo di Jane... bisognava riconoscerglielo. E se quel furfante era abbastanza uomo da correrle dietro, anche dopo avere conosciuto il suo scandaloso passato, chi era lui per mettersi in mezzo? Sì, dopotutto avrebbe potuto uscirne qualcosa di buono. Nonostante la sua ribalda reputazione, il baronetto gli sembrava il tipo duomo da comportarsi in modo onorevole nei confronti di Jane. Glielo si leggeva negli occhi. I due sembravano perfettamente appaiati, ammesso che ciò fosse possibile in questo mondo di cuori induriti e di mani troppo avide. Ma sir Thomas aveva capito fin dall'inizio che Spencer era fatto di tutt'altra stoffa.

Si guardò di nuovo attorno.

Accidenti a Jane, perché doveva cercare di rovinare tutto?

Sir Thomas uscì furioso dalle scuderie. Quei dannati Bianchi avevano bisogno di una lezione e di vedere i loro capi penzolare dalla forca a Cork. Dovevano prendersi un bello spavento. Farli scappare, e forse Jane si sarebbe scoraggiata a tal punto da abbandonare la causa, mentre c'era ancora qualche speranza di combinare qualcosa con Spencer.

"Adesso basta" pensò. Aveva lasciato mano libera a Musgrave per troppo tempo. Adesso era necessario che sir Thomas rientrasse in azione per mostrare a quel damerino come un vecchio mastino sa azzannare alla gola.

La luce tremolante di alcune candele portò alla vita le immagini dipinte sulle tele. Nicholas fece un passo indietro e osservò i quadri che aveva scoperto.

Dopo averlo portato nella soffitta, Alexandra se ne era andata senza dire una parola, lasciando Nicholas da solo a cercare di penetrare nella mente di Jane attraverso quella finestra. Di vedere il meraviglioso talento di una giovane donna. Di percepire la forza vitale che aveva generato quelle opere.

Nicholas aveva esaminato i dipinti con il fervore del cercatore di tesori che aveva appena trovato le ricchezze nascoste di Creso. E mentre passava da una tela all'altra, aveva provato un improvviso torrente di emozioni che l'avevano costretto a sedersi e osservare. Era stato colpito e impressionato e i suoi occhi si erano aperti sulle battaglie e sul dolore che avevano giocato un ruolo così importante nella vita di Jane.

Ma la rivelazione che più l'aveva turbato era stata l'immensità dell'amore di Jane per Conor. Per una donna, dimenticare una parte così importante della propria vita, votarsi a tal punto a una causa che non era la sua, significava dimostrare una grande devozione per l'uomo che aveva amato. Lo induceva a chiedersi se sarebbe mai stata capace di amare un altro uomo... e se lui sarebbe mai stato capace di conquistarla.

Ma dopotutto, neanche la presa del Quebec era stata facile, pensò irosamente. E questa volta la posta era molto, molto più importante.

Si avvicinò al tavolo di lavoro e aprì una cartella di cuoio che conteneva degli schizzi. Sopra una serie di disegni di vario genere c'era un ritratto a carboncino di lui stesso. Lo osservò attentamente. Era stato tracciato in fretta, ma dimostrava inequivocabilmente le intenzioni e la forza di chi l'aveva creato. Lo ritraeva mentre guardava qualcuno che teneva prigioniero sotto di sé.

Era una scena del giorno del loro primo incontro. Jane aveva catturato la sorpresa dipinta sul suo volto. Nel disegno indossava una camicia sbottonata che rivelava i muscoli del torace e la sua mano usciva dal disegno come per agguantare l'artista.

Ciò che vedeva era una evocazione erotica di ciò che avrebbe potuto essere... di ciò che doveva ancora venire! Jane era stata attirata da lui fin dal principio.

Lo stridere della porta che si apriva in fondo alle scale riportò bruscamente Nicholas al presente. Sbirciò giù e vide Jane che guardava verso di lui.

— Così hai trovato questo posto — sussurrò la ragazza. Il suo viso era nascosto nell'ombra e lui non riuscì a capire immediatamente se fosse compiaciuta o irritata.

Nicholas la osservò varcare la soglia e chiudere la porta con il chiavistello. Un'ondata di desiderio lo pervase mentre Jane saliva le scale. La ragazza indossava pantaloni e camicia neri e l'immagine del disegno gli balzò vivida nella mente.

— Ho seguito il sentiero nel giardino, ma quando non ti ho trovato ho pensato che fossi già andato a... dormire. — Nicholas la vide osservare la giacca e il fazzoletto da collo che si era tolto, le maniche arrotolate e le sue braccia nude.

— Il momento che abbiamo passato insieme oggi pomeriggio è stato troppo breve. — Nicholas le offrì una mano e quando lei la prese l'attirò a sé e la strinse tra le braccia. — Devo avvertirti che hai creato un insaziabile appetito in me per ciò che mi hai fatto assaporare oggi.

Le labbra di Jane si aprirono sotto quelle di Nicholas che ne tastò la dolcezza e le sorrise.

— E io che credevo di essere l'unica a soffrire — mormorò Jane, mentre le sue dita cercavano di slacciargli i bottoni della camicia. Il tocco delle sue mani fredde sulla pelle ardente gli procurò un altro brivido di desiderio.

Nicholas la trascinò in mezzo allo studio. Jane aggrottò leggermente la fronte vedendo i dipinti scoperti e disposti nel locale. La sua espressione di incertezza lo colpì al cuore.

— Sono poche le persone che sanno che uso questo posto come studio... e meno ancora sono quelle che hanno visto qualche mia opera. Io... non sono tradizionale in ciò che faccio. Forse ciò che mi manca in...

— Io mi considero solo un conoscitore superficiale delle belle arti, ma ho visto abbastanza opere famose per capire che i tuoi lavori ti collocano tra i più grandi pittori d'oggi.

— Ma sono solo... — Jane scosse la testa e parlò a bassa voce. — Mi stai prendendo in giro.

— Nient'affatto. — Nicholas le prese il viso tra le mani e la fissò negli occhi. — Desidero fare l'amore con te, Jane. Qui... tra queste opere di genio... tra queste finestre sul tuo passato...

La baciò fin quando la sentì cedere sotto il suo tocco e le mani cominciarono ad accarezzargli il petto. Le afferrò il polso quando la mano di Jane scese alla sua cintura.

— Non facciamo in fretta. Non questa volta.

Gli occhi di Jane si dilatarono, mentre lo guardava trascinare il minuscolo giaciglio nel mezzo della stanza. Attorno a loro il baluginare delle candele e lo scintillio dei quadri a olio effondevano luce e colore. Nicholas la adagiò sul giaciglio e ancora una volta la baciò. Jane fremette per l'attesa e si abbandonò tra le sue braccia mentre Nicholas cominciava ad aprirle la camicia. Con premeditata lentezza, che sperava non gli si ritorcesse contro, le accarezzò ogni centimetro della pelle nuda... finché non arrivò allo scollo della camicia. Sotto l'indumento di lino, il corpo era fasciato da un corsetto rinforzato e stretto per contenere e celare il seno. Sorrise di fronte alla quantità di piccoli ganci che si trovò davanti.

— Ricordi il primo giorno che ci incontrammo nei boschi? — le chiese con dolcezza.

— Sì — rispose Jane.

Facendola sdraiare sul giaciglio sciolse con attenzione un gancio dopo l'altro. Quando ebbe terminato guardò i bottoni della sottoveste.

— Solo per tormentarmi — mormorò — ma non mi arrendo...

Cominciò a slacciarle i bottoni uno a uno, seguendo con le labbra la pelle nuda che gli si rivelava, facendole accelerare il respiro e costringendola ad aggrapparsi al materasso a mano a mano che la sua bocca si avvicinava all'incavo del suo ventre. Nicholas sollevò il capo e le fece scendere gli indumenti dalle spalle, le sue mani l'accarezzarono sul collo e con l'indice indugiò nel solco tra i seni. Libere dalla costrizione degli abiti, le curve perfette color avorio e i capezzoli turgidi di Jane si alzavano e si abbassavano a ritmo con il suo respiro e la ragazza inarcò la schiena quando Nicholas le circondò un seno con la mano e fece scorrere il pollice sopra il capezzolo indurito.

Così bello e pronto per essere assaporato.

Jane lo accarezzò lungo il fianco fino a trovare la sua virilità pronta a svelarsi, ancora costretta nei pantaloni. Nicholas scivolò sul corpo di lei sottraendosi al movimento della sua mano.

— No, mia cara. Non devi muoverti e tocca a me ora importunarti. — Le lanciò uno sguardo di divertito ammonimento prima di abbassare la bocca sul suo seno. Jane gemette e Nicholas sentì le sue dita stringergli i capelli quando cominciò a stuzzicare e succhiare.

Quel pomeriggio non avevano avuto il tempo di scoprire l'uno il corpo dell'altra. Avevano fatto l'amore in modo appassionato, violento e diretto. Non c'era stato il momento della seduzione e della reciproca scoperta. Adesso Nicholas era determinato a regalarle tutto questo.

Soffermò la bocca sull'altro seno dove la deliziò finché il suo respiro si fece affannoso. Percorse il suo corpo e la baciò lungo il ventre. Con voluta lentezza le sue dita le slacciarono i pantaloni che cominciò a farle scivolare lungo i fianchi.

— Nicholas ...

Quando Nicholas scese dal giaciglio per togliersi stivali e calze e per liberarle le gambe dai pantaloni, le mani di Jane si mossero in cerca di lui.

— Vieni da me — sussurrò rauca. — Ti voglio ora.

— Lo so. Anch'io.

Le sue gambe nude erano un frammento di eterna bellezza che si rivelava davanti ai suoi occhi. Non avevano eguali nell'arte. Né Michelangelo, né Botticelli o Tiziano, e nemmeno uno dei pittori moderni era mai riuscito a riprodurre la curva di quelle caviglie verso le quali egli abbassava ora le labbra. L'accarezzò all'altezza del tallone fino ai polpacci torniti e alle ginocchia perfettamente modellate. Le baciò le pieghe della pelle e sorrise al suono lievemente ansimante del suo respiro. Tenendosi in grembo il piede le sfiorò con lievi tocchi le vigorose cosce finché non giunse al termine del suo viaggio, quell'ipnotico triangolo scuro e le umide pieghe che celava.

La sentì ansimare con violenza mentre il suo seno si alzava e si abbassava freneticamente. Ma i suoi occhi scuri scrutavano ogni movimento di lui.

— Nicholas... io mai... io ...

Questa era la frase che stava aspettando, così premette la bocca sulla sua carne madida. La sentì gemere mentre si insinuava in lei con le dita, le labbra e la lingua, succhiandola nel cuore stesso del suo essere donna finché non fu certo di averle fatto varcare la soglia dell'estasi.

Quando le sfuggì un grido soffocato e lei strinse le mani sul materasso mentre il suo corpo si arcuava e fremeva, Nicholas capì che nessun appagamento artistico avrebbe mai potuto eguagliare la naturale felicità che si regalano due amanti.

Lentamente si allontanò mentre le onde di piacere si attenuavano in lei, almeno per il momento.

— Nicholas — sussurrò Jane, protendendosi verso di lui.

Egli le si sottrasse e si tolse la camicia. — Non ancora, amore mio.

I suoi occhi erano due scure pozze d'ebano mentre lo guardava liberarsi dagli ultimi indumenti. Quando si sfilò i pantaloni il suo sguardo si socchiuse davanti al suo pene eretto.

Un lieve rossore si diffuse sulle sue gote, lungo il suo collo fino al seno. — È possibile che io e te...

— Lascia che ti mostri le possibilità.

Accovacciandosi tra le sue gambe, la fece sdraiare sul giaciglio e la baciò mentre la punta del suo pene le scivolava tra le umide pieghe del sesso. Jane sospirò affannosamente mentre Nicholas la penetrava e ne soffocava i gemiti con la sua bocca.

Una passione che non aveva mai conosciuto lo sopraffece quando lei sollevò le cosce per cingerlo. Quando gli afferrò le natiche, l'avvertì aprirsi a lui sempre di più, bramosa di sentirsi penetrare ancora e ancora, colmando i suoi dolci abissi con il pulsare del suo desiderio. Insieme scoprirono il ritmo della loro danza e insieme raggiunsero quelle che, ne era sicuro, dovevano essere le altezze dell'Eliso.

Quando lei venne fu con il dolce abbandono dell'innocenza che scatenò un'esplosione nella testa e nelle viscere di lui. Soffocò i suoi gemiti contro il collo di Jane, mentre continuava a entrarle dentro riversando il suo seme nel suo corpo. In quel momento Jane lo cinse con le gambe attorno ai fianchi e lo tenne stretto tra le braccia e dentro di sé.

Passò molto tempo prima che uno dei due potesse parlare o anche trattenere l'affanno del respiro.

— Per quanto riusciremo a rimanere quassù senza venire scoperti? — riuscì alla fine a dire Nicholas. Sollevò la testa e contemplò il bel viso eccitato di Jane.

— Molto, molto a lungo. Probabilmente per mesi. Nessuno sale mai quassù, tranne me.

— Bene. — I loro corpi erano ancora uniti e Nicholas sentì che si stava ancora indurendo dentro di lei, allora fece rotolare Jane sul giaciglio finché lei non gli fu sopra. Poi l'afferrò per le natiche e la strinse forte a sé, strappandole un rantolo di sorpresa. Guardò i suoi seni sodi e pieni premuti contro di sé, la cascata di riccioli che le incorniciavano il viso sorridente. E di nuovo ebbe un'erezione completa.

— Vuoi fare ancora l'amore?

— In realtà speravo di fare un giro in questa grandiosa galleria d'arte. Ma naturalmente tra un'opera e l'altra avrò bisogno di qualche sollecitazione per mantenere l'attenzione e conservare la mia autostima. Sai, i miei talenti sono molto limitati.

— Quanto a questo, temo di non potere acconsentire al momento — gli rispose Jane, inarcando un sopracciglio e sorridendogli. — Ma che tipo di sollecitazione avevi in mente, mio signore?

Nicholas lasciò vagare lo sguardo nella grande soffitta. — Vediamo... dopo avere finito su questo giaciglio, potremmo fare l'amore su quella sedia, con te in grembo. E forse una volta contro quel muro. Poi dobbiamo assolutamente verificare la robustezza di quel tavolo. E mi sembra anche che quella trave abbia un angolatura davvero interessante...

Jane scoppiò in una risatina mentre gli tempestava il petto di pugni. — Non vorrai approfittarti di una povera artista, vero?

— Ma naturalmente. — Le spinse le ginocchia finché Jane non fu diritta sopra di lui, poi prendendola per le natiche l'abbassò lentamente affondando in lei. — In verità intendo fare l'amore con te molte volte in molti modi diversi finché mi chiederai di smettere. Allora porrò la mia condizione per fermarmi... almeno temporaneamente... e tu sarai costretta ad acconsentire.

— E quale sarebbe... questa condizione? — domandò la donna, facendo ruotare lentamente i fianchi sopra di lui.

— Che tu mi sposi, Jane.

L'alba era appena spuntata quando Jane si avviò per scendere dalla scala del suo studio. Aveva mandato via Nicholas un'ora prima, dopo averlo convinto che si sarebbe fatta viva di lì a un paio d'ore.

In effetti, però, ci aveva messo più del previsto a rimettere in ordine la soffitta, pensò con un sorriso.

"Che tu mi sposi, Jane. Che tu mi sposi, Jane."

Il sorriso scomparve dalle sue labbra. Le parole di Nicholas continuavano a rintronarle nella testa e anche se aveva evitato di rispondergli, non poteva fare a meno di sentirsi riscaldata da esse nel cuore e nella mente. Anche solo sognare di passare il resto della sua vita con lui era qualcosa che andava al di là di quanto si fosse mai permessa di sperare.

Lo amava. Di questo era sicura. E tra le sue braccia aveva conosciuto i momenti più passionali e appaganti della sua vita. Questo era il massimo che avrebbe potuto sperare. Un momento e un ricordo.

Ma *sposarlo...*

Jane aveva ancora un sorriso dipinto in viso quando aprì la porta della propria camera da letto ed entrò nella stanza in penombra.

— Buonanotte. O dovrei dirti buongiorno?

Jane si voltò di scatto, sbalordita e vide Clara seduta sul suo letto, con la schiena contro la testiera e il viso nell'oscurità. I piedi, chiusi nelle pantofole, appoggiati sulla coperta.

— Buongiorno, sarebbe più esatto — rispose Jane in tono leggero. Provò l'impulso di correre ad abbracciare la sorella, ma si frenò. L'euforia che provava era una sensazione nuova per lei, ma non voleva spaventare nessuno. — Buongiorno Clara. Come mai sei già alzata così presto?

Senza attendere una risposta tirò fuori della biancheria e un vestito. L'acqua nel catino era fredda, ma non ci fece caso. Vi immerse una pezzuola e cominciò a svestirsi.

— Sono stata alzata tutta la notte.

— Perché? Non ti senti bene? — chiese Jane senza voltarsi, grata di quella penombra che impediva che si vedessero i segni lasciati dalla foga di Nicholas sulla sua pelle chiara.

— Diciamo che puoi dire così.

— Allora come mai sei qui? Saresti dovuta rimanere a letto. Vado a chiedere a Fey di...

— Non c'è *nulla* che possa fare Fey per farmi stare meglio — Clara fece roteare i piedi giù dal letto, posandoli a terra.

Jane avvertì il tono di tristezza e ira repressa nella voce di Clara e smise di lavarsi per avvolgersi attorno un asciugamano di lino.

— Che c'è? — le chiese dolcemente, andando verso di lei.

— Sei *tu* la causa.

Jane si bloccò di colpo. — Io...?

— Sì... tu e la tua irresponsabilità. — Clara si alzò in piedi. — Tu e la tua mancanza di considerazione per chiunque altro di questa famiglia.

Jane si inalberò di fronte a quella critica. — Di che cosa mi accusa ora sir Thomas?

— Non si tratta di nostro padre. — Clara uscì dall'ombra. Il viso rigato di lacrime e le palpebre gonfie furono uno shock per Jane. — E non si tratta neppure di nostra madre. Si tratta di me,

Jane, la tua unica sorella, l'unica persona di questa famiglia per la quale hai sempre dichiarato di nutrire affetto.

Jane aprì la bocca per chiedere chiarimenti, ma immediatamente la richiuse mentre un'orribile sensazione la prendeva allo stomaco.

— Che cosa hai contro di me? — Nuove lacrime presero a scorrere lungo le guance di Clara che si fermò a un passo da Jane. — Perché... sei così determinata... a vedermi infelice?

— Io... io non...

— È gelosia, Vero? — l'attaccò Clara prima che Jane avesse il tempo di trovare una risposta. — Tu sei riuscita a rovinare la tua vita e ora non puoi accettare il fatto che io potrei avere una possibilità... di andare lontano dalla vergogna che hai procurato alla nostra famiglia. Tu sei gelosa della mia possibile felicità.

— Questo non è vero.

— Tu menti — gridò la sorella. — Perché altrimenti lo terresti intenzionalmente lontano da me? Sir Nicholas è venuto in Irlanda per *mel* Voleva *mel* Ma tu non potevi evitare di farmi del male. Dovevi prenderti quella felicità che avrebbe dovuto essere *miai*

— Ma sei stata *tu* a respingerlo. — Jane riuscì a trovare la voce, sentendosi rodere dentro per l'ingiusta accusa. — Sei tu... tu che mi ha costretto a venire con te... e poi me l'hai scaricato.

— E allora per te era giusto approfittarti della mia timidezza? Non potevi lasciarlo in pace... o darmi il tempo di chiarirmi le idee? Di abituarmi a lui. Per te era giusto portartelo ieri a Bally-clough... e il giorno prima ancora? Non negarlo, Jane, non sono un'idiota, so benissimo che anche quel giorno era con te.

In quel momento Jane capì che Clara non sapeva niente della notte appena trascorsa. Non aveva modo di sapere che loro due avevano fatto l'amore per tutta notte solo due piani più sopra.

— Cosa speri di ottenere da tutto questo, Jane? — La sorella minore ribolliva di indignazione. — Credi di essere abbastanza virtuosa per diventare sua moglie. Sei così egoista da non esitare a svergognare anche un'altra famiglia? E i tuoi cari Shanavest? Come riuscirai a tenerti il principe azzurro mentre cavalchi per la campagna fino all'alba... insieme a gruppi di malviventi, rapinatori e *traditori?*

A Jane salirono le lacrime agli occhi e dovette sedersi sul bordo di una sedia, cercando di ingoiare il groppo che sentiva in gola e rispondere alle critiche.

— Ma non c'era stata nessuna proposta di matrimonio. Mi è stato detto che... che lui non aveva chiesto la...

— Non ha *ancora* chiesto! — sbottò Clara. — Ma con il tempo l'avrebbe fatto... se tu l'avessi lasciato in pace.

Jane girò la testa, mentre le lacrime le rigavano le guance e sentì sul ginocchio la mano di Clara, inginocchiata davanti a lei.

— Non ti ho mai chiesto nulla, Jane, ma ora ti chiedo di non rovinare questa mia possibilità. — La voce di Clara era un sussurro. — Se mi hai mai voluto bene... se ti sono cara... dammi la possibilità di guadagnarmi il suo affetto. — Clara afferrò la mano di Jane. — Ho bisogno di questa occasione. Ho bisogno di lui per andare lontano da questo posto... da questa terra dimenticata da Dio. Ti prometto di farlo felice, Jane. Sarò buona con lui come lui lo sarà con me.

Jane si voltò e guardò in viso la sorella attraverso il velo di lacrime. — Non posso dirgli chi sposare... né chi amare. Non è un uomo di tal fatta.

— Allora vattene, Jane. Lascia Woodfield House e stattene con uno dei tanti amici che hai da queste parti. Lascia a *me* la possibilità di convincerlo. — Clara strinse forte la mano di Jane. — Ti prego.

Capitolo Ventitré

Le porte dello studio furono chiuse a chiave. Per ordine di sir Thomas, l'arrivo del visitatore non fu neppure annunciato alla padrona di casa. L'incontro era assolutamente privato.

Il messaggio inviato a sir Robert Musgrave poco dopo l'alba spiegava la disponibilità di sir Thomas a collaborare per giungere all'arresto dei caporioni della fazione locale di ribelli.

A metà mattina Musgrave era a Woodfield House e se tra i due uomini c'erano state differenze di opinioni ora ciò non contava più. Entrambi miravano allo stesso risultato.

Sir Thomas ascoltò con attenzione i nuovi sviluppi su Buttevant. E stette attento a non mostrare segni di sorpresa quando il magistrato lo informò che erano stati Jane e sir Nicholas a trovare un nuovo rifugio per i bambini della vedova. Fu informato anche che il baronetto era venuto a cercare la loro madre.

— Un gesto di pietà, senza dubbio — disse sir Thomas. — Ma questa donna... dove si trova adesso?

— Secondo me è stata portata al villaggio di Ballyclough.

— Ballyclough? — fece il vecchio. — Come fate a dirlo?

— Sembra che il reverendo Adams abbia mandato a chiamare il dottor Forrest per visitare un bambino irlandese ammalato. Il medico ha detto che la madre... questa Kathleen, sta ora in canonica.

— E voi pensate che possa veramente identificare Egan?

— Ne sono convinto, signore — affermò il magistrato. — Il problema di chi abbia dato il denaro alla donna conta poco di fronte al fatto che i due devono essersi incontrati. Altrimenti gli Shanavest non si sarebbero presi il disturbo di spostare l'anziana donna dalla casa.

— Molto astuto, signore. Ma non eravate riuscito a ottenere la cooperazione di Kathleen. Che cosa vi fa pensare di riuscirci adesso?

— Ho in mente di essere maggiormente persuasivo. Quando arresteremo la donna faremo portare dentro anche i bambini. — Sulle sue labbra comparve un sorriso crudele. — So che ha una bambina piccola. Se necessario la daremo a uno dei carcerieri e lasceremo che la madre stia a guardare...

— No, lasciate fuori i bambini — scattò sir Thomas, balzando in piedi. — Sarebbe un errore arrestare la madre mentre è in canonica. Henry Adams non la prenderà bene e non vogliamo una sollevazione popolare.

— Come magistrato ho il diritto...

— Di mantenere la pace! — ruggì il vecchio. — Non potete portare via quella donna dalla casa del reverendo Adams senza una buona ragione,

— Ma è la traccia migliore che ho al momento per arrivare a Egan...

— Lasciate perdere, non arrivereste a nulla. — Sir Thomas incrociò le mani dietro la schiena e andò verso Musgrave. — Per catturare queste volpi ci vogliono piani in grande stile. Il mio piano è di effettuare un'incursione punitiva contro uno dei villaggi più grossi. Ma prima dell'attacco... fate in modo che trapeli discretamente la voce di quanto succederà. Tenete gli occhi aperti. Preparate una trappola. Vedrete che gli Shanavest si faranno vivi.

— Ma non c'è nessuna certezza che arriveranno anche i caporioni.

— Non c'è neanche certezza che non vi caschi in testa la luna stanotte! — esplose sir Thomas. — Dovete preparare tutto con molta cura e agire rapidamente. Oggi è mercoledì. Organizzate l'incursione per domani notte. La notizia non si diffonderà prima di domani a mezzogiorno e avrete tutto il tempo di appostare alcuni dei vostri uomini nei punti strategici all'interno e attorno al villaggio. In questo modo i Bianchi non avranno tempo di reagire. E uno dei loro capi... o anche più di uno... si farà vivo per aiutare gli abitanti.

— C'è un problema, però — disse Musgrave, torturandosi il lobo dell'orecchio. — Per quanto riguarda gli uomini da piazzare nel villaggio... in questo momento non ho nessuno da poter utilizzare senza sollevare sospetti.

— E questo è proprio il motivo per cui vi ho chiesto di venire qui per mettere a punto un piano insieme — osservò sir Thomas. — In questo potrò esservi d'aiuto io.

L'aria della notte era pesante, foriera di un temporale in arrivo. I due uomini nel recinto erano le uniche persone all'aperto.

— Mi trovavo dal fabbro quando se n'è andata. Non l'ho neppure vista. — L'addestratore si appoggiò con la spalla a un palo e con gesti appariscenti caricò la pipa di tabacco.

Nicholas stava ricevendo da Paul le stesse risposte che aveva avuto da tutti gli altri. A chiunque si rivolgesse il risultato era sempre identico. Come se tutti avessero ricevuto un'imbeccata. Nessuno sapeva dov'era andata Jane.

Quando Nicholas a metà mattina non l'aveva ancora vista, era corso nelle scuderie e aveva scoperto che Queen Mab non c'era più.

In qualsiasi altra famiglia avrebbe riportato qualche successo interrogando i genitori riguardo alle uscite di una figlia, ma la disinvolta risposta di lady Purefoy "Ho da tempo rinunciato a seguire gli andirivieni di Jane" gli ricordò quanto *poco* si curassero di lei in quella casa. Sir Thomas poi era apparso ancora meno interessato della moglie e la reazione di Clara era riuscita solo a rafforzare il suo sospetto che fosse successo qualcosa di grosso. Invece di rispondergli, la giovane donna aveva semplicemente reiterato l'invito a fargli da guida in assenza di Jane. E quando lui aveva rifiutato, Clara aveva fatto del suo meglio per impegnarlo in una conversazione imperniata sui cavalli e le corse.

Gli era costato uno sforzo, ma era riuscito a non apparire scortese.

E adesso anche Paul si dimostrava altrettanto poco collaborativo. — Non c'è niente di strano, signore, se miss Jane sparisce per tutta una giornata.

Nicholas cercò di scacciare i foschi pensieri che gli turbinavano per la mente. — E quanto ci vuole perché la sua famiglia cominci a preoccuparsi?

La risposta gli venne vedendo il capostalliere inarcare le sopracciglia.

— Quanto ci vuole perché *voi* cominciate a preoccuparvi?

Paul rivolse la sua attenzione alla pipa e Nicholas capì che l'uomo sapeva dove Jane si trovava e non era in ansia.

— Ho passato la maggior parte della vita di quella ragazza a preoccuparmi per lei — disse Paul in tono evasivo.

— Almeno ditemi che non si trova in pericolo — insistette cocciuto Nicholas.

— Vorrei poterlo fare, signore, ma la verità è che miss Jane non è come tutte le altre ragazze. Da tempo ormai non rende conto delle sue ragioni a nessuno. È una donna ferocemente indipendente e non c'è altro da dire. E se vi interessate a lei sarà meglio che cominciate ad abituarvi.

Lo sguardo di Paul era pensieroso quando incontrò quello di Nicholas. — Ma ora, signore, se cercate una persona più tranquilla, ecco che arriva miss Clara, che evidentemente si è stancata di aspettarvi.

Nicholas guardò in direzione della casa, seccato di vedere Clara che scendeva dalla collina con in mano una candela. Paul la salutò togliendosi il cappello e si allontanò.

— Avrei dovuto immaginare che la vostra passione per i cavalli vi avrebbe attirato qui — gli disse la giovane donna quando gli fu vicina. — Probabilmente potreste passare ore e ore con l'addestratore di mio padre. È un uomo molto esperto.

Nicholas trovò assolutamente repellente quel tono di falsa adorazione, ma tenne questa considerazione per sé. — Cercavate qualcuno quaggiù, miss Clara? Se volevate parlare con Paul lo posso richiamare.

— No, non avevo nessuna intenzione di parlare con Paul. — Clara si passò la mano libera sul braccio nudo. — Avrei dovuto mettermi uno scialle. La notte è più fredda di quanto pensassi.

Ma uno scialle avrebbe vanificato lo scopo dei vestiti eleganti e rivelatori che Clara aveva cominciato a indossare, pensò cupamente Nicholas.

— Se mi volete scusare, signorina, stavo per rientrare in casa.

Non aspettò la risposta della ragazza e si avviò verso il cancello del recinto.

— Vi spiace se vengo con voi? — gli chiese Clara, un po' senza fiato per stargli dietro. — Non abbiamo passato molto tempo insieme da quando siete arrivato e mi è mancato...

— No, basta, Clara — abbaiò Nicholas, fermandosi bruscamente e voltandosi per guardarla dritto negli occhi. — Il vostro è un gioco disonesto... per nulla degno di voi.

— Che cosa intendete dire?

— Non fingete che ci sia alcunché di romantico tra di noi... o che ci possa mai essere. — Gli occhi di Clara avevano un'espressione innocente e brillavano alla luce della candela, ma Nicholas non ebbe pietà. — Non ho dubbi che vostro padre vi abbia già comunicato il succo della nostra conversazione. E nonostante le macchinazioni di vostra madre, io *non* sono interessato a voi Clara e non saprei come esprimervelo più chiaramente di così.

Il mento le tremò, ma Clara mantenne alta la testa. — Ma questo vale per ora, signore. Se mi concederete una possibilità...

— No. — Nicholas si riavviò, impaziente, poi si voltò di nuovo verso di lei. — So che siete giovane, ma dovete cercare di capire che anche *concedere una possibilità* a due persone così diverse come noi non cambierà le cose. Io non vi voglio come moglie. E so che neanche voi volete me in realtà. Ma il mio rifiuto non deve essere la fine per voi. Siete giovane, bella e intelligente. E dovreste essere voi a scegliere, senza lasciarvi condizionare dalle aspettative dei vostri genitori.

Gli occhi azzurri di Clara si riempirono di lacrime e Nicholas ingentilì il tono della voce. — Ci sono molti uomini, molto più meritevoli di me. Con il tempo ne troverete uno perfettamente adatto a voi. E nel frattempo non calpestate il vostro orgoglio accontentandovi di una persona che non potrete mai amare.

Senza aggiungere altro, Nicholas risalì il pendio di buon passo. Quando arrivò davanti alla casa si voltò a guardarla. Ma non sentì i singhiozzi che le squassavano il corpo.

Erano passati due giorni e Jane non era ancora tornata.

Alexandra, seduta sul letto, passò le dita sulla delicata stoffa dell'abito da sera che Fey le aveva portato in camera solo qualche minuto prima. Un eccellente lavoro di sartoria. Ma a che sarebbe servito quel vestito se la persona per cui era stato fatto non era presente?

Dove poteva mai essere Jane?

Alexandra uscì dalla camera da letto e salì direttamente nello studio di Jane. Quando aveva incontrato Nicholas prima di pranzo, l'aveva visto andare in quella direzione.

Si fermò davanti alla porta e bussò. Nicholas apparve in cima alle scale con un'espressione speranzosa sul volto fin quando vide di chi si trattava. Non aveva né giacca né foulard. Le maniche erano rimboccate fino ai gomiti e la camicia bianca non era così impeccabilmente stirata come era solito portarla.

— Posso salire? — chiese lady Spencer.

— Ritengo che non sia ancora tornata.

Alexandra scosse la testa e salì gli scalini. Avrebbe voluto essere latrice di buone notizie, ma non sapeva davvero come essere d'aiuto al figlio in quel momento, tranne che nell'offrirgli la sua compagnia.

Una volta in cima alle scale, si fermò, senza cercare di nascondere la soggezione che le procuravano le opere di Jane, che ora, a differenza della prima volta, erano scoperte e disposte in piena vista nel locale illuminato da una dozzina di candele. Se non fosse stato per l'ambiente così grezzo, avrebbe potuto facilmente pensare di trovarsi in una delle migliori gallerie d'arte d'Europa.

— Che grande talento — mormorò. — Sono felice che Jane abbia deciso almeno di esporle quassù.

Nicholas non rispose e si spostò verso l'estremità opposta della stanza. Alexandra lo vide scoprire alcune tele ed esaminarle attentamente prima di appoggiarle a un muro con altre di colori e tema analoghi. Si rese conto allora che era stato il figlio a scoprire i dipinti.

— Questa famiglia non la merita — disse. — Non l'apprezzano minimamente né come persona né come artista. Questi quadri dovrebbero venire esposti alla Royal Academy di Londra. O almeno sul continente.

Alexandra ignorava fino a che punto era arrivata la relazione tra Nicholas e Jane. Era sicura che ci fosse qualcosa, ma non sapeva quanto fossero coinvolti. E, conoscendo bene la natura indipendente e ribelle del figlio, non poteva esercitare pressioni su di lui o chiedergli quali fossero le sue intenzioni. Nello stesso tempo, però, decise di spiegargli i progetti che aveva elaborato nella sua mente durante quella settimana.

— Mi piacerebbe invitare Jane a venire in Inghilterra con noi. Da lì, se lo vorrà, potrà venire con me a Bruxelles. — Le sue parole non suscitarono alcuna reazione e Alexandra si avvicinò a Nicholas. — Penso che dovrebbe venire presentata ai massimi circoli artistici di corte. Sono sicura che a sir Joshua Reynolds, il tuo vicino di Leicester Square, piacerebbe prenderla sotto la sua protezione. Certo, è un tipo molto geloso degli altri artisti, ma io ho una grande fiducia nel genio di Jane e so che anche gli altri lo vedranno. Per tutta la vita non ha ricevuto alcun riconoscimento e le farà bene ricevere qualche parola di lode.

Sussultò quando, gettando un'occhiata oltre alla spalla di Nicholas, vide la tela che lui aveva in mano, che riproduceva la scena di cinque corpi appesi alla forca nella piazza di una città. Lo sfondo di volti ed edifici era costituito solo da pennellate non rifinite, un effetto che metteva in risalto la tragicità dei giustiziati. Quello che si levava da quella tela era un terrificante grido di dolore. Era evidente che quell'opera era stata completata molto prima delle altre che Alexandra aveva visto, ma Jane era riuscita ugualmente a catturare la tragica emozione di quella scena con uno stile potente.

— Le ho chiesto di sposarmi.

La voce di Nicholas le fece spostare lo sguardo sul suo profilo solenne.

— Temo che Jane sia stata spaventata dalla mia offerta... o forse anche dalla mia insistenza. Avrei dovuto darle tempo per abituarsi all'idea prima di farle pressione. E adesso l'ho fatta scappare. — Le sue dita sfiorarono l'immagine di tre quarti di un uomo appeso sullo sfondo. — E morto da nove anni e ancora lo ama.

— Gli è devota — lo corresse Alexandra. — E proverà sempre un vuoto ogni volta che lo ricorderà. Ma sono sicura che ora ci pensa meno di un tempo. E questo non significa che sia incapace di amare di nuovo.

Alexandra vide il dubbio negli occhi del figlio. — Dobbiamo ricordare che la vita non è stata gentile con lei — continuò la donna. — Jane è stata sola... ritenuta responsabile di un comportamento scandaloso tenuto in giovane età. Ora, indipendentemente da ciò che prova per te, vede i tanti ostacoli che si frappongono fra voi.

— Al diavolo la sua reputazione e tutti quelli della sua famiglia.

Alexandra mise una mano sul braccio del figlio. — Ma non

capisci? A suo modo lei dimostra quanto ti ama fuggendo da te. Non vuole che ti rovini la reputazione unendoti a lei...

— Ah! — Nicholas esplose in una risata amara. — Io ho pensato invece a ciò che lei avrebbe dovuto sopportare per causa *mia!*

— Continui a non capire. Lei considera di più te del suo futuro e della sua felicità. — Con la mano indicò i dipinti nella stanza. — Guarda questo posto... le sue opere. Questi quadri sono una finestra sull'anima di quella donna. Il sentimento con cui dipinge queste tele è la sua essenza. Eppure che cosa fa del suo talento? Lo nasconde in soffitta. Lo copre con un lenzuolo. Non cerca di attirare l'attenzione su di sé o sul suo dono. — Gli occhi di Alexandra incontrarono lo sguardo febbrile del figlio. — Tu hai una grande sfida davanti a te, Nicholas, ma sei l'uomo giusto per affrontarla.

— E come?

Quella domanda la intenerì. Era passato tanto tempo da quando Nicholas le aveva chiesto consiglio per qualcosa.

— Tu devi essere qui per lei. Non puoi arrenderti. Devi cercare di capire i motivi che stanno dietro alle sue azioni... allo stesso modo in cui cerchi di comprendere il messaggio dietro a ognuno di questi dipinti. Vedrai, si risolverà tutto. Voi due siete fatti l'uno per l'altra. Devi solo farglielo capire. Dimostraglielo.

Il tranquillo villaggio arroccato in cima a uno spuntone di roccia sopra il fiume Blackwater esplose in un'attività frenetica meno di un'ora dopo il tramonto. I Dragoni stavano arrivando.

Il cielo era ancora tinto degli ultimi bagliori di rosso e arancio quando giunsero circa sei Bianchi mascherati, che sbucarono silenziosamente a piedi dall'oscurità, guidati da un cavaliere tutto vestito di nero, tranne che per la camicia bianca caratteristica degli Shanavest. La notizia dilagò nel villaggio come un incendio e in ogni casa gli abitanti si diedero da fare.

L'intero villaggio avrebbe provato la spada della giustizia reale per l'aiuto dato agli Shanavest. I Dragoni erano già per strada.

Gli abitanti furono presi dal panico. Sapevano quale sarebbe stato il loro destino se non fossero fuggiti. Avevano già sentito gli innominabili orrori verificatisi in villaggi più grandi del loro.

Non c'era tempo per raccogliere i tesori di una vita. Non c'era tempo da perdere. I più poveri, che avevano meno da portare via, furono i primi a scappare verso le paludi, dove avrebbero potuto trovare un po' di protezione, nascondendosi anche per settimane. Se i Dragoni avessero cercato di seguirli a piedi, si sarebbero spinti più avanti, risalendo le colline.

Le torce di un centinaio di uomini a cavallo illuminavano la strada sul lato opposto del fiume. Mentre il capo degli Shanavest incitava i più recalcitranti a muoversi, apparvero i primi incursori vicino al ponte del villaggio e un istante dopo la notte si riempì di grida.

— È la casa del vecchio Rohane — disse qualcuno del gruppo.

— Ho bussato alla porta ma non c'era nessuno in casa — spiegò un altro uomo.

— Non sono con noi — parlò una voce nel buio.

— E il mio piccolo Kevin è con loro — gridò una donna.

Senza prestare ascolto a quanto gli gridava un uomo, Egan spronò Mab in direzione del villaggio. La maggior parte dei Dragoni era ancora a qualche minuto di distanza e le grida, che ora erano riconoscibili come quelle di una donna, sembravano provenire dalla stalla del bestiame, che sorgeva sulla sponda del fiume presso il ponte. Egan estrasse la pistola dalla cintura, smontò nell'oscurità e corse verso la costruzione.

Quando aprì la pesante porta fu aggredita dall'odore acre del fumo. Egan si aprì la strada tra il bestiame in preda al panico e cercò di orientarsi in mezzo alla caligine.

Provò la prima fitta di paura quando si accorse che le grida della donna si stavano allontanando. Muovendosi a tentoni attraversò la stalla e vide due persone sgattaiolare in direzione della fucina del fabbro. Quando raggiunse la porta scoprì che era stata sbarrata dall'esterno.

Ormai non udiva più gridare e un brivido gelido le salì lungo la schiena, mentre avvertiva la presenza di altre persone nella stalla. Era una trappola.

Egan si girò di scatto e vide sbucare soldati da ogni angolo. Alla scarsa luce dell'interno brillarono pistole e spade. Sentì altri movimenti all'esterno e capì che di lì a poco sarebbero arrivati i Dragoni che si trovavano ancora sull'altra sponda. Una volta che avessero circondato completamente la costruzione...

Qualcuno gridò ai compagni ancora fuori: — L'abbiamo preso. Abbiamo preso Egan.

Egan si appoggiò con la schiena alla porta sbarrata e cercò freneticamente una possibilità di fuga. Alla sua sinistra entrò qualcuno con una torcia in mano.

Mentre puntava la pistola alternativamente contro l'uno o l'altro dei soldati che l'avevano stretta in cerchio, Egan si rese conto che l'unica possibilità di fuga stava nell'abbattere uno degli aggressori e poi cercare di sgusciare attraverso le armi levate contro di lei. Non era un grande piano, però, considerato che all'esterno l'aspettavano molti altri soldati.

Egan sguainò il pugnale con l'altra mano. Avrebbe ucciso qualcuno prima di venire sopraffatta. Fece un passo in direzione degli avversari.

— Per ordine del magistrato — gridò una voce in fondo alla stalla con in mano una lanterna. — Prendetelo vivo. Deve essere preso vivo.

Quel momento di distrazione fu quello che servì a Egan per caricare i due uomini più lontani da sé, alla sua sinistra. Dalle travi del soffitto pendeva una corda che portava a un sottotetto. Forse se fosse riuscita ad arrivare lassù...

Urlando imprecazioni in gaelico vibrò un calcio all'inguine del primo soldato, poi roteò di scatto su se stessa e colpì con il pugnale la mano dell'uomo che stringeva la torcia. Questi lanciò un grido di dolore e la fiaccola cadde al suolo, appiccando il fuoco alla paglia sul pavimento mentre Egan passava oltre.

Poi si infilò la pistola nella cintura e si aggrappò alla corda cominciando a issarsi. Tutt'attorno a lei risuonarono grida e sentì la mano di un soldato che l'afferrava per uno stivale, ma prima che questi potesse tirarla giù, riuscì a impugnare la pistola e a fare fuoco. L'uomo cadde con un grido, ferito al piede. Un altro cercò di afferrarla al collo, ma Egan lo colpì in viso con la canna della pistola facendolo cadere sui soldati sotto di lui.

Le fiamme adesso si stavano diffondendo rapidamente e i soldati si dispersero. Egan colse l'occasione per arrampicarsi il più in fretta possibile, aspettandosi di venire trafitta da un momento all'altro da una pallottola. La maschera e il cappello le penzolavano sulla schiena, ma non si fermò. Invece continuò a salire fin quando raggiunse il sottotetto.

Si aprì la strada tra il fumo e le balle di fieno fino a raggiungere una finestra, che sfondò con un calcio. Un istante dopo si lanciò fuori sul tetto inclinato.

Si alzò in piedi e osservò la scena sotto di sé. Da tutte le parti accorrevano Dragoni, a cavallo e a piedi, evidentemente furiosi perché avevano trovato il villaggio vuoto...

... o forse perché fino a quel momento Egan era riuscito a sfuggirgli.

Egan sapeva che fra non molto i soldati avrebbero raggiunto il sottotetto e sarebbero usciti. Poi sotto di sé udì nitrire Queen Mab. Corse sul bordo del tetto e vide il suo cavallo sollevarsi sulle zampe posteriori e scalciare nell'aria con quelle anteriori come per colpire i soldati che cercavano di catturarlo.

Attraverso il fumo si levavano lingue di fiamme crepitanti. Egan corse verso il colmo del tetto, e vide dall'altra parte dello stretto vicolo una costruzione più bassa, vicino alla quale erano appostati tre Dragoni.

— Salta, Egan! Salta!

Riconobbe la voce di Patrick e si sentì rincuorata. Alcuni

Shanavest a cavallo correvano verso di lei, attraversando un tratto di terreno scoperto ai bordi del villaggio.

Le fiamme cominciavano a divorare anche la parte di tetto su cui si trovava e si rese conto di non avere altra scelta che saltare dall'altra parte del vicolo. Indietreggiò di qualche passo, prese la rincorsa e saltò sull'edificio vicino. Cadde malamente battendo la caviglia, ma non era il momento di andare per il sottile. Mentre correva verso il ciglio del tetto sentì uno scambio di colpi di pistola e quando guardò in basso vide Mab e gli Shanavest che aggredivano i soldati. Mentre una dozzina di ribelli lottava ferocemente contro i Dragoni, due di Shanavest presero le redini del suo cavallo.

A quel punto Egan saltò di nuovo senza esitazione, provando di nuovo un forte dolore alla caviglia quando piombò per terra. Il dolore quasi l'accecò, ma riuscì zoppicando a raggiungere Mab e a montare in sella.

Tutt'attorno a lei risuonarono fischi e grida. Circondata dal gruppo di uomini mascherati, Egan e i due che le erano venuti in aiuto si ritirarono in fretta, allontanandosi al galoppo attraverso i campi. Poi, dopo avere superato il primo filare di siepi, si separarono senza parlare in gruppi di due o di tre, allontanandosi in direzioni diverse.

Egan si trovò in compagnia di due Shanavest mascherati, Patrick e un altro uomo a cavallo che non riconobbe. Corrugò la fronte osservando la schiena di quest'ultimo. Le era sconosciuto, ma era evidente che era abituato a maneggiare la spada. E anche se parlava in gaelico aveva un accento non del luogo. La sua voce, tuttavia, aveva qualcosa di familiare.

Ma a sorprenderla era soprattutto il fatto che fosse lui a dare ordini.

— Dopo avere attraversato il fiume, voglio che l'accompagni a est, Patrick. Io attirerò a nord eventuali inseguitori. Tu sai dove nascondere i cavalli.

— Sì. Nel solito posto.

— Finn! — sussurrò Egan. Cercò di osservare meglio l'uomo,

strizzando gli occhi nel buio, ma l'ampio cappello a tricorno e la maschera vanificarono i suoi sforzi.

— Siete Finn? — chiese alla fine.

— Vedi, Egan, il nostro Finn non è un'invenzione di Liam, dopotutto — rispose Patrick, cavalcando alla sua destra.

Prima che Egan potesse fare un'altra domanda, i cavalli entrarono nell'acqua bassa di un fiume e lo guadarono. Non c'erano tracce di inseguitori. La caviglia le faceva un male d'inferno.

Egan osservò di nuovo l'uomo. Da anni sentiva parlare di Finn. Liam aveva fatto spesso il suo nome quando c'erano da trasmettere informazioni vitali al loro gruppo. Sembrava che avesse molti contatti nei reggimenti inglesi e anche con le milizie volontarie. A volte era sembrato che avesse informazioni provenienti da qualcuno assai vicino al lord luogotenente stesso. Nonostante la sua partecipazione al combattimento di stasera, non le risultava che fosse mai uscito dal suo ruolo usuale.

A dire il vero, anzi, non l'aveva mai incontrato, né visto, di persona fino a quel momento.

— Comportatevi come se non fosse successo nulla — le disse Finn mentre si apprestavano a separarsi sulla sponda opposta del fiume. — Riprendete la vostra vita normale. Fingete di non sapere nulla di stasera. Gli inglesi sono decisissimi a catturarvi e bisogna che ciò non succeda.

Poi si voltò ed Egan lo osservò sparire rapidamente nelle tenebre. Patrick la sollecitò a muoversi e lei spronò il cavallo. Ma nella sua mente risuonavano insistenti le parole di Finn.

"Riprendete la vostra vita normale... Riprendete la vostra vita normale..."

Quale vita? Lei non aveva più una vita normale. Proprio come la lastra d'ardesia del tetto l'aveva ferita alla caviglia, le parole di Clara avevano distrutto la sua già incerta posizione a Woodfield House.

Il dolore che sentiva alla gamba era tremendo, ma la sofferenza che le veniva dal cuore era ancora più atroce.

Con quelle due ferite, Jane non aveva nulla di solido su cui appoggiarsi.

Capitolo Ventiquattro

La governante notò le occhiate incuriosite di cuoche, domestiche e garzoni quando entrò nella zona della servitù con la sua insistente ospite alle calcagna. Doveva assolutamente porre fine a quella situazione e uscì in corridoio, per affrontare lady Spencer con decisione.

— Non potete continuare a seguirmi così, milady — le disse. — Abbiano troppo da fare prima che i signori si alzino. Ve l'ho già detto una volta e ve lo ripeto ancora, non posso aiutarvi a trovare miss Jane.

— Ma voi *sapete* dove si trova — insistette Alexandra. — E non mi arrenderò finché voi non mi direte dov'è... o qualcun altro mi porterà da lei. È urgente che la riporti qui per il ballo di stasera.

— Ma è evidente che non le interessa essere qui, milady. Tutte queste raffinatezze non la riguardano. Non ha voglia di sentirsi ridere alle spalle.

— Questa volta sarà diverso, Fey — replicò Alexandra, abbassando la voce. — Farò rimangiare a tutti le loro parole. Dopo questa sera la buona società ci penserà due volte prima di prenderla in giro.

— Un bel vestito non basta, milady. — Dagli occhi della governante traspariva tristezza. — Miss Jane ha sofferto troppo. Non credo che voglia affrontare di nuovo situazioni del genere.

— Ma deve farlo! Deve uscire allo scoperto. Occorre che qualcuno cominci a parlare di lei in modo da mettere positivamente in risalto le sue qualità.

Fey abbassò gli occhi a terra, non convinta.

— E poi ho in mente di fare anche un'altra cosa, ma ho bisogno del permesso di Jane.

Fey inarcò le sopracciglia, interessata.

— Senza rivelarle troppo, ho avuto da lady Purefoy il permesso di riarredare uno dei salotti in base a un tema di mia scelta. — Alexandra abbassò di nuovo la voce. — Voglio farne una galleria d'arte, ma mi serve il permesso di Jane per usare i suoi quadri.

— I suoi quadri, milady?

— Esatto. Vorrei portare giù alcuni dei suoi dipinti dalla soffitta ed esporli nel salottino.

— Ma miss Jane non mostra mai a nessuno i suoi lavori — ribatté Fey stropicciando il grembiule tra le mani.

— Ma Jane ha un talento speciale. E a meno che non siano tutti dei terribili zoticoni rimarranno impressionati dai suoi dipinti. Le opere di Jane sono all'altezza dei più grandi capolavori del nostro tempo.

— Ma certe cose che ritrae... — La governante aggrottò la fronte e scosse la testa. — Sarebbe come rivelare... la sua vita privata...

— È proprio per questo che ho bisogno di lei. Solo Jane può decidere che cosa mostrare e che cosa no. — Alexandra afferrò le mani della governante. — Questa è un'occasione perfetta per Jane, per mostrarsi in tutto il suo valore di fronte ai suoi pari. Potrebbe non verificarsi più un momento simile. Portatemi da lei cosicché possa spiegarle queste cose. Sarà lei a decidere, ma bisogna che lo sappia prima che sia troppo tardi.

Dopo un istante l'espressione del viso della governante mostrò che la donna aveva deciso. — Nessun altro dovrà venire con voi. — Alexandra annuì. — E dovrete aspettare mezzogiorno quando troverò una persona di cui fare a meno per qualche ora.

— Ditemi quando e sarò pronta.

Clara, con un libro sotto il braccio, cercò di nuovo rifugio nei giardini. La casa era tutta sottosopra per il ballo della sera, compresa la sua camera, invasa da sarte, aiutanti e domestiche che volevano farle fare il bagno, sistemarle i capelli o sottoporla a qualsiasi altra tortura escogitata da lady Purefoy.

E Clara provava solo vergogna per tutto questo.

Non riusciva a perdonarsi per il suo atteggiamento un po' folle... per avere pensato di essere in grado di sedurre sir Nicholas e indurlo a fargli cambiare idea sulla sua decisione di rifiutare il matrimonio. Le parole taglienti con cui le aveva risposto due sere prima erano state dolorose, ma le avevano chiarito le idee. E si rendeva conto che invece di avere fatto tesoro del rifiuto oppostole da Henry ora più che mai cercava solo di dimostrarsi il cucciolo obbediente dei genitori.

Clara si addentrò nel giardino e pensò all'ingiustizia che aveva commesso nei confronti della sorella maggiore. Jane era scomparsa senza lasciar detto dove sarebbe andata e per quanto tempo sarebbe stata via. Aveva fatto esattamente come le aveva chiesto lei. E a che pro?

Henry aveva ragione. Era un'egoista. Era Jane a essere altruista... e a meritare di meglio.

Le lacrime le scorrevano sul viso mentre si avvicinava al suo punto preferito presso il recinto. Da oltre la siepe le arrivarono le voci di due uomini impegnati in una conversazione.

— Non capisco affatto, capitano — stava dicendo suo padre in tono irritato, ma a bassa voce. — Gli ho generosamente offerto un piano per catturare i caporioni dei Bianchi e mi sembra che non sarebbe troppo aspettarmi che Musgrave mi racconti con franchezza che cosa è successo ieri sera.

— Come vi ho già detto, signore, vi manda i suoi omaggi e dice che intende presentarvi un rapporto completo questa sera. Mi è stato ordinato di non dire di più.

— Ma stasera do una festa — brontolò sir Thomas, furioso. — Mia moglie ha organizzato un dannato ballo a cui devo presenziare. Via, capitano... mi avete servito bene quando ero magistrato. Che cosa ha scoperto o chi ha arrestato che richieda tanta segretezza?

— Temo che dovrà essere l'attuale magistrato a dare le spiegazioni, signore.

— Fuori il rospo, Wallis. Voi eravate lì. Che è successo?

— Io...

— Che vi venga un accidente. Ci siete riusciti o no?

Ci fu una lunga pausa.

— Quanto vi dico deve rimanere tra di noi, sir Thomas.

— Come volete voi — ringhiò il vecchio con impazienza.

— Ve lo dico solo per il rispetto che ho per voi, per quando abbiamo lavorato insieme.

— Certo, capitano. Noi due eravamo una buona squadra.

—Ieri notte non abbiamo compiuto alcun arresto, ma siamo riusciti a smascherare quel ribelle, Egan. È tutto quello che posso dirvi. I nostri guai sono lontani dall'essere finiti, ma il magistrato, come vi spiegherà stasera, è fiducioso di potere catturare... il ribelle, tra breve.

Clara si portò la mano alla bocca, mentre nella testa continuavano a turbinare le parole che aveva appena sentito. "Avevano smascherato Egan."

— Capisco. — La voce di sir Thomas era più calma adesso. — E allora perché venite a perquisire le mie scuderie? Sir Robert pensa forse che nasconda dei ribelli nel fienile?

— Il magistrato vuole sapere se ieri notte dalle scuderie dei proprietari terrieri mancava qualche cavallo. In particolare stiamo cercando un grosso cavallo nero... simile alla cavalla di vostra figlia, miss Jane.

Clara corse freneticamente verso casa con il cuore in subbuglio. Doveva trovare Jane, avvertirla che i Dragoni la cercavano.

Già aveva sulla coscienza il sangue di Conor, non avrebbe sopportato di ritrovarsi anche quello di sua sorella.

La casa di Jenny era composta di tre stanze ed era più confortevole di molte casupole di affittuari. Ma per una persona del livello di lady Spencer, non sarebbe stata certo considerata all'altezza di ricevere ospiti.

Jane fu tuttavia sollevata nel vedere che la visitatrice si trovava perfettamente a suo agio e notò con piacere la naturale affabilità con cui Alexandra si rivolgeva alla zia di Conor, con la quale sedeva accanto al fuoco del camino. Era impaziente di apprendere la ragione di quella visita inattesa. Non doveva essere successo niente a Nicholas, altrimenti lady Spencer non sarebbe stata così tranquilla, ma doveva esserci un buon motivo, altrimenti Fey e Paul non avrebbero mai rivelato dove si trovava.

Poco dopo Jenny si scusò e le lasciò sole. Lady Spencer rivolse i suoi occhi luminosi verso Jane.

— Ho visto i vostri quadri.

— I miei quadri? — esclamò Jane sorpresa.

— Sì, Jane, e devo riconoscere che avete un enorme talento. Ne sono rimasta davvero impressionata. Sono fonte di ispirazione.

— Non so se...

— Ma ho un favore da chiedervi... — disse Alexandra, e cominciò a spiegarle il suo progetto di esporre alcuni dipinti durante il ballo allo scopo di farle riguadagnare il rispetto della buona società locale.

— A me tutto questo non interessa affatto — la interruppe Jane, non volendo dare false speranze a lady Spencer.

— È naturale che un artista abbia paura di venire respinto dal pubblico, — continuò Alexandra — per questo vogliamo tenere per noi le nostre opere e sosteniamo che dipingiamo solo per noi.

— Io non *sostengo* questo, lady Spencer. Io dipingo veramente solo per me stessa. Non lo faccio per creare un'opera d'arte, ma per dare sfogo alle emozioni prigioniere dentro di me. Spero che perdoniate la mia franchezza, milady, ma anche se avessi il desiderio di condividere le mie opere con altri, quelle persone sarebbero proprio le ultime che sceglierei. Tra le mie massime aspirazioni nella vita non c'è quella di guadagnarmi il rispetto degli amici di mio padre.

Jane avrebbe voluto alzarsi e mettersi a passeggiare per la stanza, ma la caviglia le faceva troppo male.

— Ma, mia cara, la gente ha bisogno di chiacchierare di qualcosa e allora invece di parlare sempre del passato non sarebbe più piacevole se avessero qualcosa di più interessante di cui conversare... come la vostra arte?

— Non mi interessa. — Jane scosse la testa. — Non mi ha mai interessato ciò che pensano di me e rifiuto di mettermi nella posizione di dovere sopportare le loro critiche. Non ho bisogno di loro e loro non hanno bisogno di me.

— Capisco la vostra amarezza — disse Alexandra, chinandosi in avanti e abbassando la voce. — Ma non capite che ciò che sto facendo ha un obiettivo più importante che non quello di farvi fare la pace con una manciata di provincialotti, attaccati a vecchi pregiudizi?

Il cuore di Jane cominciò a battere più forte. Aveva appunto temuto che il vero obiettivo della visita di lady Spencer non avesse nulla a che fare con i quadri.

— Il mio scopo è più egoista. Sto cercando di fare questo per Nicholas... e per voi — continuò la donna.

— Ho visto come la vostra assenza di questi giorni ha ridotto mio figlio. Per la prima volta nella sua vita Nicholas appare... come perso. Il suo spirito... la sua gioia di vivere sono scomparsi... e adesso vedo la stessa sofferenza anche in voi.

Jane cercò di ricacciare indietro le lacrime che le bruciavano gli occhi.

— Voi due *dovete* assolutamente risolvere le vostre incomprensioni. — Alexandra afferrò la mano di Jane.

— E anche se so che il vostro passato non conta per Nicholas, penso che sarebbe meglio per il vostro futuro insieme se voi riusciste a uscire dalle tenebre di quel passato.

Jane lasciò andare la mano di Alexandra e fissò le fiamme nel caminetto. — Io e Nicholas non abbiamo nessuna possibilità di essere felici. Avrei dovuto mettere la parola fine prima che la cosa cominciasse. E tutta colpa mia, mi dispiace.

Nonostante il dolore alla caviglia, Jane si alzò in piedi e andò alla finestra. Aveva la vista offuscata, ma trattenne le lacrime perché non voleva mostrarsi troppo debole.

Lady Spencer non disse altro, ma Jane la sentì alzarsi e uscire dalla stanza. Solo allora lasciò che il pianto esplodesse. Un pianto amaro, carico di impotenza e rabbia... perché sapeva che non avrebbe mai avuto un'altra possibilità. Era prigioniera del suo passato e della sua famiglia.

Jane si asciugò rapidamente il viso quando, poco dopo, udì Jenny rientrare.

— Mi dispiace, Jenny, per questa intrusione. Non avrei mai immaginato che sarebbe venuto qui qualcuno.

— Non preoccuparti, ragazza mia. Anzi devo dire che questa lady Spencer mi è piaciuta. Ma tu, quando smetterai di punirti da sola? Smettila di portare il lutto. Nove anni sono più che sufficienti, Conor è morto e tu devi vivere. Mi hai sentito... devi vivere! — La voce di Jenny divenne incalzante. — Non è colpa tua se è stato impiccato. Conor sapeva quel che faceva. E credi che sarebbe felice di vederti buttare via l'occasione che ti ha appena offerto lady Spencer? Credi che ti rimprovererebbe se ti sistemassi con il figlio di questa donna e cominciassi veramente a vivere?

— Ma io... sir Nicholas...

— Io ho orecchie, bambina mia. — Jenny le posò una mano sulla spalla. — Con quel chiacchierone di Ronan in circolazione, tutti da Cork a Limerick sanno che il baronetto di muore dietro. E tutti sanno che è ricambiato.

Prima che Jane potesse replicare, Jenny continuò. — Ed è così che deve essere. Finalmente è arrivato qualcuno che si merita la mia Egan. E oggi, dopo avere conosciuto sua madre... posso chiederti che cosa diavolo aspetti, tesoro?

— Non posso. — Jane scosse la testa con decisione. — C'è molto di più che Conor e gli Shanavest a dividerci. Tra noi... non c'è nessuna possibilità.

La donna corrugò la fronte per un lungo istante prima di parlare.

— È una cosa che ha a che fare con tua sorella, vero? — chiese con tono di disapprovazione.

— Lascia Clara fuori da questa storia. — Jane si passò le mani sulle braccia. — Accetta quel che dico e lasciamo stare.

Nella stanza cadde un profondo silenzio e quando Jenny parlò di nuovo il suo tono era più dolce. — Penso tuttavia che stasera dovresti tornare a Woodfield House per il ballo.

Jane la fissò, sorpresa. — Ma io...

— Liam ha mandato un messaggio. Finn vuole che torni. Dice che devi farti vedere. Devi fingere che non sia successo niente di strano e che non sai nulla di quanto è successo ieri.

Jane corrugò la fronte, riflettendo. Queen Mab era stata vista da vicino da numerosi soldati. Era possibile che qualcuno avesse intuito che il famigerato Egan fosse una donna. — C'è qualche novità? Sono sicura che nessuno mi ha visto.

— Io so solo del messaggio che ha mandato. — Non è per te che sto parlando adesso — riprese Jenny. — Devi farlo per gli altri. Se anche solo un minimo sospetto ricadesse su di te, molti di noi verrebbero collegati ai ribelli tramite te, Jane. Compresi gli abitanti di Woodfield House. Non hai scelta.

Jane si lasciò cadere sulla sedia più vicina. Jenny aveva ragione. — Vorrei aver pensato a questo intanto che lady Spencer era qui... — mormorò, abbattuta.

— Ma è ancora qui — esclamò Jenny. — Le ho chiesto di aspettare in carrozza e di darmi una possibilità di parlare ancora con te. Sapevo che avresti dovuto andare...

La donna continuò a parlare, ma Jane provò la fastidiosa sensazione di essere stata imbrogliata.

Capitolo Venticinque

NON C'ERA tempo da perdere.

Jane non si trovava nella canonica di Ballyclough e la signora Brown aveva detto di non averla vista da giorni. Clara chiese dove avrebbe potuto trovare il reverendo Adams e si avviò in quella direzione. Infatti lo vide arrivare da un poggio, oltre la Mallow Road.

La solita reazione che provava alla sua vista, il fiato che le mancava, il cuore che le batteva all'impazzata, passò immediatamente di fronte alla drammaticità del momento. Clara gli corse incontro.

— Henry! Dovete aiutarmi. Sto cercando Jane... ma non ho idea di dove cercarla... È urgente!

Mentre si posava una mano sul petto per calmare il fiato lo guardò in viso *e per* la prima volta rimase sorpresa per la tristezza che vi lesse. Si sentì mancare.

— No! Per favore non ditemi che è successo qualcosa... no! — Le lacrime le sgorgarono copiose. — Non Jane!

Il reverendo prese Clara per mano e l'allontanò dalla strada *e* dagli occhi curiosi della gente. Era così confusa che si accorse vagamente che Henry la conduceva verso un sentiero attraverso i campi.

— È tutta colpa mia — singhiozzò tra le lacrime. — Se non avessi...

— Non è successo niente a Jane — la rassicurò il reverendo. — Sono turbato solo perché sto tornando da un funerale.

Clara continuava a piangere. — Sono così preoccupata per Jane. Non riesco a trovarla... e so che lei è arrabbiata con me. Magari non mi crederà neppure... Ma ho sentito il capitano Wallis parlare con nostro padre e... e... devo trovare Jane per avvertirla.

Clara non si era neppure resa conto di esprimersi in modo sconclusionato fin quando Henry non la prese tra le braccia e la fece girare su se stessa. — Cominciate dal principio. Cos'è che avete saputo di preciso?

Clara trasse un profondo respiro e ripetè parola per parola ciò che aveva udito presso il recinto.

— Il capitano Wallis non ha detto che pensano che Jane sia Egan, il ribelle, ma se cercano un cavallo come quello di Jane... e se stasera vengono per arrestar| la, io... — Clara scoppiò in singhiozzi incontrollabili, continuando a piangere mentre Henry l'attirava a sé.

Le sue mani forti le accarezzarono la schiena.

— Non dovete crollare così. Non possiamo offrire loro la conferma di un sospetto.

— Vi prego, Henry! Devo trovarla. — Clara l'afferrò per il bavero della giacca e lo guardò fisso in quei suoi occhi severi. — Non possiamo lasciare che la prendano!

— Non gli permetteremo di arrestarla — le assicurò il sacerdote con fermezza. — Adesso voglio che torniate a casa e vi prepariate per il ballo come se niente fosse. Fingete che non sia successo nulla.

— Ma non posso. Devo trovare Jane...

— Non preoccupatevi. Questa è solo una mossa d'apertura. Musgrave ha solo fatto rullare i tamburi per vedere chi scappa. Se avesse avuto qualche prova che Jane è il ribelle che cerca, avrebbe già fatto buttare all'aria Woodfield House dal captiano Wallis e dai suoi Dragoni.

— Ma non potete esserne certo, Henry. Non possiamo correre il rischio...

— Dovete fidarvi di me, Clara. — La prese per le spalle, fissandola intensamente con i suoi occhi grigi.

— Ci sarò anch'io stasera... e nel frattempo cercherò di trovare Jane. Dovrà essere presente anche lei. Musgrave è un vigliacco e deve essere sfidato.

— E se decidesse di arrestarla stasera? — chiese Clara ancora dubbiosa.

— Per il rispetto che porta a vostro padre, sir Robert non oserebbe mai rischiare una simile scenata durante il ballo. Ma vi do la mia parola che troverò il modo di bloccarlo se dovesse essere così stupido da provarci. Non accadrà nulla a Jane, Clara. Nulla.

Il tono sicuro di Henry calmò finalmente le ansie di Clara. Ma la percezione del tocco delle mani e il suo sguardo le riacutizzarono un altro dolore, più profondo. Forse era solo colpa della sua immaginazione, o della pressione delle dita di lui sul suo braccio, o della vicinanza dei loro corpi. Poi vide il suo sguardo cadere sulle sue labbra e pregò Dio che la baciasse.

— Andate — le sussurrò Henry, con voce rauca, togliendole le mani dalle spalle. — Dovremo essere nella nostra forma migliore stasera.

Che fosse appropriato o no quanto stava per fare, a Clara non interessava affatto. Gli buttò le braccia al collo e per un momento senza fine incollò le sue labbra su quelle di lui... prima di voltarsi e andarsene.

Henry non aveva risposto al bacio, pensò, gettando un'occhiata dietro di sé mentre stava per entrare in paese. Lo vide fermo nel punto in cui l'aveva lasciato, con lo sguardo perso sui campi.

Ma non l'aveva neppure respinta.

Tutti gli esponenti della buona società che abitavano del raggio di trenta chilometri sembravano essere presenti al grande appuntamento del ballo. Il rumore della folla, mescolato ai ritmi della musica saliva su per le scale fino ad arrivare nella camera da letto di Jane.

Gli invitati erano arrivati. Gli altri membri della famiglia Purefoy erano già scesi a fare la loro parte di padroni di casa, ma Jane continuava a rimanere seduta rigidamente sul bordo del letto, mentre guardava piena di dubbi e di ansie il viso della sconosciuta riflesso nello specchio.

Aveva rifiutato le proposte della parrucchiera che avrebbe voluto ornarle i capelli di piume e fiori. Aveva rifiutato di mettersi la parrucca incipriata che le aveva portato lady Spencer. Come compromesso aveva accettato di farsi acconciare i capelli, senza l'uso di ciprie, di modo che ora il suo viso pallido era incorniciato da qualche ricciolo, mentre il resto della capigliatura le ricadeva sulle spalle.

Per i capelli poteva ancora sopportare, ma relegante abito che le avevano portato era una prova che non era pronta ad affrontare.

Nello stesso tempo non era riuscita neppure a opporsi. Non se la sentiva proprio di urtare la sensibilità di lady Spencer, dopo tutto quello che aveva fatto per lei. L'abito, un capolavoro di ricamo su una morbida seta gialla e bianca, con corpetto, merletti, gale e sottogonne trapuntate, era forse il vestito più bello e raffinato che Jane avesse mai visto in vita sua, ma non riusciva certo ad alleviare la tensione che si celava in lei.

Aveva odiato per tutta una vita le persone che affollavano il salone e i salottini. Ce n'erano altre che aveva sperato potessero tornare a rispettarla, ma che non erano mai riuscite a dimenticare le sue trasgressioni. E la sua famiglia? Non pensava certo che Jane avrebbe partecipato al ballo quella sera.

E poi c'era Nicholas. Inconsciamente portò la mano alla gola scoperta. Mentre osservava l'ampia porzione di pelle nuda sopra i seni, Jane si rese conto di temere soprattutto la sua reazione.

Un leggero bussare alla porta annunciò l'ingresso di Alexandra che con un sorriso incoraggiante sulle labbra le alleviò la paura.

— Bellissima — sussurrò con aria da cospiratrice l'anziana nobildonna. — È tardi, mia cara. Non voglio che tu perda ancora un solo istante dell'ammirazione che trabocca dal salotto azzurro. Quasi tutti l'hanno già visitato almeno una volta e alcuni hanno dichiarato di non volersi muovere fin quando non avrò rivelato il nome dell'artista. È meraviglioso.

"Finché non scopriranno che si tratta di me." Jane non espresse però ad alta voce la sua preoccupazione e seguì Alexandra giù per le scale. La caviglia continuava a farle un gran male, per cui procedeva lentamente. In quanto a lady Spencer, non aveva voluto indagare in merito e continuava a dimostrarsi discreta.

Mentre scendeva le scale gli sguardi di alcuni ospiti fermi all'ingresso caddero su di lei e Jane si sentì venire meno dall'ansia. Quando arrivò in fondo alle scale fu certa, però, che nessuno l'avesse riconosciuta, perché la loro espressione continuava a essere di ammirazione.

Lady Spencer le sfiorò il gomito, facendole cenno di avviarsi verso il salotto dove una piccola folla si accalcava all'ingresso in attesa di varcare la soglia. — Vogliamo entrare e agitare un po' le acque?

Mentre le due donne passavano di fronte all'ingresso principale, però, Jane si sentì raggelare vedendo chi stava arrivando in quel momento. Sir Robert Musgrave non ebbe difficoltà a riconoscerla.

— Miss Jane, non riesco a credere ai miei occhi.

Il silenzio che cadde tra i presenti fu seguito da un bisbigliare insistente che si diffuse per tutta la casa.

— Sir Robert — lo salutò Jane con un educato cenno del capo, cercando di mascherare l'ostilità nella voce e di celare il proprio nervosismo di fronte a quella folla che la osservava.

— Miss Jane, devo dire che siete decisamente meravigliosa. — Le andò così vicino da farle mancare l'aria e le sfiorò la mano con le labbra, ma il suo sorriso era gelido. — Approvo decisamente la vostra acconciatura... e questo vestito! Siete meravigliosa. Lo stile è raffinato e il taglio... elegantemente stimolante... entro i limiti del dovuto decoro, naturalmente... — l'uomo abbassò la voce. — Proprio come voi del resto.

Jane cercò di non rivelare nulla a quello sguardo predatore.

— Devo ammettere che sono senza parole, vedendovi abbigliata senza quell'orrido nero.

— Non direi proprio che siete *senza parole,* signore — replicò Jane. — Se ora volete perdonarci, lady Spencer e io dobbiamo parlare con sua figlia.

— Ma non posso lasciarvi sparire così, miss Jane, senza che prima mi concediate la promessa di un ballo.

— Temo di non potervi promettere nulla del genere, signore. — Jane guardò con impazienza oltre le spalle dell'uomo. — Ma ora scusatemi, ho visto miss Spencer passare vicino alla porta.

Jane gli girò attorno e, con un cenno del capo alla sua accompagnatrice, si diresse verso il salotto. La folla si aprì al suo passaggio e le due donne entrarono nel salottino in cui era calato in silenzio.

Le tele che aveva scelto con lady Spencer erano state poste su cavalletti di legno, disposti in vari punti del locale. Tutti gli sguardi, però, erano ora puntati su di lei e non sui quadri. Jane vide Henry accanto a Clara di fianco alla finestra. Sua sorella abbassò gli occhi a terra, ma il reverendo rivolse a Jane un segno di incoraggiamento. Frances le rivolse un'occhiata raggiante dall'altra parte della stanza e accanto a lei c'era l'unica persona che Jane aveva cercato veramente fino a quel momento. Il cuore le sussultò in petto.

Nicholas era vestito in modo impeccabile, ma a Jane sembrò che avesse un'espressione stanca. Aveva un bicchiere di Porto in mano e si appoggiava con una spalla alla mensola del caminetto. I suoi occhi studiarono ogni centimetro del corpo di Jane, dalla punta delle scarpe ai capelli. Poi i loro occhi si incontrarono e Jane trasalì leggendovi la sofferenza che vi si celava. Una sofferenza di cui sapeva esser lei la causa.

— Non so dirvi quanto sia felice di questa calda accoglienza... — cominciò lady Spencer, prendendo Jane per mano — e ho il piacere di presentarvi la pittrice e autrice di queste opere, che avete tanto ammirato... miss Purefoy!

Ci fu un lungo momento di silenzio, poi qualcuno cominciò a battere le mani sulla sinistra. L'applauso si diffuse e Jane, attonita, vide che tutti i presenti vi si univano.

Jane non aveva idea di cosa dire o di come comportarsi. Quella reazione positiva era totalmente inaspettata. Gli ospiti le si affollavano intorno per congratularsi e per rivolgerle domande sul suo stile e sui soggetti ritratti.

Alexandra aveva un sorriso raggiante sulle labbra e Nicholas, dal suo posto, sollevò il bicchiere nella sua direzione come per brindare al successo.

— Ma cosa succede? — Dal corridoio arrivò rallegra lamentela di lady Purefoy. — Che ballo è mai questo in cui tutti disertano le danze e si affollano nei salotti? Si sta forse giocando a carte qui dentro? Suvvia...

Alcuni ospiti si spostarono e altri seguirono la padrona di casa quando entrò nel salotto.

— Oh, sì — osservò lady Purefoy. — Il salotto allestito da lady Spencer... me n'ero quasi dimenticata. Che cosa abbiamo qui?

Catherine agitò il ventaglio che aveva in mano e si guardò attorno sorpresa.

— Oh, cielo! Lady Spencer, siete qui?

— Sì, sono qui.

Il gruppo di persone attorno a Jane fece un varco e Catherine Purefoy impallidì leggermente quando vide la figlia maggiore al centro della folla.

— Jane! Ma che cosa...? — La donna cercò rapidamente di ritrovare la compostezza e guardò la sua ospite. — Lady Spencer... quando mi avete chiesto di poter usare questo salotto... non avrei mai immaginato che...

La padrona di casa indicò i quadri senza riuscire a nascondere la sua confusione. Scosse la testa e cercò di rimediare.

— Ma Jane... mia cara... sono sapevo che tu fossi tornata! — riuscì a dire alla fine.

Jane fece un passo verso sua madre per spiegarle, ma la voce del magistrato dalla porta le fece rizzare i capelli sulla nuca.

— Perché, eravate via, miss Jane?

Non c'era nessuna ragione di fare una tale domanda a voce alta in pubblico e Jane avrebbe voluto rinfacciarlo a Musgrave, ma la risposta di sua madre le tolse quell'opportunità.

— Certo, sir Robert. Jane è stata via per tre giorni. — Catherine rivolse un sorriso imbarazzato ai presenti. — Ecco la ragione della mia sorpresa... il *piacere* di rivederla. Non pensavo che intendesse tornare in tempo per il ballo. Voglio dire, per una madre è sempre una gioia vedere i propri figli, ma dal momento che non sapevo dove fosse né ero stata informata di quando sarebbe tornata...

Nella stanza si diffuse un mormorio di disapprovazione, ma Jane non capì bene a chi era diretto. Prese la mano della madre e guardò in direzione di Clara, sperando che la sorella l'aiutasse a prendere il controllo della situazione, ma Clara, rossa in viso, si era voltata verso Henry Adams e gli stava sussurrando qualcosa all'orecchio.

— Noto anche che vi siete fatta male, miss Jane — osservò Musgrave avvicinandosi a lei. — Ditemi, si tratta del ginocchio o della caviglia?

— Stavi benissimo quando sei partita, Jane — osservò a sua volta lady Purefoy.

— E siete una così abile cavallerizza che dubito che siate caduta da cavallo. Non è che vi siete fatta male saltando giù dal tetto di un edificio, vero?

Ora stava davanti a lei e i suoi occhi grigi osservavano ogni suo movimento.

— Ho da tempo l'abitudine di servirmi delle scale, signore —

replicò stizzita Jane, sperando di troncare quell'interrogatorio in pubblico.

— E la causa della sua ferita?

— Non è cosa che vi riguardi, signore — tagliò corto Jane. — E penso che una persona con le vostre responsabilità abbia di meglio da fare che occuparsi delle mie disavventure.

Il magistrato aprì la bocca per rispondere, ma Jane vide i suoi occhi socchiudersi e focalizzarsi su qualcuno che stava alle sue spalle.

— Se volete perdonarci, sir Robert, lady Purefoy ha appena detto che questo è un ballo. E io sto aspettando da troppo tempo la danza che miss Jane mi ha promesso poco fa.

Il calore che la percorse quando sentì la voce di Nicholas le risollevò il morale. Le guance le si infiammarono e gli occhi le si annebbiarono di tenerezza quando si voltò e incontrò lo sguardo intenso degli occhi azzurri di Nicholas. Porse la mano al braccio che le veniva offerto.

— Sei pronta? — le sussurrò lui mentre si avviavano verso la porta.

— Più di quanto pensi. Più di quanto lo sia mai stata. — Nicholas cercava di alleviarle la fatica di camminare, ma lei avrebbe voluto fondersi con lui, baciarlo, spiegargli quanto era successo e come si era sentita sola.

Jane fu sorpresa di vedere il padre sulla soglia. Si aspettava che esprimesse la sua disapprovazione, ma l'uomo aveva un'espressione pensosa, misteriosa.

— Se avete un momento, miss Jane, avrei ancora qualche domanda da farvi.

Dall'espressione corrucciata di Nicholas vide che l'insistenza di Musgrave aveva irritato anche lui. Le premette la mano sulla sua per rassicurarla e si volse senza lasciarla andare.

— Insomma, Musgrave, non potete proprio aspettare? — chiese con impazienza.

— Temo di no, sir Nicholas. Il mio dovere di magistrato al servizio della Coro...

— Ma voi siete qui in veste di ospite o come funzionario? — il tono tagliente di Nicholas fece ammutolire la folla e tra i due si aprì un varco.

— Il mio dovere ha sempre la precedenza — ribatté Musgrave. — Vi assicuro che non c'è bisogno di tenere questa conversazione in privato... a meno che voi non abbiate bisogno di un'occasione per trovare il modo di giustificare la ferita di miss Jane.

La parole del baronetto furono fredde e misurate. — Non è questo il momento, signore. Ma vi assicuro che noi due avremo una discussione in privato *molto* presto.

— Qual è stata la scusa, l'ultima volta? — Chiese Musgrave, ignorando la minaccia di Nicholas. — Ah, sì, che l'avevate colpita in volto con l'anta della stalla, giusto? Forse questa volta direte che l'avete spinta giù da cavallo, provocandole una lesione al piede.

Il tono di Nicholas era gelido. — Siate esplicito, signore. Mi state accusando di qualcosa?

— No di certo! — Musgrave emise una risata priva di allegria, che non piacque a nessuno dei presenti. — In mezzo a queste magnifiche opere d'arte cercavo semplicemente di essere creativo.

Jane non ne poteva più. La minaccia nelle parole di Musgrave era chiara e non voleva assolutamente che Nicholas ne fosse vittima. — Tutto questo è inutilmente sgradevole — disse, girando lo sguardo nella stanza piena di gente. — Se volete rivolgermi *ufficialmente* delle domande, facciamolo in forma riservata e non priviamo gli ospiti dei miei genitori di questa serata di divertimento.

— Non sono d'accordo, miss Jane. Può essere molto interessante per queste persone vedere un magistrato del re che cerca di risolvere un crimine.

— Molto bene — rispose freddamente Jane. — Ponetemi le vostre domande e facciamola finita.

— Come volete. — Musgrave le rivolse un inchino ironico. — Vorreste illuminarci sul luogo in cui siete stata in questi ultimi tre giorni.

— Ero in visita da amici.

— Avete preso la carrozza o siete andata a cavallo? E questi amici abitano nei pressi del villaggio di Banteer?

Jane fece una pausa, riflettendo sulla risposta. — Diciamo che abitano più meno in quella direzione.

— Che cosa avete fatto durante la vostra permanenza?

Jane scrollò le spalle. — Niente di speciale. Siamo stati insieme.

— E cosa avete fatto ieri notte?

— Cominciate a diventare noioso, sir Robert.

— Siete andata a Banteer, ieri sera? — insistette il magistrato avvicinandosi a lei.

— Non vedo perché avrei dovuto esserci, signore...

— Ma siete stata vista, ieri sera, miss Jane.

— Chi, io? — Jane resse lo sguardo d'accusa del magistrato e si sentì percorrere da una nuova energia quando il braccio di Nicholas le sfiorò il suo. — Chi ha *immaginato* di avermi vista deve essersi sbagliato.

— C'è qualcuno che può confermare la vostra affermazione?

Jane esitò a fare il nome di Jenny, sapendo che il magistrato non l'avrebbe più lasciata in pace, ma in quel momento si levò una voce.

— Sì.

La voce di Henry Adams attirò su di lui l'attenzione di tutti. Un mormorio si levò tra la folla.

— Ieri sera c'ero io con miss Jane.

Jane avvertì Nicholas irrigidirsi accanto a lei.

Musgrave sobbalzò e la sorpresa era evidente nella sua voce. — Reverendo, volete dire che avete fatto visita a miss Jane dai suoi ignoti amici, ieri sera?

— No. — Il reverendo si portò a fianco di Jane, che si sentì improvvisamente minuscola tra lui e Nicholas. — Intendo dire che miss Jane è stata ospite della canonica di Ballyclough in questi tre giorni. Sono io l'ignoto amico, Henry Adams.

Capitolo Ventisei

— NON SO che cosa significhi tutta questa segretezza, ma so che Jane non era là, Nicholas. Sono andata io a prenderla. — sussurrò in tono ansioso lady Spencer.

— So che non è stata dal reverendo Adams.

Nicholas era riuscito a stare accanto a Jane mentre le note dello scandalo si mescolavano a quelle di Purcell e Handel. Le era stato al fianco mentre Adams rispondeva alle domande di Musgrave riguardo al cavallo di Jane la sera prima e aveva ascoltato con ammirazione il reverendo quando aveva attaccato verbalmente il magistrato per la mancanza di ordine nel suo distretto... evidenziata dal fatto che i cavalli sparivano di continuo dalle scuderie di notte e solo alcuni di essi ricomparivano qualche giorno dopo. Se il cavallo visto era stato davvero quello di Jane, anche se la cosa era dubbia, aveva affermato, allora le cose erano proprio andate così.

Nicholas aveva continuato a rimanere al fianco di Jane e Adams finché il magistrato aveva accennato all'inettitudine dei Dragoni a lui assegnati e aveva porto di malavoglia le sue scuse per il disturbo arrecato. Quando Musgrave si era ritirato, Nicholas aveva fatto lo stesso.

Non avrebbe potuto rimanerle accanto fingendo di non avere

sentito l'annuncio del reverendo. Sapeva bene che Jane non era stata a Ballyclough, perché era uno dei luoghi in cui era andato a cercarla; ciò che lo disturbava era che Adams sapesse molto più di lui su quella questione.

Nicholas era uscito di casa e sua madre l'aveva raggiunto nel campo al di sotto del recinto.

— Non c'è dubbio che questo è un ricevimento che nessuno dimenticherà tanto presto — gli disse Alexandra. — Adesso si stanno ingozzando prima di ripartire per le colline. E pensare che a Londra non ci sarebbe la minima possibilità di liberarsi di loro. I lupi continuerebbero ad aggirarsi sperando in un finale truculento!

— Potrebbe scorrere ancora del sangue.

— Non credo — rispose Alexandra. — Il reverendo Adams e sir Thomas si sono chiusi nello studio, ma non mi piace la soluzione che quei due potrebbero escogitare.

Nicholas rimase in silenzio *e* dopo un momento Alexandra riprese. — Jane ha bisogno di te, Nicholas. Andrà in pezzi se non ritorni subito da lei. Non sono state le parole di Musgrave né la severità con cui i presenti l'hanno guardata a sconvolgerla, quanto la tua uscita dalla stanza. Lei ha bisogno di te, Nicholas.

— Te l'ha detto lei? Ti ha mandato lei a cercarmi?

— Jane l'avrebbe fatto se l'avesse ritenuto possibile. Ma come avrebbe potuto. — Alexandra gli si piazzò davanti. — Ogni sua mossa, ogni sua parola è soppesata in ogni momento da un bel po' di persone. La osservano attentamente aspettando di poter cogliere qualche cosa da riferire al loro circolo o durante una partita a carte o chissà dove. Lei per ora regge bene, ma per quanto ancora non so.

Certo, pensò Nicholas, sarebbe stato più facile fuggire via e dimenticarsi di avere conosciuto quella donna, ma non poteva farlo. Il vecchio Nicholas sì, ma non il nuovo Nicholas.

— Dove si trova adesso?

— In biblioteca. Fra un'ora non ci sarà più nessuno. Le ragazze e Jane stanno aspettando in biblioteca che sir Thomas e il reverendo finiscano il loro colloquio.

Clara era seminascosta vicino alla finestra. Frances fingeva di leggere un libro e lady Purefoy continuava a dare ordini alla servitù.

Jane si alzò immediatamente quando vide Nicholas entrare con lady Spencer. Senza badare allo sguardo torvo della madre gli stava andando incontro, quando Henry Adams e sir Thomas apparvero sulla soglia.

Gli occhi di tutti si fissarono sui due uomini. Sir Thomas si diresse verso un mobiletto su cui si trovavano una bottiglia di Porto e alcuni bicchieri. Ne riempì uno e con un gesto offrì da bere anche agli altri uomini. Entrambi rifiutarono. L'ex magistrato trangugiò il vino, poi si versò un altro bicchiere prima di rivolgersi al gruppo raccolto nella biblioteca.

— Il reverendo Henry Adams ha chiesto la mano di Jane.

A quell'annuncio Jane si sentì mancare il fiato e si voltò sconvolta verso Nicholas, ancora in piedi vicino alla porta e lesse nei suoi occhi un'espressione di rabbia, di sofferenza... di persona tradita, perfino. Le lacrime le salirono agli occhi e scosse la testa, impotente.

— Che *meravigliosa* notizia! — trillò lady Purefoy, rompendo il pesante silenzio che era calato. — Il reverendo Adams e Jane... chi l'avrebbe mai pensato? Ma considerato ciò che si è detto stasera... e l'eccellente reputazione del reverendo... è perfettamente logico. Un'offerta davvero generosa... che riscatta la nostra Jane dal suo scandaloso passato.

— Dalla calda accoglienza che vostra figlia ha ricevuto stasera, prima che il buon parroco la *salvasse*. Avrei sperato che vi rendeste conto che Jane è una persona di grande valore.

La tagliente osservazione di Alexandra fece scorrere per la

prima volta le lacrime sulle guance di Jane. Nicholas scrutava il reverendo con espressione omicida.

— Oh, ma sapevamo che Jane aveva del talento — disse Catherine, agitando il ventaglio che aveva in mano. — Ma qualche abile pennellata non serve a procurare un buon matrimonio né a nascondere un passato scandaloso.

— Naturalmente non sono d'accordo, lady Purefoy — insistette Alexandra. — È l'atteggiamento della famiglia che condiziona l'atteggiamento degli altri.

— Non che la cosa vi riguardi, vista la mancanza di interesse di vostro figlio per Clara, ma non sono stata *io* a spingere Jane tra le braccia di un ragazzaccio papista. Lei ha fatto il danno e lei ne porta le conseguenze.

Lady Catherine chiuse di scatto il ventaglio. — Ma è inutile discutere. L'annuncio verrà inviato ai giornali domani stesso. Fisseremo una data tra non più di un mese, magari anche prima se ci riusciremo. Se non avete obiezioni, reverendo, invieremo le partecipazioni di matrimonio solo alla nostra famiglia in Inghilterra e al vostro fratello maggiore e...

— *Tu* che cosa ne pensi, Jane?

La domanda rivolta in tono burbero da sir Thomas a Jane fu così improvvisa che Catherine continuò a parlare per qualche secondo, prima di rendersi conto che suo marito aveva chiesto qualche cosa. Anche Jane rimase stupefatta. Non ricordava neppure quando fosse stata l'ultima volta che suo padre si era rivolto direttamente a lei.

— Credo... che noi tutti stiamo avendo troppa fretta. — Jane si rivolse a Henry per primo. — Sono onorata dalla vostra offerta, ma tutti e due sappiamo che tra noi non c'è stato mai nulla che possa essere ritenuto improprio. Voi avete risposto così al magistrato per proteggermi da certe accuse. Ma non c'è ragione di agire affrettatamente... e incoraggiare così idee sbagliate in coloro che erano qui presenti stasera.

Jane si rivolse a sua madre. — Io e Henry siamo amici fin da bambini. In questi anni sono stata spesso ospite sua e della signora Brown a Ballyclough. In questo momento queste due brave persone stanno assistendo una mia amica vedova e i suoi bambini. Ci sono degli ottimi motivi perché mi fermi in canonica. Se voleste spiegare così la situazione, non ci sarà bisogno di rovinare la reputazione di Henry legandola alla mia.

— Ma Jane! È un'offerta eccellente! Quali che siano le possibili spiegazioni dell'accaduto.

— Eccellente per chi? — sbottò Jane. — Vogliamo punire Henry per il suo altruistico atteggiamento? Derubarlo della possibilità di essere in futuro felice con una donna che lo meriti? Credo che l'unica persona che trarrà vantaggio da questa *eccellente* offerta sarai tu, madre... che ti libererai finalmente di me.

— Sir Thomas... — Catherine si rivolse con occhi supplichevoli al marito. — Diteglielo voi che si deve sposare.

L'ex magistrato non disse una parola, ma il suo sguardo cupo si posò sul viso della figlia. Con sua sorpresa Jane scoprì di essere capace di guardare suo padre negli occhi, senza che la vecchia ostilità le annebbiasse la vista.

— Preferirei aspettare e lasciare che le acque si calmino — rispose Jane, voltandosi verso Henry con un sorriso di gratitudine. — Voi mi capite.

Il reverendo annuì.

Prima che qualcun altro intervenisse, parlò Alexandra. — Forse in una situazione come questa oltre al tempo potrebbe essere d'aiuto la distanza.

Si rivolse a Catherine. — Che ne direste, lady Purefoy, se portassi le vostre due figlie con me in Inghilterra per qualche settimana di vacanza? Forse durante la loro assenza le chiacchiere si estingueranno. E poi le ragazze avranno la possibilità di conoscere meglio la mia famiglia.

— Oh...! — La proposta aveva chiaramente sorpreso la padrona di casa. — Volete dire che sir Nicholas rientrerà anche lui in Inghilterra con voi?

Alexandra vide il figlio annuire. — Naturalmente. Nicholas e Frances torneranno con noi.

La proposta ravvivò immediatamente l'umore di lady Purefoy che era evidentemente felice che Clara e Nicholas potessero passare ancora del tempo insieme. Jane, esausta, pensò che le rimaneva solo poco tempo per convincere Nicholas che, anche se lo amava, doveva accettare il fatto che non c'era nessuna possibilità di un futuro per loro.

— Sir Thomas — chiese Catherine tutta giubilante, rivolgendosi al marito. — Che cosa pensate della brillante idea di lady Spencer?

L'ex magistrato annuì. — Sono d'accordo. Jane ha bisogno di stare lontana da questa dannata Irlanda.

Capitolo Ventisette

Comodamente seduto nella spaziosa biblioteca della sua casa londinese in Berkeley Square, il conte di Stanmore osservava incuriosito il suo migliore amico che passeggiava avanti e indietro nella stanza. Non aveva mai visto Nicholas così furioso.

Il baronetto si era imbarcato a Cork domenica, era arrivato al Broad Quay di Bristol la stessa notte e aveva cavalcato tutta la giornata seguente per arrivare a Londra in serata. E quella mattina Nicholas si era incontrato con il lord luogotenente d'Irlanda che si trovava a Londra pronto a partire per una battuta di caccia nello Yorkshire.

Stanmore gettò un'occhiata all'orologio. Erano appena le dieci del mattino e Nicholas aveva già la giornata piena di appuntamenti con funzionari della Corona! Accidenti, non aveva mai visto Nicholas alzarsi prima di mezzogiorno a meno che non fosse per qualche partita di caccia.

— Stanmore, sai che non ho mai avuto l'abitudine di chiedere favori agli amici, ma questa volta faccio un'eccezione. — Nicholas si fermò bruscamente davanti al conte. — Incontrati con lui a mezzogiorno. Spiegagli tutto ciò che ti ho detto. È essenziale prendere provvedimenti con Musgrave prima che provochi danni irreparabili.

— Ma mi hai già detto che ti ha ascoltato con attenzione e ha promesso di esaminare la questione.

— Forse lo farà, ma non posso rischiare che lasci perdere. Se gli parlerai tu, uno dei membri più prestigiosi della Camera dei Lord, e avrà anche sentito il sovrintendente della marina...

— Accidenti, Nicholas! Sei già stato anche a casa di Nathaniel Yorke stamattina?

— Oh no! Ci sono andato ieri sera. — Nicholas posò le mani sulla scrivania davanti al conte. — È molto importante per me, Stanmore.

Sul viso del conte apparve un'espressione di autentico interesse.

— Chi è la donna?

Clara aveva sopportato male il tragitto per mare e Jane, che aveva dovuto assisterla, aveva visto solo di sfuggita Nicholas durante la traversata. Ma sempre di più di adesso, perché subito dopo l'attracco della nave Nicholas era scomparso.

Poi, dopo avere passato la notte in una locanda vicina al porto, lady Spencer aveva accennato al bisogno di fare visita a una "vecchia" amica di Bath, dove Clara avrebbe potuto riprendersi prima di fare il viaggio in carrozza per Londra.

Per qualche inesplicabile motivo, Frances si era dimostrata impaziente di tornare a Londra, così dopo una breve discussione si era convenuto che Jane avrebbe accompagnato Frances a Londra e lady Spencer le avrebbe raggiunte qualche giorno più tardi con Clara.

Durante il viaggio a Londra, spezzato per comodità in due giorni, Frances continuò a chiacchierare, buttando lì di tanto in tanto il nome di Nicholas e cantandone le lodi come solo una sorella decisa a trovargli moglie può fare. Jane capì che sarebbe stato inutile tentare di spiegare a Frances quanto fosse impossibile quell'unione.

Quello era un discorso che avrebbe dovuto fare con Nicholas e fino a quel momento avrebbe tenuto il suo dolore per sé.

Il pomeriggio del secondo giorno, Frances, che stava sonnecchiando, si riscosse quando cominciò a udire i rumori della città mentre la carrozza entrava in Londra. La giovane donna posò la propria mano su quella di Jane.

— Grazie per essere stata con me... con noi. Ricordo, dall'ultima visita di Clara a Londra, che avete dei parenti qui. Ma sono felice che hai preferito rimanere con noi.

Jane le sorrise affettuosamente. — Non avrei mai lasciato l'Irlanda se avessi dovuto passare il tempo con i miei parenti. Temo che le sorelle di mio padre non si siano ancora riprese dal mio scandalo di gioventù. E dal lato di mia madre... meglio non parlarne.

Frances la guardava con adorazione. — Devo dire che sei diventata il mio ideale, Jane — affermò, con un luminoso sorriso. — Ammiro il tuo coraggio... la tua intelligenza... la tua indipendenza... la tua rettitudine. Voglio diventare come te un giorno.

— Oh, Fanny. — Jane afferrò la mano della ragazza tra le sue. — Contrariamente a quel che pensi, io sono una persona da evitare. Non otterrai niente di buono a diventare una persona dal cattivo carattere come il mio.

— Ma non sono d'accordo! — Frances si chinò verso di lei. — Tu non solo sei riuscita a suscitare l'interesse di Nicholas, ma hai anche messo la sua vita sul binario giusto. Se penso a che razza di scapolone, impenitente e sregolato era mio fratello prima che incontrasse te, direi che hai compiuto un'impresa straordinaria.

Jane non riuscì a ribattere perché Frances puntò un dito verso il finestrino. — Ci siamo! Guarda, quella è la casa di Elizabeth, una mia carissima amica, e là, dall'altra parte della piazza... c'è la residenza di Nicholas.

Jane guardò fuori e osservò la fila di eleganti edifici che affacciavano su un piccolo parco recintato, al cui centro c'era una statua. La sua attenzione era fissa sull'abitazione di Nicholas che non sapeva se fosse a Londra o altrove.

La carrozza fece il giro della piazza e andò a fermarsi di fronte alla casa. Istantaneamente uno sciame di valletti e servitori si schierò davanti agli scalini, mentre Jane scendeva dalla carrozza con Frances. Era evidente che le stavano aspettando, perché altri servitori accorsero fuori per prendere i bagagli.

Entrata, fu presentata al maggiordomo, un omaccione dall'aspetto duro di nome Charles, cieco all'occhio sinistro per via di qualche orribile ferita. La governante, la signora Hannagan, fu una sorpresa, perché la donna veniva da Dublino e oltre che simpatica sembrava anche molto efficiente. Fu lei a rispondere alla domanda che bruciava a Jane sulla lingua dal giorno precedente.

— Sir Nicholas sarà fuori tutto il giorno, signorina, ma ha mandato a dire che se foste arrivata per tempo, avreste dovuto riposare e preparavi per l'invito a cena di questa sera a casa del conte di Stanmore. Lady Stanmore ha insistito che venga anche miss Purefoy.

Jane ricordò che Nicholas le aveva già fatto quel nome, spiegandole che erano i suoi migliori amici.

Mentre salivano le scale per raggiungere le loro camere, Jane disse: — Credo che sia meglio che io rimanga a casa. Non mi conoscono e...

— Non pensarlo nemmeno! — protestò Francis con un sorriso. — Sapendo chi sono gli amici di mio fratello, direi che la ragione principale di questo invito è proprio quella di conoscerti. Vogliono conoscere *miss Purefoy*.

— Si riferiranno sicuramente a Clara, non a me.

— Hanno già visto Clara la scorsa primavera. — Frances batté un colpetto sulla mano di Jane. — Accetta! Ti troverai a tuo agio. Stanmore è un uomo bellissimo e Rebecca ha circa la tua età ed è la meno tradizionale delle contesse inglesi. Senza contare che sono la coppia più felice che abbia mai conosciuto. Vedrai che ti *coccoleranno*.

Nessuna possibilità era stata lasciata intentata. Ne era certo.

Proprio per questo Nicholas arrivò in ritardo a cena a casa degli amici in Berlekely Square, dove fu accolto con insolito calore da Philip, il vecchio maggiordomo di Stanmore.

— Come è andata la giornata, sir Nicholas?

— Splendidamente, grazie, Philip — rispose mentre gli consegnava cappello e guanti. Di solito il maggiordomo si rivolgeva a tutti in maniera rigidamente impersonale. Dovette frenare un sorriso di fronte a quel cambiamento. La positiva influenza esercitata da Rebecca su Stanmore era assolutamente straordinaria. Ma quel drastico cambiamento in Philip era inesplicabile. Era un vecchio coriaceo, ma qualcosa era riuscito a intenerire la sua dura scorza.

— Dove sono tutti, Philip?

— Sua signoria, vostra sorella e il padroncino James si trovano nella sala orientale, signore. La signora e miss Purefoy sono salite per mettere il padroncino Samuel a letto, in quanto cominciava a diventare troppo... invadente.

Nicholas si fermò vicino alle scale nella speranza di intravedere Jane. Il piano predisposto con sua madre per mandare avanti Jane e Frances mentre Alexandra portava Clara a Bath, aveva funzionato a meraviglia. Ora doveva trarre il massimo vantaggio dalla situazione.

Era sicuro che il cambiamento nell'atteggiamento di Jane e la sua scomparsa da Woodfield House fossero stati provocati da una discussione con Clara. Qualunque cosa le due sorelle si fossero dette, Jane si doveva essere fatta di nuovo l'idea che Nicholas fosse destinato a sposare la sorella minore.

La nave in partenza da Cork non aveva ancora doppiato capo Knockadoon che Nicholas si era reso conto che l'unico modo che aveva era quello di separare le due sorelle. Così avrebbe avuto la possibilità di far ragionare Jane.

— Posso essere così audace da congratularmi con voi, signore?

Nicholas si voltò sbalordito e vide il maggiordomo accanto a sé. Inutile cercare di negarlo. Il significato di quelle parole era ben chiaro.

— Non ha ancora acconsentito a sposarmi.

— Non temete, signore. Credo che voi siate secondo solo a sua signoria in fatto di persuasività.

Nicholas sorrise e seguì il maggiordomo verso la sala orientale. — So che mi ci è voluto parecchio tempo per ammetterlo, Philips, ma comincio davvero a trovarvi simpatico.

— Il vostro segreto è al sicuro con me, signore.

Tutto quello che Fanny aveva raccontato su quella famiglia era vero. Nonostante Jane fosse maldisposta nei confronti del conte di Stanmore, in quanto membro influente della Camera dei Lord, erano state sufficienti alcune ore in sua compagnia per considerarlo con simpatia e rispetto. Calmo e diretto nel parlare, Stanmore era un uomo non solo bello d'aspetto, ma anche intelligente e sorprendentemente aperto di mente.

In quanto alla contessa, era una perla di donna. Per nulla pretenziosa, a differenza di altre signore dell'aristocrazia che Jane conosceva, lady Stanmore aveva una bellezza che irradiava simpatia. Rebecca, come aveva subito insistito per essere chiamata, l'aveva accolta come se fossero vecchie amiche. Alla fine della serata Jane si augurava che tra loro fosse possibile un'amicizia duratura nel tempo.

Anche i bambini di quella coppia erano eccezionali. James, il maggiore, che aveva compiuto undici anni l'estate precedente, sembrava leggermente sordo all'orecchio sinistro e aveva la mano destra con due dita deformate. Ma nessuna delle menomazioni influiva sullo spirito del ragazzo né sull'attaccamento al fratellino minore.

Il più giovane, Samuel Fredrick Wakefield, aveva solo due mesi e dimostrava la sua forte personalità a intervalli regolari. Jane si era sentita gonfiare il cuore di un'inattesa emozione quando aveva stretto tra le braccia quel bimbette dal viso tondo. E più tardi, quando aveva visto Rebecca allattare lei stessa il piccolo e deporlo nella culla, aveva provato uno struggente impulso materno.

L'unica sensazione che era risultata ancora più travolgente era stata la vampata di calore interno che aveva provato quando, scendendo le scale, aveva trovato Nicholas nella sala orientale.

I due si erano scambiati solo un saluto cordiale, più o meno di circostanza, ma Nicholas non le aveva quasi mai staccato gli occhi di dosso per il resto della serata.

Al momento di congedarsi, quando stavano per uscire, Rebecca prese Jane in disparte per dirle due parole in privato.

— Jane, ho già fatto del mio meglio per convincere Nicholas, ma adesso faccio appello a te. Venite a stare qualche giorno da noi a Solgrave. Desidero tanto conoscerti meglio.

Jane si sentì felice per quell'invito e le disse. — Mia sorella e lady Spencer dovrebbero arrivare a Londra domani o dopodomani. E devo avvertirti che dipendo da loro per il breve tempo che starò qui in Inghilterra.

— Molto bene. — Rebecca le sorrise e la prese sottobraccio, mentre si avviavano verso la porta d'ingresso. — Allora invierò una lettera a lady Spencer e sono sicura che verrete tutti a Solgrave.

— Io ne sarei veramente felice. — Jane ricambiò il sorriso della contessa e salutò Stanmore prima di seguire Frances all'esterno. La serata era piacevolmente fresca e una carrozza li aspettava in strada, insieme a diversi valletti degli Stanmore.

— È stata una serata piacevolissima. — Il sorriso felice di Frances si trasformò in uno sbadiglio che faticò a nascondere. — Ma penso proprio che domani passerò la maggior parte della giornata a letto.

Frances salì per prima sulla carrozza, ma mentre Jane stava per seguirla, Nicholas la trattenne stringendole il gomito. — Tu va' a casa, Fanny. Io e Jane faremo due passi a piedi.

Jane avvertì un piacevole rimescolio allo stomaco e il cuore cominciò a batterle all'impazzata, ma non le sfuggì il sorriso birichino di Fanny, mentre si accomodava sul sedile della carrozza. — Spero che non mi troverai scortese, Jane, ma non me la sento di stare alzata ad aspettarti.

Quando la carrozza si allontanò, la mano di Nicholas accentuò la stretta sul suo braccio. — Spero che non avrai paura a passeggiare con me.

Jane scosse la testa, senza però trovare il coraggio di guardarlo in faccia. La sua mano, la sua voce, la possibilità di trovarsi loro due di nuovo soli insieme, le fece correre un brivido di eccitazione sulla pelle.

— Che sbadato, scusa se non te l'ho chiesto! Come va la caviglia?

— Oh, bene, grazie. — Jane si guardò attorno, soddisfatta. — Gli Stanmore sono una famiglia adorabile.

— È difficile credere che siano sposati già da più di un anno. — Nicholas gettò un'occhiata verso la casa. — Il tempo vola.

Lady Stanmore mi ha detto che lei e James hanno vissuto nelle colonie americane per quasi dieci anni prima di tornare in Inghilterra e conoscere il conte.

— Rebecca non racconta a molti la storia della sua vita. Evidentemente ti ha preso in simpatia.

— Il sentimento è reciproco. Mi reputo fortunata per avere avuto il privilegio di conoscerli. Grazie.

— Be', dopo l'interrogatorio cui mi ha sottoposto Stanmore stamattina per costringermi a raccontargli tutto della bella e misteriosa miss Jane, di cui sono così preso, non c'era modo di evitarlo.

Jane sollevò lo sguardo verso di lui e si sentì svenire, leggendo un'infinita tenerezza nei suoi occhi azzurri.

— Mi sei mancata, Jane.

Quelle semplici parole le fecero balzare il cuore in gola e Jane avvertì che Nicholas la stringeva ancora più forte al suo fianco.

— Anche se ho conosciuto l'orribile caos della guerra durante gli anni passati nell'esercito e più tardi ho cercato i piaceri di una vita disordinata, non ho mai compreso il tormento gioioso dell'anima fino a quando non mi sono innamorato di te. — Si fermarono nel buio. — Nessuno avrebbe potuto descrivermelo. Non mi aspettavo gli alti e bassi che abbiamo avuto noi due.

— Mi spiace, Nicholas — sussurrò Jane, sentendosi in colpa. — So di avere fatto tante cose che esigono una spiegazione, ma in me non c'è mai stato nulla di semplice. Avrei dovuto cercare di tenerti al riparo...

— No. — La mano di Nicholas premette sul suo braccio. — Vedi, io sto cercando di diventare un uomo migliore... per te. Finalmente mi sento capace di amare... fare progetti... desidero un futuro per noi. Solo che sono impaziente di averti accanto per il resto della mia vita.

Jane girò la testa per nascondere le lacrime che improvvisamente le affiorarono.

— Avevo promesso a me stesso che non ti avrei fatto fretta. Ed ecco che adesso siamo di nuovo soli per la prima volta dopo tanti giorni e non so... — L'attirò bruscamente a sé e i loro corpi si accarezzarono. — Cercherò di essere migliore. Puoi perdonarmi?

Jane sorrise tra le lacrime, che asciugò con la mano libera. — Sì, credo di sì.

— Allora d'accordo — disse Nicholas in tono allegro. — Dal momento che sono un modello di cortesia e so che sei stanca del viaggio, stasera ti concedo una buona notte di sonno.

— Molto generoso, mio signore.

— Ma domani dovrai alzarti presto. Voglio portarti in giro per Londra e mostrarti alcuni lati sgradevoli della vita di Nicholas Spencer.

— Vuoi dire che non sei *perfetto?*

— Appunto, amor mio. — Nicholas salì i gradini che portavano all'ingresso della sua casa londinese e dopo che un portiere dall'aria stanca ebbe aperto, accompagnò Jane alle scale. — Ora sali in camera tua e chiudi la porta a chiave prima che ti riveli qualche altro mio lato sgradevole.

Jane sorrise, ma prima di allontanarsi Nicholas ac. cennò un bacio. Un bacio casto. Del tutto diverso dai precedenti, ma che le ricordò la passione che si scatenava in loro ogni volta che si sfioravano.

Capitolo Ventotto

JANE ESAMINÒ il contenuto del baule: strati di indumenti separati da fogli di carta. Fey non le aveva messo neanche un vestito nero. Fey aveva intuito che i giorni di Jane a Londra non dovevano avere legami con il passato. Era il momento dei colori, delle sete e dei merletti.

Quando scese verso le sette, Frances non si era ancora svegliata, ma Nicholas era già pronto ad affrontare una nuova giornata.

— Sono lieto che ti sia svegliata così presto. Ho molte cose da mostrarti.

Dopo colazione l'accompagnò a una *phaeton* in attesa e l'aiutò a salire.

— Per due falchi della notte come noi — notò con un sorriso, mentre impugnava la frusta — mettersi in moto così di buon'ora è veramente un fatto straordinario.

Con loro salì un servitore e un istante dopo percorsero una serie di stradine strette. Girarono attorno a Covent Garden e poco dopo si immisero nel traffico intenso dello Strand, dirigendosi verso Tempie Bar e la City of London. Carri e carrozze si contendevano lo spazio e i pedoni rischiavano la vita in mezzo alle strade congestionate. Poco dopo Nicholas svoltò in una viuzza così stretta che Jane si chiese come avesse fatto a vederla. Era ovvio però che la conosceva bene, perché continuò a condurre la carrozza con abilità in un labirinto di vicoli e stradine.

Quella non era la Londra alla moda che Jane ricordava. I quartieri erano sempre più poveri, la luce era sempre più scarsa, l'aria più umida e ovunque aleggiava l'odore della povertà. Molte case erano degli scheletri privi di porte e finestre e alcune erano crollate per l'incuria.

Ovunque guardasse, Jane vedeva gente male in arnese come le case.

Finalmente, dopo avere svoltato in un vicolo, raggiunsero uno squallido canale, colmo di un liquido di colore innaturale. Nicholas tirò le redini. Lungo il corso d'acqua sorgevano case diroccate, contenenti strani resti di oggetti imprecisati coperti di muschio, ovunque si sentiva un odore di fogna.

Un ponte univa le due sponde e decine di abitanti si fermarono a guardare con sorpresa la carrozza... finché non riconobbero il conducente.

Subito si levarono grida: "Salve, sir Nicholas!" o "Guarda se non è il nostro sir Nicholas!" o anche "Ehi, Nick, ultimamente non ti abbiamo visto molto!" e Nicholas li salutò con la mano, mentre guidava cautamente la carrozza sul ponte.

— Queste persone ti conoscono — sussurrò Jane, stupefatta. Altre li salutarono quando arrivarono sulla sponda opposta.

Nicholas arrestò la carrozza di fianco a un magazzino abbandonato e malridotto e scese. La gente andava e veniva in entrambe le direzioni, ma solo gruppetti di mocciosi si fermarono per guardarli incuriositi. Davanti alle case uomini e donne stavano in piedi o seduti nell'ozio generato dalla povertà.

Jane non conosceva nessuno della classe sociale di Nicholas che avrebbe osato mettere piede in un quartiere del genere, ma lui non mostrava né paura né disgusto e quando fece cenno a Jane di scendere dalla carrozza, lei non esitò.

— Nonostante questo quartiere abbia un'aria poco raccomandabile — le disse, come se le avesse letto nel pensiero — finché sei con me puoi girare senza pericolo.

— Non ho paura — gli rispose con un sorriso fiducioso.

— Lo so... niente può fare paura alla mitica Egan. Comunque tieni stretta la borsa dei soldi.

Era come se passeggiassero in St James's Park. Nicholas sembrava perfettamente a suo agio.

— Probabilmente lo sai già, ma in Inghilterra, secondo l'opinione di alcuni miei benestanti contemporanei, la povertà è una condizione deplorevole, ma ne. cessarla. I poveri devono sudare sangue per alimentare la macchina della società.

— Non è diverso in altri luoghi.

— Infatti. Ma se da una parte sono considerati necessari, dall'altra il loro lavoro e le loro vite non godono della minima considerazione. Perfino dai pulpiti sentiamo declamare che se rimangono poveri è per un difetto del loro carattere.

Jane non espresse la sua opinione, perché dubitava che quello fosse il punto di vista di Nicholas.

— Ci sono molti distinti esponenti della nostra società convinti ancora che le classi in cui siamo nati siano state determinate da Dio. È un sistema organizzato così. Perché ci siano degli esseri superiori occorre che ci siano anche esseri inferiori. Alcuni sono nati per servire e obbedire, altri per comandare.

— Questo è appunto il modo di pensare che consente repressioni brutali in Irlanda.

— E anche in altri posti. — Gli occhi azzurri di Nicholas incontrarono quelli di Jane. — È per questo che ti ho portata qui. Per farti vedere che la sofferenza non è limitata all'Irlanda. L'abbiamo sotto il naso, ma la risposta è la stessa.

— La società si rifiuta di vedere — commentò Jane. — Poi ci si meraviglia se la gente si rivolta come in Irlanda o nelle colonie americane.

Nicholas restituì il saluto a un vecchio storpio, prima di tornare a rivolgersi a Jane. — Ti ho portata qui perché volevo mostrarti la mia causa, Jane. Fare qualcosa per questa gente, specialmente per i giovani e i senzatetto è stato un modo per alleviare il mio senso di colpa. E anche se non è eroico come le tue gesta in Irlanda, per me è un punto di partenza.

Jane scosse la testa. — Qui puoi fare la differenza. L'immensità della povertà delle città rende qualsiasi contributo più eroico di tutto ciò che ho fatto io.

— Ma c'è tanto da fare. Voglio mostrarti che dovunque tu vada c'è sempre gente che ha bisogno di te. Non tutti sono Musgrave in questo paese. Ci sono i buoni e i cattivi. Ci sono coloro che vogliono dominare e coloro che vogliono condividere le ricchezze. E poi c'è chi ti vuole al suo fianco nella vita e nell'amore... per l'eternità.

Jane rimase così colpita dalle parole di Nicholas che il brusio e le persone attorno si confusero in un alone indistinto. Riusciva a vedere solo Nicholas. L'aveva amato prima, ma adesso, vedendo come si prendeva cura di quella povera gente, specialmente dei bambini, il suo affetto per lui divenne ancora più grande.

Quando alla fine tornarono a casa, in Leicester Square, era già pomeriggio e appresero che Frances era andata a trovare la sua amica Elizabeth e non dovevano aspettarla per la cena.

— Grazie per oggi — gli disse Jane sotto l'occhio vigile e severo del maggiordomo, il quale informò il baronetto che erano arrivati dei messaggi per lui.

— Devo andare a rispondere a un paio di lettere in biblioteca — le disse Nicholas. — Perché non cerchi di riposare un po' e non mi raggiungi più tardi... quando ti sentirai di farlo?

Jane annuì e andò nella sua stanza, ma l'ultima cosa che aveva in mente era proprio quella di riposare. Quel lato di Nicholas, il suo lato filantropico, le aveva aperto gli occhi sul resto del suo carattere. Per la prima volta pensò di poterlo realmente vedere sotto la giusta luce. Di comprenderlo. Proprio come lei, Nicholas presentava solo una parte di se stesso alla società. Sfoggiava un atteggiamento da libertino incallito, sportivo, indipendente, noncurante di tutto e di tutti ed egocentrico. Era arrogante, senza peli sulla lingua e apertamente sprezzante del sistema che gli dettava come avrebbe dovuto vivere. Ma in privato era capace di portare avanti ciò che più gli interessava senza sottostare ai vincoli della società. La sua generosità andava alle persone indigenti e non si limitava alle misere filantropie di facciata della buona società.

Jane aveva appreso, dalla gente che aveva incontrato durante il loro giro in quello squallido quartiere, che Nicholas aveva fino a quel momento predisposto quasi una dozzina di case sicure per bambini in tutta Londra.

Ora sapeva di amarlo e ammirarlo per l'uomo che era veramente e non vedeva l'ora di dirglielo.

Un'ora fu tutto il tempo che riuscì a stargli lontana. Poi indossò un morbido abito giallo chiedendosi come Fey l'avesse convinta a farglielo confezionare. Si riguardò un'ultima volta nello specchio prima di imboccare le scale. Di tutti i vestiti che aveva nel baule, questo era il meno severo, e mentre scendeva, Jane sentì lo stomaco in subbuglio mentre ricordava i momenti in cui aveva fatto l'amore con Nicholas in Irlanda.

Non poteva negarlo. Lo amava. Lo rispettava. Lo desiderava.

Le visite che Nicholas aveva fatto il giorno prima sembravano avere prodotto buoni risultati. Le lettere che aveva ricevuto quel mattino erano molto incoraggianti. Nicholas appose il sigillo all'ultima delle sue risposte e consegnò i messaggi al maggiordomo.

— Falle consegnare questo pomeriggio, Charles.

— Sarà fatto, signore — lo rassicurò l'uomo. — Come è andato il vostro giro di stamattina con miss Purefoy?

— Benissimo — rispose Nicholas, riordinando le carte sulla scrivania.

— Spero che non l'abbiate stancata troppo.

— Non l'ho fatto.

— Jack mi ha detto che nel vostro giro avete tralasciato i luoghi più famosi della nostra bella città.

Nicholas sollevò lo sguardo di fronte al tono scherzoso del suo maggiordomo. — Miss Purefoy ha già visto in passato tutto questo squallore. E prima che me lo chiedi... sì, sembra che la nostra piccola gita le sia piaciuta. Sì, puoi riferire tutto questo alla signora Hannagan.

— Ne sarà felice... anche se immagino che già lo sappia. — L'uomo sorrise furbescamente, mettendo in evidenza un dente anteriore mancante e riuscì ad apparire solo un tantino meno aggressivo. — Noi tutti pensiamo che miss Purefoy sia una donna da tenere stretta, signore. Abbiamo pensato che forse era il caso di dirvelo.

— Grazie, Charles. Ora... non ti ho detto che voglio che queste lettere siano consegnate oggi stesso?

— Sissignore. — Con un educato inchino il maggiordomo uscì dalla stanza ma bussò solo un attimo dopo per annunciare a Nicholas che Jane desiderava vederlo.

Nicholas si alzò immediatamente in piedi e si sentì alquanto sciocco quando il cuore gli balzò in petto alla vista della donna.

— Disturbo? — chiese Jane timidamente quando Charles se ne fu andato.

— No, ho finito. — Nicholas fece il giro della scrivania. — Allora, come va? Ti sei ripresa dalla nostra gita?

— Ero troppo irrequieta per sdraiarmi. — Jane lanciò un'occhiata verso la porta e sorrise. — Ho commesso l'errore di dire la stessa cosa alla signora Hannagan e lei premurosa voleva chiamare un dottore per farmi salassare. Devo ringraziare Charles per essere intervenuto in tempo a tranquillizzarla.

— Sì, quei due sono una bella coppia. Sono con me da anni e li trovo molto divertenti. — Si soffermò ammirato sul vestito che Jane indossava. — La signora Hannagan si altera facilmente, ma Charles ha preso tanti di quei colpi in testa da giovane che nulla lo può turbare.

— Colpi in testa?

— Era un pugile. Molto bravo anche, fin quando un tipaccio non l'ha accecato a un occhio da Wetherby in Drury Lane. Dopo di che il poveraccio ha continuato a incassare un sacco di colpi da quella parte per diversi anni.

— E tu l'hai preso al tuo servizio.

— Per forza. Si sarebbe fatto ammazzare se avesse continuato a fare il pugile.

Jane non si era spostata dalla porta, così Nicholas le andò incontro.

— Ma non ho voglia di parlare di Charles in questo momento.

Negli occhi scuri di Jane balenò un lampo. — Che cosa vuoi fare, mio signore?

Nicholas le prese le mani e le baciò le palme. — A che punto abbiamo interrotto la nostra conversazione stamattina?

Invece di rispondergli Jane liberò le mani *e* gliele passò attorno al collo. — In questo momento non ho granché voglia di parlare.

Nicholas fu pervaso da un'ondata di desiderio. — E allora che cosa... che cosa desideri esattamente, mia bella signora?

Jane si alzò sulla punta dei piedi e gli sfiorò le labbra con le sue.

— Questo. — E ripeté il bacio, con molto più calore.

Nicholas si perse nel seducente gioco delle loro bocche mentre Jane premeva contro di lui con tutto il suo corpo. Era una creatura tutta focosa e femminile e lui non riusciva mai ad averne abbastanza. La sua bocca si fuse con quella di Jane e le sue mani le accarezzarono voluttuosamente la schiena, i seni, le natiche.

— Ti desidero, Jane. Per Giove, quanto mi sei mancata.

— Anche tu mi sei mancato.

Jane infilò le sue mani sotto la giacca e mentre Nicholas le assaporava la pelle del collo, incominciò a sciogliere i lacci del vestito.

— Dovremmo andare di sopra.

— No. Qui. — Jane lo spinse verso la sedia più vicina.

Nicholas era così preso da quel momento che non avanzò la minima obiezione. La sua giacca volò sul pavimento. Si sedette sulla sedia, con i pantaloni già slacciati. Jane sollevò le gonne e gli si mise sopra a cavalcioni mentre lui la prendeva con un unico affondo.

Insieme emisero un gemito mentre i muscoli di Jane si chiudevano attorno al suo membro come la più salda delle morse.

— Sei così squisitamente perfetta — le mormorò Nicholas. Poi le abbassò lo scollo del vestito, mettendo a nudo i suoi seni color avorio. Jane tratteneva il respiro mentre la sua lingua le titillava un capezzolo, e quando la sentì mugolare di piacere, lo prese in bocca tutto quanto.

Jane gli affondò le dita tra i capelli e gli guidò la bocca verso l'altro seno mentre le sue anche si sollevavano ritmicamente.

Nicholas cercò di fermarla per non perdere del tutto il controllo, ma quando Jane gettò la testa all'indietro come una dea che cavalcava all'impazzata, si lasciò andare completamente.

L'estasi arrivò veloce e gioiosa e, stringendosi l'uno tra le braccia dell'altra, percepirono l'esaudimento dei loro desideri che univa indissolubilmente i loro corpi e le loro anime.

Immobili, si sforzarono di riprendere fiato mentre i loro corpi erano ancora uniti nel punto più intimo. Jane era appoggiata con la guancia alla spalla di Nicholas e aveva il vestito tutto in disordine e lui aveva la camicia parzialmente sbottonata.

— Be', questa è stata certamente una graditissima sorpresa — le sussurrò tra i capelli più tardi, quando ebbe ritrovato la voce. La risatina di lei lo fece sorridere.

— Non riesco a credere di averti sedotto — sussurrò Jane, sospirando soddisfatta.

— Ah... così cerchi di prenderti tutto il merito — la stuzzicò lui, facendo scivolare le mani sotto le gonne e accarezzandole la pelle liscia della coscia. — Vuoi dire che ti rifiuti di riconoscere l'abile strategia con cui ho pianificato questa operazione?

Prima che Jane potesse rispondere, un leggero bussare alla porta la fece allontanare di botto dal suo petto. Jane guardò Nicholas in preda al panico mentre cercava di alzarsi dalle sue ginocchia.

— Un momento, Charles — disse il baronetto, sorridendo nonostante la situazione. Si sistemò i pantaloni, cercando nel contempo di rimetterle in ordine l'abito. — Quel povero diavolo rimarrà terribilmente scioccato.

Bussarono di nuovo, ma prima che Nicholas potesse parlare di nuovo, la porta si aprì leggermente e apparve la faccia di Clara.

Capitolo Ventinove

Per lo shock Clara continuò a fissare la scena un istante di troppo, poi indietreggiò per la vergogna e si voltò per correre freneticamente verso le scale.

Aveva bisogno di un posto in cui nascondersi, ma quando arrivò al piano superiore, si guardò attorno come un animale in trappola, non sapendo dove andare.

Ufficialmente lei e lady Spencer non erano ancora arrivate. Alexandra si trovava ancora all'esterno e stava chiacchierando con una signora che era passata in quel momento davanti a casa su una carrozza scoperta. I servitori correvano avanti e indietro per prendere i bagagli e per prepararsi a ricevere gli ospiti. Uno di loro aveva detto che miss Purefoy si trovava in biblioteca, così Clara era andata a bussare. E non ricevendo risposta aveva semplicemente sbirciato nella stanza.

La ragazza si portò la mano alla bocca. Ciò che i due stavano facendo era fin troppo ovvio... troppo ovvio, davvero. Nella testa le passarono folli idee di fingere che non fosse successo assolutamente nulla. Sarebbe semplicemente uscita in strada con lady Spencer e avrebbe aspettato di entrare in casa con lei. Si stava già precipitando giù dalle scale, ma si immobilizzò quando vide sul pianerottolo Jane.

— Noi... continuava a piovere... a Bath — balbettò Clara. — Così abbiamo deciso... di rientrare a Londra... prima del previsto.

— Vieni con me, Clara. — C'erano lacrime negli occhi di Jane quando prese la sorella per il braccio e la trascinò per un'altra rampa di scale.

La giovane donna la seguì senza resistere. Salite al piano superiore, entrarono in una camera da letto che Clara capì essere quella di Jane.

— Che bella stanza — sussurrò Clara. — È completamente illuminata dal sole.

— Ti prego, non farmi questo.

Clara si volse verso Jane che era appoggiata con la schiena alla porta chiusa.

— Non fingere che non sia successo nulla, che non hai visto cosa stava succedendo in biblioteca. — Jane si spostò dalla porta e mosse un passo verso la sorella. — Sii onesta con me, Clara. Lascia a me il peso della colpa e della vergogna. Sfoga la tua rabbia, non tenertela dentro.

— Jane, sei una donna adulta. Ciò che fai della tua vita...

— È di ciò che ho fatto alla *tua* vita che stiamo discutendo adesso — l'interruppe la sorella maggiore, con le guance in fiamme. — Clara, so che mi hai supplicata di rinunciare a Nicholas. Hai detto che ti interessava. Che volevi convincerlo a... sposarti.

— Ma non ci sei riuscita.

— No, infatti... perché la realtà è che noi ci amiamo. E anche se so che non c'è nessuna speranza per noi due di avere un futuro insieme... se tu lo volessi realmente... se tu lo amassi anche solo un po' di quanto lo amo io... starei in disparte. — Jane lottò contro le lacrime che le scorrevano sul viso. — Lui merita di più di un semplice contratto. Merita qualcuno che lo ami veramente. E anche tu hai diritto a un uomo che ti possa amare.

Clara si sedette sul letto e lottò contro il tumulto di sentimenti suscitato dalle tristi parole di Jane.

— Essere innamorati è una cosa straordinaria, Clara. Amare

Nicholas ed essere contraccambiata mi ha dato una forza che non ho mai avuto prima. Qualcosa che non ho mai provato con Conor.

Il viso di Henry era inciso così chiaramente nella mente di Clara che non ebbe difficoltà a evocarne l'immagine. Sì, sapeva che cos'era l'amore... e cosa voleva dire sentirne la sofferenza. — Ma noi non siamo nate per essere forti. Non possiamo inseguire semplicemente ciò che vogliamo e ottenerlo.

— Ma tu sei nata forte. — Jane si accovacciò davanti a lei. — Noi siamo sorelle. Siamo fatte dello stesso stampo anche se io ho condotto una vita da ribelle e tu hai cercato di conformarti, di ubbidire, di essere la figlia perfetta che volevano i nostri genitori. Così però hai finito con l'imprigionare il tuo spirito. — Jane prese le mani di Clara tra le sue. — Non puoi continuare ad accollarti il peso delle mie colpe ed essere l'elemento pacificatore della nostra famiglia. Non puoi continuare a dire e fare ciò che piace agli altri dimenticando te stessa.

Un antico ricordo riempì di lacrime gli occhi di Clara, che abbassò lo sguardo sulle loro mani ancora strette.

Jane abbassò la voce, il suo tono era carico di convinzione. — Rompi il guscio, Clara. Fammi scoprire la mia vera sorella. Pensavo di averla intravista la mattina in cui mi hai chiesto di lasciare Woodfield House e uscire dalla vita di Nicholas. Ma ora so che quella non eri veramente tu. La tua reazione di prima me l'ha confermato. Nicholas non ti interessa abbastanza da combattere per averlo.

— È vero, non amo Nicholas. Te l'ho detto. E penso che non lo amerò mai — sussurrò Clara. — E non sono arrabbiata con te per nessun motivo.

— Ma io sono furiosa per tutti gli anni che ho lasciato che ti nascondessi dentro il tuo guscio — rispose Jane, sollevandole il mento finché i loro occhi non si incontrarono. — Lascia che ti aiuti, Clara. È ora che fai cadere questa maschera di indifferenza.

— A volte temo che dentro questo guscio non ci sia nulla. — Un grido soffocato sfuggì dalla gola della sorella minore, che distolse lo sguardo. — Fa troppo male cambiare.

— Perché? — Jane la costrinse di nuovo a guardarla. — Tu sei sempre così triste, Clara. E non parlo di oggi. Lo sei da tanto tempo... e non riesco a ricordare quando è avvenuto questo cambiamento.

— Io lo so. — Le parole uscirono tumultuose dalla bocca di Clara. Ormai era giunta al limite della resistenza e le sarebbe stato impossibile tacere quella verità che aveva nascosto per tanto tempo. — La mia vita è cambiata per sempre quando nove anni fa sono entrata in quel villaggio e ho visto mia sorella riversa sul cadavere del suo innamorato. È cambiata il giorno in cui ti vidi maledire chiunque fosse responsabile della morte di Conor... anche se non ne sapevi abbastanza per odiarmi. Quel giorno scelsi di mantenere il segreto e nascondere il mio peccato.

Il viso di Jane era esangue, mentre Clara continuava.

— Quella settimana Conor fu arrestato per colpa mia, perché non avevo fatto ciò che tu mi avevi chiesto. Se gli avessi consegnato il tuo messaggio, lui non sarebbe venuto quel mattino... non sarebbe stato catturato... né ucciso — singhiozzò Clara. — Anche allora avevo troppa paura di fare qualcosa contro il volere di nostro padre, così ti mentii e ti dissi di averlo avvisato. La mia menzogna costò la vita a Conor e con essa ho distrutto il tuo futuro.

Clara si prese il viso tra le mani e si mise a piangere.

— Mi spiace, Jane... non ho pensato a quanto sarebbero state orribili le conseguenze. Per tutti questi anni ho portato questo peso nel cuore... e poi sono stata di nuovo spietata quanto ti ho chiesto di rinunciare a Nicholas, anche se io in realtà non lo desideravo. Ero così confusa quando Henry mi ha chiesto di sposarlo... prima di scappare e rovinare di nuovo tutto... sono una persona spregevole... e tu dovresti odiarmi.

Un istante dopo Clara si sentì stringere tra le braccia di Jane.

— Io *non* ti odierò mai. Mi hai sentito? Mai. Eri solo una bambina quando ti chiesi di portare quel messaggio. E poi, conoscendo Conor, non avrebbe mai cambiato i suoi piani, né di fronte al mio messaggio né di fronte a un pugnale. Voleva che andassimo fino in fondo. Aveva preso la sua decisione.

Mentre parlava, Jane accarezzò Clara sui capelli.

— No, la colpa è stata mia, che ho caricato sulle tue spalle un peso troppo grande. Di mio padre... e anche di me e Conor che eravamo troppo impreparati e ciechi di fronte alla realtà. Ma ora è giunto il momento di troncare con il passato. Per me e anche per te.

— Ma io... per tanti anni sono stata solo capace di simulare... ora non so più cambiare.

— Oh, sì. — Jane le sorrise con affetto. — Vedrai che con il mio aiuto potrai diventare la seconda pazzerellona delle ragazze Purefoy.

Clara si sentì girare la testa e abbracciò forte Jane.

— Grazie... grazie per essermi sempre stata vicina... e per la tua proposta di farmi diventare matta come te. Ne ho bisogno.

— Molto bene. — Jane le afferrò la mano. — Ma adesso, raccontami cos'è questa storia di Henry Adams. Mi sembrava che ci fosse qualcosa di particolare tra di voi.

— Che cosa diavolo le hai détto? Per tutta la durata della cena Clara mi è sembrata insolitamente allegra.

Quando tutti si erano ritirati per la notte, Nicholas era corso alla porta della camera di Jane. Era veramente preoccupato per quanto era successo nel pomeriggio e non era ancora riuscito a scambiare due parole in privato con Jane.

— Vuoi veramente che riveli una conversazione confidenziale tra due sorelle? — lo stuzzicò lei, facendo girare Nicholas sulla schiena, sdraiandosi su di lui e cominciando poi a baciarlo sul collo. — Sai che questa è la prima volta che facciamo l'amore in un vero letto?

— Stai cambiando argomento. — Le braccia muscolose di Nicholas bloccarono Jane, impedendole ogni movimento. — Che hai detto di noi a Clara?

— Le ho detto che ti amo.

Il cambiamento del viso di Nicholas fu stupefacente e Jane si rese conto che quella era la prima volta che aveva dichiarato esplicitamente i suoi sentimenti. Lo sentì sospirare e si sentì percorrere da un brivido quando lui la baciò. Il suo membro virile si era di nuovo indurito e anche lei sentiva aumentare nel suo ventre il desiderio. Ma prima che i loro corpi tornassero a unirsi Nicholas le prese il volto e l'allontanò.

— Che altro le hai detto?

— Che anche tu mi ami.

Jane scosse la testa confusa e Nicholas la fece rotolare sul letto in modo che adesso era lui a starle sopra.

— Non le hai detto che ti ho chiesto di diventare mia moglie?

Jane lo strinse tra le braccia e sostenne il suo sguardo scrutatore. — Io ti amo, Nicholas, e sono disposta a passare il resto della mia vita con te... ma non in matrimonio.

— Perché non in matrimonio? — chiese indispettito Nicholas.

— Te l'ho già detto, ma tu sembri non volere capire. — Jane sospirò, — C'è uno scandalo nel mio passato. Non voglio macchiare il nome della tua famiglia con...

— Per Giove, che donna ostinata! — Nicholas si rizzò su di lei. — Perché non ti vuoi mettere in testa che nulla del tuo passato può influire sul nostro matrimonio o su come la società ti tratterà in futuro?

— E tu sei un uomo ostinato — replicò Jane. — Perché non possiamo continuare così? Potrei venire a vivere a Londra con te... essere la tua concubina... o amante... come si usa dire oggi.

— Non riesco a credere che tu mi voglia offendere così! — esclamò Nicholas, cambiando posizione e mettendosi a sedere sul letto.

Anche Jane si mise a sedere e lo baciò sulla spalla. — Non avevo intenzione di offenderti. Volevo solo facilitarti le cose.

— Allora non farlo —. sbottò lui, lanciandole un'occhiata di fuoco.

L'espressione addolorata sul viso di lei lo indusse ad accarezzarle il viso.

— Io ti amo Jane e voglio passare il resto della mia vita con te come marito e moglie. — La sua mano le massaggiò il ventre piatto. — Ti rendi conto che forse potresti già avere in grembo un bambino? — Non attese fa risposta e continuò. — Non sarebbe meraviglioso lavorare insieme per migliorare il mondo, sia per accudire un figlio nostro sia per provvedere a quei derelitti senza casa che girano per fa città?

— Sì, certo. — Jane avvicinò le ginocchia al petto e vi si appoggiò con il mento. — Ma è tutto così complicato. Devo fare quel che è giusto per te.

Nicholas fa baciò. — Dobbiamo fare ciò che è giusto per *noi*, Jane — le disse, mettendole un braccio sulle spalle e attirandola a sé.

Capitolo Trenta

Jane fu piacevolmente sorpresa quando il pomeriggio seguente la signora Hannagan le annunciò l'arrivo di lady Stanmore. E fu ancora più felice avvertendo quanto fosse caloroso il saluto di Rebecca.

— Mi spiace di essere sola in casa questo pomeriggio — si scusò Jane, accompagnando la donna nello studio dove aveva passato la maggior parte del pomeriggio a disegnare. — Lady Spencer ha portato mia sorella e miss Frances in visita da alcune amiche ed è tutto il giorno che non vedo sir Nicholas.

— Oh, ma io sono venuta qui per vedere te. — Rebecca gettò un'occhiata agli schizzi non finiti sul tavolo prima di accomodarsi a sedere. — Vedo che Nicholas non ha esagerato. Sei *davvero* molto brava.

Jane provò imbarazzo per avere lasciato il suo lavoro così in vista. — Non ho avuto molte lezioni e temo che lo si noti fin troppo.

La signora Hannagan portò il tè, lo versò e uscì, lasciando sole le due donne.

— Sai che è la prima volta che mi separo da Samuel da quando è nato? — disse Rebecca a Jane. — Stanmore mi prende in giro per come sono attaccata ai nostri figli.

— Sembrano bambini felici.

— Finché hanno la mia totale attenzione. Immagino che sia uno dei difetti della tarda maternità. Si ha più esperienza di vita, ma si è meno disposti a correre rischi.

Jane sorseggiò il suo tè. Nicholas le aveva detto che Rebecca aveva solo tre anni più di lei.

— Immagino che ti starai chiedendo come mai sono venuta.

— In effetti sì. Ma qualunque sia il motivo, ne sono felice.

— Anch'io — rispose Rebecca con calore, prendendo la propria tazzina. — È più di un anno che io e Stanmore siamo sposati, ma nonostante tutti i contatti sociali che derivano dalla carica di mio marito, ci sono poche donne a Londra che mi sento di considerare amiche. Ma quando il destino mi mette in contatto con una persona straordinaria, come te... una persona intelligente, indipendente, che non risponde ai canoni imposti dalla società per le donne, non posso fare a meno di coltivare quell'amicizia.

— Tu hai il dono di fare sentire speciali le persone — le rispose Jane con un sorriso, completamente a suo agio con i modi franchi di Rebecca. — La tua felicità è invidiabile.

— Devo ammettere che non è sempre stato così. — Rebecca sorseggiò il tè e rimise la tazzina sul tavolo. — Nei dieci anni che ho vissuto con James a Filadefia, ho avuto momenti difficili e momenti felici. In quei dieci anni, le paure per il mio passato, unite all'incertezza per il futuro, hanno continuato a tormentarmi.

Per la prima volta da quando la conosceva Jane si rese conto che c'era qualcosa di complicato nella vita di quella donna.

— E anche quando sono tornata in Inghilterra — riprese Rebecca — e dopo che io e Stanmore siamo diventati intimi... avevo dei dubbi sulla possibilità di trovare la felicità. Stanmore voleva stabilità... il matrimonio, ma io mi sentivo indegna della sua attenzione... e del suo nome.

— Nicholas mi ha detto che sei la sorellastra di lord North.

— Ma all'epoca né io né Stanmore lo sapevamo... ero fuggita da Londra dieci anni prima perché ero sicura di avere ucciso un uomo... per difendere la mia virtù. Ma nonostante il mio rifiuto,

Stanmore non era disposto a rinunciare al nostro futuro. Minacciò di abbandonare l'Inghilterra e di seguirmi nelle colonie, e poiché io non ero d'accordo, si sarebbe di certo rivolto al re, se necessario, per farmi ottenere il perdono e farmi rimanere.

— Com'è andata poi?

— L'avvocato di Stanmore e Nicholas scoprirono la verità. L'uomo che credevo di avere ucciso era rimasto solo ferito. Qualche anno dopo fu ammazzato da un marito furibondo. Nonostante la mia parentela con lord North l'annuncio del nostro matrimonio suscitò molte chiacchiere e volgari insinuazioni. Ma noi siamo riusciti ugualmente a sopravvivere. Certe cose non contano quando un matrimonio è forte.

Rebecca posò una mano sul ginocchio di Jane. — So che potresti pensare che per me è facile dire certe cose, perché ormai ho lasciato tutto alle spalle, ma se posso darti un consiglio... ascolta il tuo cuore e non temere ciò che potrebbero dire gli altri.

— È stato Nicholas a dirti di venire a parlarmi?

— No, ma vedervi a casa mia due sere fa mi ha fatto tornare i ricordi. — Il suo sguardo era affettuoso. — Si vede che lui è disperatamente innamorato di te... e che tu hai una paura terribile.

Jane chiuse un attimo gli occhi, poi li riaprì e sospirò. — Ti sono grata per tutto quello che stai cercando di fare per me... per noi...

Rebecca prese con gentilezza la mano di Jane e la strinse. — Non sono venuta qui per darti risposte... ma solo a trovare una vecchia amica. — Si alzò in piedi. — Adesso è meglio che torni a casa per non mettere troppo a dura prova la pazienza della bambinaia di Samuel.

— Quando andate a Solgrave? — chiese Jane, mentre l'accompagnava alla porta.

— Domani mattina. E l'invito è sempre valido. Ti prego, vieni a trovarci.

— Farò il possibile. — Jane restituì l'affettuoso abbraccio di Rebecca. — E grazie.

Nicholas si era tolto giacca e fazzoletto da collo e stava per sfilarsi la camicia quando sentì bussare alla porta. Pensando che si trattasse del suo valletto personaie gli disse di entrare e rimase sorpreso, e felice, quando vide sbucare il viso di Jane.

— Posso entrare?

— Prego. — Fece un passo verso di lei, ma poi si fermò. Era stata dura la notte prima lasciarla e uscire di casa al mattino prima che Jane si svegliasse. Per entrambi bastava un nonnulla per cedere alla passione ogni volta che erano insieme. Ma non era così che voleva condividere la vita con lei. Tra di loro c'era molto di più del semplice desiderio fisico. Per cui era deciso a tenersi a distanza e darle il tempo di scegliere.

Jane entrò e chiuse la porta. Nicholas andò a prendere una camicia pulita. — Ho sentito che Rebecca è venuta a trovarti.

— Sì. È appena andata via.

Nicholas si sfilò la camicia e ne indossò una pulita.

— Com'è andata la visita?

— Sì.

Le dita di Nicholas si immobilizzarono. — Come hai detto?

Jane si allontanò dalla porta e andò verso di lui a passi misurati. — Ho detto "sì".

— Vuoi dire che è stata una visita.... piacevole?

Jane scosse la testa, poi sorrise e si fermò davanti a lui. — Sto dicendo "sì" alla tua proposta... sì, a passare il resto della mia vita con te.

Nicholas non le diede la possibilità di respirare e la sollevò tra le braccia, facendola roteare in uno scoppio di felicità. — Mio Dio, quanto ti amo, Jane. Tu hai fatto di me l'uomo più felice della terra.

— E tu, la più felice delle donne. — Quando si fermarono, Jane gli prese il viso tra le mani e lo fissò negli occhi. — Abbiamo tante cose da mettere a posto ancora.

— Lo faremo insieme.

— Ci vorrà un po' di tempo prima di sistemare le cose in Irlanda. E molti rimarranno scandalizzati dalla notizia del nostro matrimonio.

— Ma altri ne saranno felici, — La baciò. — Non che queste cose abbiano importanza.

Jane l'abbracciò stretto, mentre cercava di immaginarsi come tutti i problemi potessero risolversi. Per la prima volta in vita sua osava vivere al di là dei propri sogni.

Capitolo Trentuno

Quando Jane arrivò in Irlanda, circa una settimana prima del previsto, scoprì che nulla era cambiato ma che tutto era diverso.

Frances era rimasta a Londra, perché si era iscritta a una scuola femminile, mentre Nicholas e lady Spencer erano tornati con lei e Clara a Woodfield House.

Anche se a Jane non interessava avere l'approvazione del padre al matrimonio, per una volta aveva deciso di attenersi all'etichetta della buona società. Aveva perfino convinto Nicholas ad aspettare a dare l'annuncio del matrimonio finché non avesse potuto informare i suoi genitori. Intanto gli avvocati di Nicholas avevano fatto pervenire ai Purefoy una lettera con le istruzioni per preparare i documenti necessari. Contemporaneamente venivano informati gli Spencer, gli Stanmore e un ristrettissimo numero di amici intimi di Nicholas. Jane sperava che si risolvesse tutto prima dell'uscita dell'annuncio ufficiale sui giornali.

Era però totalmente impreparata di fronte alla calda accoglienza che ricevettero al loro ritorno a Woodfield House. Tutti si comportarono come se non ci fosse nulla di insolito, come se nessuno scandalo fosse mai stato associato al suo nome. Sua madre era assolutamente giubilante e suo padre non era mai stato tanto cordiale.

— Gli annunci ufficiali verranno spediti non più tardi di domani mattina — annunciò gioiosamente lady Purefoy alle donne che avevano lasciato sir Thomas e Nicholas in sala da pranzo. — Se potete aiutarmi, lady Spencer, con i nomi e gli indirizzi delle persone che volete avvertire, potremo inviare tutti gli inviti domani.

— Sarò ben felice di darvi tutto l'aiuto possibile — si offrì Alexandra.

Catherine era raggiante. — Questo matrimonio impone assolutamente due ricevimenti in grande stile, uno qui, subito dopo la cerimonia religiosa, e uno a Londra. Forse riusciremo a organizzare le cose in modo che non passi più di un mese tra l'uno e l'altro.

— Prima sarà, meglio sarà — convenne Alexandra.

Mentre le due donne chiacchieravano come vecchie amiche, Jane si allontanò da loro per avvicinarsi a Clara, accanto alla finestra.

— Pensavo che sarebbe venuto qui stasera — sussurrò Clara alla sorella, continuando a tenere lo sguardo fisso sulla strada che saliva dalla valle.

— Lo pensavo anch'io — rispose Jane, guardando nella stessa direzione. — Gli ho mandato un messaggio appena arrivata. Nostra madre non sembra molto preoccupata per le chiacchiere che sono seguite alla sera del ballo quando Henry ha parlato a mio favore, ma è importante che lui sappia la notizia del fidanzamento da noi e non da altri.

— Gli avvocati sono qui già da una settimana — osservò Clara. — Forse lo sa già... ed è turbato... magari geloso...

— Non credo proprio che ci possa essere della gelosia, sorellina. Prima di accettare la proposta di Nicholas, ho dovuto liberarmi di incertezze e paure. Devi fare anche tu lo stesso. — Le posò una mano sul braccio. — Probabilmente sarà impegnato in qualche opera di carità come al solito.

— Allora potrebbe darsi che non lo vediamo affatto stasera. — Clara non staccava gli occhi dalla finestra. — Mi manca tanto, sai. E desidero dirgli tante cose... ora che per merito tuo so che cosa voglio e come comportarmi... l'attesa è una tortura.

Jane sorrise di fronte alla trasformazione subita dalla sorella. Dopo che Clara le aveva spiegato della prima offerta di matrimonio di Henry e del suo rifiuto, tutto era più chiaro.

— Andrei a piedi fino a Ballyclough... e a piedi nudi se fosse necessario.

— Non è necessario andare a piedi — le disse Jane con un'occhiata di complicità.

Clara guardò la madre. Lady Purefoy era impegnatissima in una serrata conversazione con Alexandra riguardo al modo di organizzare il matrimonio. — Mi vuoi aiutare?

— Certo, ma solo se mi prometti di chiedere a Paul una carrozza con un paio di inservienti robusti e fidati.

Le due giovani donne uscirono dalla stanza e, una volta fuori, Clara fu presa da un accesso di risa. — Non riesco a credere quanto sia divertente... scivolare via così di soppiatto.

Ora Jane era *sicura* di avere creato un mostro. —Verrò con te fino alle scuderie per assicurarmi che non farai quello che avevi minacciato di fare un attimo fa... cioè di andare a piedi fino a Ballyclough.

In quel preciso momento Fey comparve all'improvviso con un'espressione di sgomento dipinta in volto. Prese Jane per il braccio e la supplicò di concederle un momento... da sola. Clara, troppo eccitata per aspettare, ripeté la promessa a Jane e corse verso le scuderie.

Jane si rivolse alla governante che faticava a trovare le parole adatte. Ma nessun modo di parlare avrebbe potuto diminuire l'impatto della notizia che stava per dare.

Egan fu l'ultima ad arrivare all'incontro urgente degli Shanavest, che si erano riuniti in numero sorprendentemente elevato.

Ma come le disse subito Jenny, lo scopo della riunione non aveva nulla a che fare con la terribile notizia comunicatale da Fey. Con un cenno della testa Jenny le indicò di portarsi vicino a Liam, in piedi in un angolo del granaio diroccato.

Egan aveva già appreso da Fey che il magistrato aveva arrestato i familiari, donne e bambini, di Patrick e di Liam la mattina presto, prima che i due uomini tornassero da Kildare.

Liam stava parlando con una persona seminascosta dal buio e quando Egan si avvicinò, smise di parlare con lo sconosciuto.

— Mi spiace — disse Egan, posando la mano sul braccio di Liam. Si sentiva colpevole, perché era per causa sua che Patrick era stato costretto ad andare. Se lei fosse rimasta in Irlanda invece di andare in Inghilterra... — Sono venuta appena ho saputo della notizia.

L'espressione del capo le mostrò quanto le fosse grato per essere intervenuta. — Sarà meglio che cominciamo.

Jane annuì, gli si mise a fianco e guardando verso l'uomo nella penombra si rese conto che era Finn. Non fu sorpresa di vederlo né fu stupita che fosse appartato e che avesse una maschera sul volto. Non si poteva certo fare una colpa a chi cercava di proteggere la propria identità.

I presenti fecero silenzio mentre Liam, dopo alcune parole di saluto, cominciava a riferire di come era andato il convegno di Kildare.

— C'era rappresentata ogni regione d'Irlanda. Non tutti erano Shanavest, ma le proteste erano le stesse per tutti. Sfratti, maltrattamenti degli affittuari da parte dei padroni terrieri e dei loro agenti, appropriazioni di terre, la crescente brutalità delle truppe del re...

Nonostante l'angoscia per la propria famiglia, Liam riusciva a riferire con chiarezza ciò che aveva osservato e sentito.

— Anche se è stato istruttivo vedere così tanti irlandesi che si sono opposti ovunque nel paese alla tirannia inglese, per me e Patrick è stato tremendo...

— E Ronan? — lo interruppe qualcuno. — Sembra che l'avete perso per strada.

— Ben fatto. — Qualcuno rise.

— Non sapevo che Ronan fosse andato con loro — disse Egan a bassa voce, rivolta a Finn.

— Dopo che sei partita per l'Inghilterra quell'idiota beveva e parlava più del dovuto. Era troppo pericoloso averlo attorno. Ho suggerito io a Liam di portarlo con loro. Probabilmente, dopo avere conosciuto qualche gruppo del nord, li avrà seguiti lassù dove la loro lotta è più dura. — Le parole pronunciate in inglese invece che in gaelico indussero Egan a voltarsi bruscamente verso l'uomo in piedi accanto a lei.

— Henry? — mormorò.

— Finn, se non vi dispiace. — Le strinse la mano con affetto. — Non siete solo voi ad avere un'altra identità in Irlanda.

— Io... dopo tanto tempo... perché non me l'avete mai detto? Perché solo ora?

— Ascoltate ciò che ha da dire Liam. Dopodomani sera il resto non conterà.

Confusa, Egan rivolse di nuovo l'attenzione a Liam.

—... Al nord, e attorno a Dublino stessa, la violenza sta diventato una costante della vita di tutti i giorni. Uccisioni, incendi di case, mutilazioni del bestiame... non ci si accontenta più di colmare fossati e abbattere siepi. Loro credono nella violenza. Ma noi... gente pacifica... che desideriamo solo vivere in tranquillità con le nostre famiglie...

Jane provò un colpo al cuore quando a Liam mancò la voce. Allora si alzò in piedi Patrick. — Ciò che vuol dire Liam è che gli Shanavest stanno prendo una strada diversa da quella seguita da noi. Loro cercano il sangue... che noi abbiamo versato solo quando è stato assolutamente necessario. Noi crediamo che il nostro gruppo di Shanavest... dovrebbe sciogliesi, almeno per il momento. Non c'è prova che quella violenza porti a risultati concreti.

— Anzi così aumentano le ritorsioni contro gli affittuari della zona — riprese Liam.

— Ma se ci sciogliamo — gridò Jenny — pensate che il magistrato libererà le vostre famiglie di fronte a questo gesto di pacificazione?

— Non so — rispose Liam a bassa voce. — Ma io e Patrick avevamo già deciso di dirvi questo molto prima di sentire del...

— Vale la pena di tentare — gridò qualcuno e altri approvarono.

— Io sono troppo vecchio per continuare a combattere — annunciò un uomo piuttosto anziano.

— Io invece non sono ancora stanca — disse una giovane donna.

— Neanch'io — fecero coro altre voci.

— Non abbiamo nulla da perdere — annunciò Jenny, dopo essersi resa conto che Liam si sentiva troppo insicuro per dare una risposta. — E poi potremo sempre ricostituire le fila.

Nel granaio calò il silenzio fin quando parlò il cognato di Patrick. — E la scadenza? Dobbiamo stare a guardare mentre impiccano le nostre donne e i nostri figli?

— Sì! La scadenza è tra due giorni.

Jenny affrontò la folla. — Facciamo sapere in giro le nostre intenzioni. Mandiamo un messaggio al magistrato. Diciamogli che vogliamo che le donne e i bambini vengano liberati. Non potrà impiccare degli innocenti di fronte a questa richiesta.

In molti si dichiararono d'accordo.

Egan, che non sapeva nulla della scadenza, si rivolse a Finn. — Cos'è questa storia della scadenza?

— Il magistrato intende ripetere la prova di forza compiuta dal suo predecessore nove anni fa — rispose Finn. — Se certi capi degli Shanavest non si consegneranno ai Dragoni di Buttevant prima dell'alba di dopodomani, impiccherà i loro familiari.

Jane si sentì gelare. — Vuole Liam, Patrick e me.

— E anche Finn — rispose l'uomo mascherato.

— Ma non può impiccare donne e bambini.

— Sai bene che può farlo... e lo farà.

— Il ricatto funzionerà — disse Egan a bassa voce. — Musgrave sa bene che ci consegneremo per salvare quelle persone.

Finn annuì solennemente. — È per questo che ho detto che dopo domani sera il resto non conterà.

Un ultimo incontro. Un'ultima cavalcata di mezzanotte. Un'ultima notte con lui. Come cambiano di colpo le cose, pensò. In modo definitivo, violento, irrevocabile.

Improvvisamente ogni motivo di felicità si era dissolto. Tutto ciò che lei e Nicholas avevano progettato era diventato evanescente come fumo nell'aria.

I quattro avevano stabilito che si sarebbero incontrati l'indomani dopo la mezzanotte per procedere con lo scambio.

L'unica complicazione era trovare un luogo sicuro in cui portare i familiari di Liam e Patrick una volta liberati. Visto che i due uomini si consideravano già morti, una volta nelle mani di Musgrave, volevano che almeno i loro cari fossero al sicuro.

Era già passata mezzanotte quando Jane riportò Mab nella stalla. La casa era immersa nel buio, ma sapeva che Nicholas sarebbe stato sveglio ad aspettarla. Muovendosi nell'oscurità andò verso il passaggio segreto che partiva dalla stanza dei finimenti.

— Chiaro di luna. Una bella notte per cavalcare.

Jane si sentì balzare il cuore in petto. La mano le corse al pugnale infilato nella cintura prima di riconoscere che la voce era quella di sir Thomas. Scossa da quella scoperta, si voltò e vide il padre uscire dall'ombra del locale.

— Infatti — rispose semplicemente. Il fatto che l'avesse scoperta rientrare quando tutti dormivano o che potesse sospettare delle sue attività segrete non la turbò. Ormai non aveva più nulla da perdere.

— C'è stata molta tranquillità da queste parti senza te che andavi e venivi a ogni ora della notte. Ma è stato anche un sollievo sapere che finché eri a Londra ti trovavi al sicuro.

Sir Thomas guardò fuori da una finestrella verso casa. — Io e Nicholas abbiamo parlato a lungo. Anzi sarebbe meglio dire "battagliato".

A ogni frase Jane si sentiva sempre più confusa e trovava difficile continuare a mostrarsi indifferente.

— Non vuole nulla della tua fortuna.

Jane non sapeva neanche di disporne.

— Ha insistito per non volere né terre né denaro né alcuna forma di dote. È un bel testone, per Giove!

Jane si sentì travolgere da un turbine di sentimenti. Sapeva quanto fosse disinteressato l'amore di Nicholas per lei. E avere la certezza di essere sul punto di perderlo le fece scendere una lacrima sulla guancia.

— Ma anch'io so essere ostinato, che il diavolo se lo porti. Tu sei la mia figlia maggiore. La gran parte di ciò che io e tua madre possediamo dovrà andare a te e ai tuoi figli. — L'uomo emise una risatina. — Ma non temere. Alla fine l'ho costretto a un accordo. Questo vecchio soldato non si lascia battere così facilmente.

Jane faticò a trovare la voce. — Non capisco tutto questo disturbo. Lui sa già come mi considera la mia famiglia. Non c'è nulla che possa modificare la sua opinione.

— Non fraintendermi. Quell'uomo mi piace. Ma la sua opinione non mi interessa. Sei tu che...

— Perché? Improvvisamente vi comportate come se vi importasse qualcosa di me.

— Io ti ho *sempre* avuta a cuore, Jane. — Sir Thomas fece un passo verso di lei.

— È una menzogna.

— Non parlarmi così... sì, lo ammetto, ho commesso un orribile errore nove anni fa. Avrei dovuto immaginare che impiccare quel ragazzo non sarebbe servito a fare tornare mia figlia da me. — La sua voce era gentile. — So che da anni sei coinvolta nelle attività dei Bianchi. Forse il motivo è stato Conor... o forse solo la volontà di metterti contro di me. Ma anche senza di noi... tu eri una persona che doveva reagire alle ingiustizie che vedevi.

— Se sapevate che impiccare quegli uomini era un'ingiustizia, perché l'avete fatto? Perché non vi preoccupate adesso per gli irlandesi?

— Quando ho aperto gli occhi, i danni erano ormai stati commessi. Ho dato le dimissioni.

— Troppo comodo. — Jane non si curò di nascondere l'ostilità nel suo sguardo. — Ma non ho tempo per cercare di farvi capire quante cose rimangono ancora da correggere.

— Chi meglio di Egan potrebbe offrire la vista a un cieco?

Le sue parole la bloccarono.

— Sapevo delle tue attività con gli Shanavest, ma non che tu fossi Egan, fino alla mattina del ballo. — Adesso il suo sguardo era di ammirazione. — Avrei dovuto immaginare che non avresti mai fatto le cose a metà.

Quelle parole la confondevano più di quanto suo padre avesse il diritto di fare.

— Sir Nicholas mi ha detto che voi due state progettando di dividere il vostro tempo tra l'Inghilterra e l'Irlanda... io ti chiedo solo di farmi capire come si può ancora intervenire per cambiare effettivamente le cose.

"Perché ora?" pensò Jane. "Perché così tardi? Troppo tardi?"

— Credimi, non sto tendendo una trappola ai tuoi compagni...

Lo sguardo di Jane si indurì. — La trappola è già scattata. Alla vigilia dello scioglimento degli Shanavest.

— Quale trappola?

Jane scosse la testa, mentre si allontanava. — Arrivate troppo tardi, sir Thomas. Troppo, troppo tardi.

Capitolo Trentadue

FINN AVEVA APPENA CHIUSO il cancelletto della stalla della canonica, quando sulla soglia comparve una donna con una lampada in mano e fu costretto a nascondere rapidamente cappello e maschera sotto una vecchia coperta da sella.

— Siete voi, Henry?

— Clara? — Il reverendo si rizzò sorpreso. — Che fate qui a quest'ora così tarda?

— Vi aspettavo. — Clara depose la lampada fuori dalla stalla ed entrò. — Vi ho aspettato in canonica, nel vostro studio... poi sono uscita ad attendervi in giardino. — Il suo sguardo si posò sull'abito di lana grezza e sugli alti stivali di lui.

— Non mi avete ancora detto perché siete venuta fin qui?

I denti bianchi di Clara scintillarono in un adorabile sorriso. — Reverendo Adams, così sembrate più un bandito di strada che un rispettabile ministro di Dio.

— Non so che intenzioni avete, ma devo chiaramente trovare il modo di riportarvi a casa — le disse il religioso, prendendola per un braccio e accompagnandola all'esterno.

— Sono stata via più di quindici giorni.

— Lo so.

— Allora dovreste sapere che non è questo il modo di accogliere una persona che vi è mancata terribilmente.

Il reverendo la fissò severamente. — Quando mai ho detto...

Clara lo mise a tacere scivolandogli abilmente tra le braccia e chiudendogli la bocca con un bacio.

Un gemito sfuggì dalle labbra di Henry che cedette al bacio. Le sue mani stringevano avidamente a sé quel corpo morbido e anche Clara emise un mugolio quando la mano di Henry le toccò un seno.

Improvvisamente l'uomo fermò il braccio *e* allontanò le mani da lei come se si fosse scottato.

— No! È sbagliato — esclamò, cercando di fare un passo indietro, ma Clara lo afferrò per il bavero della giacca.

— Non osate negare di provare qualcosa per me, Henry Adams. E non mentite dicendo di non volermi. Anche mentire è sbagliato! — Clara si sollevò in punta di piedi e lo guardò negli occhi. — Mi sono comportata in modo stupido. Ho sbagliato pensando che i miei genitori sapessero che cosa era meglio per me. Ma vi ripeto... io vi *amo*. Voglio sposare *voi e* nessun altro. E non importa se dovrò portare lo stesso vestito per vent'anni o magari vivere in un tugurio con una sola stanza. Con voi sarò felice e anche voi lo sarete.

Gli sfiorò nuovamente le labbra con un bacio, poi ab" bassò le mani. — E non intendo arrendermi, Henry. Vi importunerò e sarò una spina nel vostro fianco finché non vedrete la verità. — Si volse per andarsene. — Tornerò, Henry.

Il forte bussare alla porta fece rialzare la testa al magistrato.

— Che cosa diavolo succede? — imprecò Musgrave. — Avanti.

Mentre la porta si apriva, sir Robert coprì in fretta la lettera che da tre giorni continuava a leggere. Non fu affatto sorpreso di vedere sir Thomas Purefoy, seguito dal capitano Wallis.

— Che piacere vedervi così di buon mattino — disse

Musgrave, alzandosi in piedi. — Avevo intenzione di venire più tardi a Woodfield House per porgere i miei rispetti a miss Jane. Ho sentito che è tornata dall'Inghilterra.

— Infatti. — Sir Thomas Purefoy rifiutò l'offerta di una sedia.

Musgrave tornò a sedersi dietro la sua lussuosa scrivania. — In che posso esservi utile, sir Thomas?

L'ex magistrato prese di tasca un foglio piegato, l'aprì e lo gettò sulla scrivania di sir Robert.

— Questi fogli circolano in tutta Munster. Questo in particolare è stato trovato sulla scrivania del direttore del nuovo Mercato del Burro di Cork. Ne eravate a conoscenza?

— Sì, certo — confermò Musgrave, respingendo con sdegno il foglio. — Spazzatura. Nessun tipografo ammette di averlo stampato.

Sir Thomas raccolse il foglio, riassumendone il contenuto come se Musgrave non fosse in grado di capirne da solo il senso. — È un'offerta di pacificazione dei Bianchi. Dicono che gli Shanavest si stanno sciogliendo.

— Lo so cosa dice, sir Thomas. — Musgrave si appoggiò allo schienale della sedia. — Ma è roba senza valore.

— E perché mai, signore?

— Perché io otterrò lo stesso risultato, anche senza la loro nobile offerta di pace.

— In che modo?

— Arrestandoli e impiccandoli uno per uno... a cominciare dai caporioni. — Musgrave sorrise orgoglioso. — Questo foglio indica che sono sconfitti. E io li schiaccerò. Senza capi non ci sarà più nessuna resistenza.

— Ci avete già provato, ma senza successo.

— Questa volta è diverso. Ho un'esca e saranno loro a venire da me.

— Cosa? O dovrei dire... chi?

— Temo di non potervi rispondere. La faccenda è troppo delicata. — Anche Musgrave si alzò in piedi per affrontare meglio l'ex magistrato. — Quando voi avete impiccato quei cinque Bianchi nove anni fa, per molto tempo avete quasi stroncato del tutto ogni resistenza nella zona. Prima dell'alba di domani io impiccherò i capi più attivi dei ribelli e darò il via alla mia campagna per annientare completamente i Bianchi.

— Ma allora non c'era nessuna offerta di pace. Non avrei ordinato quelle impiccagioni se ci fosse stata un'altra possibilità.

Musgrave scrollò la testa. — Questo lo dite adesso, ma non credo che l'avreste fatto. E io voglio essere ricordato come colui che ha impiccato quei maledetti Liam... Patrick... Finn... ed Egan. Non come lo stupido magistrato che ha lasciato che si disperdessero.

Sir Thomas si chinò sulla scrivania con espressione minacciosa. — Qui stiamo parlando di vite umane. Uccidete quelle persone adesso e farete scoppiare una rivolta. Mettereste solo in pericolo la vita della nostra gente.

— Scusatemi, sir Thomas, ma non intendo desistere. — Fece cenno a Wallis di aprire la porta. — Se volete scusarmi, ho parecchio lavoro da fare prima di procedere con gli arresti *e* le esecuzioni di domani.

Purefoy uscì dalla stanza con un'espressione furibonda in volto, ma Musgrave non se ne curò e andò a ripescare la lettera che aveva nascosto.

Il documento spedito dal lord luogotenente d'Irlanda era arrivato tre giorni prima. Musgrave era stato richiamato in Inghilterra... e sollevato dal suo incarico con effetto immediato.

Musgrave non era uno stupido. Sapeva benissimo che dietro tutto questo c'era la mano di Nicholas Spencer, stregato da quella sgualdrina di Jane Purefoy.

Il magistrato gettò la lettera sul tavolo. Il luogotenente avrebbe aspettato, perché lui non sarebbe andato da nessuna parte prima di finire il suo lavoro.

Qualcuno doveva morire, specialmente Egan, prima che Musgrave si piegasse a un ordine sollecitato da un presuntuoso furfante di Londra.

Il braccio di Nicholas si strinse istintivamente attorno a Jane che cercava di scendere dal letto. Jane vide che l'uomo dormiva profondamente e avvertì un tremendo nodo alla gola. Sapeva che non sarebbe riuscita a resistere per molto e si affrettò a vestirsi. Dalla porta lanciò un'ultima occhiata verso il braccio muscoloso di Nicholas, steso dove lei aveva finto di dormire fino a un attimo prima.

Aveva fatto l'amore un'ultima volta con passione travolgente, concedendosi a lui come se non ci fosse più domani.

E infatti non ci sarebbe stato un domani.

Gli rivolse un'ultima occhiata e un ultimo sorriso. Poi scivolò fuori dalla stanza, dando finalmente sfogo alle lacrime. Andò in camera sua e indossò gli abiti che la qualificavano come Egan. Anche se all'alba la sua identità sarebbe stata svelata non voleva dare a Musgrave la soddisfazione di arrestare Jane Purefoy... a essere impiccata sarebbe stata Egan. Jane Purefoy sarebbe rimasta nel cuore dell'uomo che aveva appena lasciato.

Quando arrivò nelle scuderie, servendosi del solito passaggio segreto, aggrottò la fronte vedendo che il ricovero di Mab era vuoto. Anche la sella era scomparsa. Nella speranza che Paul avesse immaginato che le servisse il cavallo, andò nel recinto dove il capostalliere avrebbe potuto aspettarla con Mab.

Anche lì era tutto silenzio. Nessuna traccia di Paul né della cavalla.

Un po' nervosa, perché ormai il tempo cominciava a scarseggiare, corse a sellare uno dei cavalli del padre. In tanti anni non era mai successo nulla del genere. Paul sapeva che Mab non doveva essere spostata né montata da altri. Ne erano tutti a conoscenza.

Alcuni minuti dopo lasciò Woodfield House lanciandosi al galoppo nella notte. Più ci pensava, più era sollevata dal fatto che almeno Mab non sarebbe caduta nella mani di Musgrave.

Il magistrato si rizzò di scatto sul letto quando udì bussare in modo concitato alla sua porta. Gli ci volle un momento per capire che cosa stesse succedendo. Quando sentì il soldato che lo chiamava d'urgenza, buttò via le coperte e corse alla porta, dove trovò un servitore con una candela in mano seguito da un giovane Dragone.

— Che succede? — urlò Musgrave al soldato.

— Si tratta del capitano Wallis, signore. — Il soldato fece un passo indietro. — Ha lasciato la caserma... e sono corso ad avvertirvi.

— Dov'è andato? — sbottò Musgrave.

— Al Trono di Cuchulainn.

Sul viso del magistrato doveva essere evidente la confusione, perché il soldato spiego: — Il capitano e una ventina di uomini della sua guardia personale hanno preso tutti i prigionieri da scambiare coi ribelli. Il capitano ha detto al caporale Evans che il luogo e l'ora d'incontro erano cambiati... e che voi eravate stato già informato.

— *Che cosa? Quando sono partiti?* — ruggì Musgrave mentre rientrava di corsa in camera per vestirsi.

— Poco più di un'ora fa, signore...

— Svegliate tutti i soldati in caserma — ordinò Musgrave. Poi gli venne un pensiero minaccioso. — *Aspettate.* — E dopo avere riflettuto un momento diede al Dragone istruzioni specifiche su chi chiamare... compresa la sua anima dannata, il sergente Powers.

Il capitano Wallis aveva molta più influenza di lui sui soldati, pertanto non sarebbe stato facile convincere tutti gli uomini di Wallis a mettersi contro di lui.

Ma c'era ancora qualcuno che era rimasto fedele alla causa ed era con questi che Musgrave avrebbe stroncato quell'inopportuno sfoggio di indipendenza.

Capitolo Trentatré

La luce delle torce che si rifletteva sulle rovine del castello era visibile in lontananza. Mentre Musgrave e i suoi uomini si avvicinavano gli vennero incontro due Dragoni a cavallo.

— Dov'è il capitano Wallis? Che cosa significa tutto questo?

— sta aspettando presso il Trono di Cuchulainn, signore — rispose uno degli uomini. — Lo scambio è stato effettuato.

Musgrave soffocò uno scoppio di collera. — Ha in mano i ribelli?

— Sissignore — rispose il secondo soldato.

Imprecando ad alta voce, il magistrato spronò il cavallo. A metà collina alcuni Dragoni sorvegliavano numerosi cavalli. Si fermò un momento e vide tra quelli anche la vivace cavalla di Jane.

— Di chi è quel cavallo? — chiese bruscamente.

— Della ribelle Egan, signore. Adesso è legata con gli altri tre.

Un po' più ammansito, Musgrave ordinò ai suoi uomini di prendere posizione lungo la strada. Ora che aveva in pugno i ribelli, non se li sarebbe fatti scappare.

Il capitano Wallis gli rivolse un saluto impeccabile, ma evitò di guardarlo negli occhi.

— Non si poteva aspettare, sir Robert. I banditi hanno inviato un messaggio dicendo che non si fidavano se la liberazione delle donne e dei bambini fosse avvenuta a Buttevant e hanno chiesto di effettuare lo scambio qui. È andato tutto liscio. Abbiamo fatto scendere dalla collina le donne e i bambini e i capi sono saliti uno a uno lungo la stessa strada. — Wallis fece segno a un soldato di prendere le briglie del cavallo del magistrato, che finalmente si decise a smontare. — È andata proprio come volevate voi, signore. So quanto questi arresti siano importanti per voi e non volevo perdere...

— Portatemi da loro — sbottò Musgrave.

Naturalmente quei bastardi di irlandesi avevano visto giusto. Non era stata sua intenzione liberare i familiari. Sarebbe stata ben più drammatica l'esecuzione se fosse avvenuta sotto gli occhi delle donne e dei bambini piangenti! E la sua reputazione sarebbe andata alle stelle quando avrebbe caricato i familiari dei banditi su una nave diretta in Australia!

Certamente una delle famiglie sarebbe rimasta e avrebbe provocato un terremoto negli uffici del lord luogotenente! Ma non avrebbero potuto fare nulla a lui, l'eroe che aveva smascherato la figlia del grande sir Thomas Purefoy.

— Eccoli qui, signore. — Il capitano indicò quello che un tempo doveva essere stato il salone principale del torrione.

Guardando attraverso i muri crollati, vide quattro persone accucciate a terra con le mani dietro la schiena, legate tra loro in cerchio.

Notò che erano tutti vestiti di nero e che nessuno indossava la camicia bianca. Sulla testa di ognuno era stato infilato un cappuccio di lana. Musgrave andò a strappare il primo copricapo. Il ribelle aveva un'espressione tranquilla e non mostrava segni di paura.

— Questo si chiama Patrick — disse Wallis.

Musgrave diede un calcio al secondo prigioniero prima di toglierli il cappuccio. L'uomo aveva un'espressione d'odio in viso e mugolò qualcosa in gaelico.

— Liam — disse il capitano.

Musgrave gli diede un altro calcio e passò oltre. Stava per

smascherare il terzo prigioniero quando si rese conto che uno dei due rimasti doveva essere Egan. Wallis aveva incontrato Jane Purefoy in numerose occasioni negli anni: come mai non gli aveva detto di avere catturato al figlia dell'ex magistrato?

Dalle lunghe gambe e dalle dimensioni degli stivali intuì che il prigioniero seguente era un uomo, per cui passò oltre e si fermò davanti all'ultimo cappuccio, da cui spuntavano lunghi capelli scuri.

— Ho ragione di ritenere che questa sia Egan?

— Sissignore. Non potete immaginare la nostra sorpresa quando abbiamo scoperto di conoscerla.

In preda a un senso di esaltazione Musgrave tirò via il copricapo dalla testa della donna, ma quando ne vide il volto la fissò sbalordito per un istante prima di sfilare il pugnale che portava nello stivale.

— Questa non verrà impiccata.

Le si portò a fianco e le accostò il pugnale alla gola.

— Mettete via quel pugnale... o morirete. — Musgrave sollevò sbalordito lo sguardo verso la pistola puntata contro di lui. Si sentì ribollire per la rabbia quando incontrò lo sguardo gelido di sir Thomas.

— Che v'importa se muore?

— Se versate anche una sola goccia del suo sangue, siete un uomo morto.

— Molto astuto da parte vostra nascondere vostra figlia e rimpiazzarla con questa donna. — La mano di Musgrave non tremò. — Ma come magistrato posso fare quel che mi pare.

— Voi siete stato formalmente sollevato dal vostro incarico di magistrato quasi una settimana fa.

— È una menzogna. — Musgrave lanciò un'occhiata ai Dragoni che si erano raccolti dietro Wallis. — Arrestate quest'uomo. Sta interferendo con...

— Sia io che il capitano Wallis abbiamo ricevuto copie della lettera inviatavi dal lord luogotenente. Con aggiunti ordini particolari per noi.

— È un trucco. — Musgrave guardò furibondo i soldati attorno a lui. — Volete giustiziarli voi stesso. Tenervi anche quella sgualdrina di vostra figlia e coprirvi di gloria.

— Come ho cercato di farvi capire ieri, evidentemente con scarsi risultati, ora che i Bianchi sono disposti a sciogliersi, la cosa migliore per noi è lasciarli fare. Anche i proprietari terrieri e i commercianti di Cork sono stanchi di queste ingiustizie. Vogliono cambiare. Uccidere questa gente significherà solo fare esplodere altra violenza e ci vorranno anni per riportare la pace. Lasciate quel coltello.

L'attenzione di Musgrave si spostò sull'uomo che stava entrando in quel momento nel salone seguito da uno dei Dragoni di Wallis. Spencer.

— Voi...

L'ex magistrato vide lo sguardo di Musgrave cambiare di botto. Mentre tirava indietro la testa della donna per tagliarle la gola, sir Thomas sparò con la pistola. Il corpo di Musgrave si inarcò sotto l'impatto e si accasciò per terra.

Nel castello e sulla collina scoppiò il pandemonio e il capitano Wallis si affrettò a lanciare una serie di ordini.

Nicholas scavalcò il corpo di Musgrave e tolse il cappuccio dalla testa dell'ultimo ribelle. Lo salutò il viso sorridente di Paul.

— Quella pallottola mi è passata vicino, eh? — commentò con un ghigno.

— Molto più di quanto tu possa pensare — rispose Nicholas, facendo un cenno con il capo in direzione di sir Thomas. Dopodiché liberò rapidamente le mani dell'uomo e tagliò le corde che imprigionavano gli altri.

Su ordine di sir Thomas e del capitano Wallis, il capostalliere si era sostituito ai ribelli insieme ad altri tre servitori. Le istruzioni del lord luogotenente erano chiare. L'ex magistrato e il capitano dovevano valutare la reazione di Musgrave al sollevamento dall'incarico prima di estrometterlo con la forza. Nessuno però sapeva fino a che punto sarebbe arrivata la sua reazione.

— Dovete raggiungere i ribelli prima che varchino i cancelli della caserma di Buttevant — ordinò sir Thomas a Nicholas.

— Venite anche voi? In fondo siete stato voi a organizzare tutto. Penso che dovrebbero saperlo.

Sir Thomas scosse la testa. — Finché il lord luogotenente non manderà un altro magistrato, io devo agire in nome della Corona. — Poi, abbassando la voce, aggiunse: — Che il diavolo mi porti, non ho nessun desiderio di trovarmi nella posizione di identificare i ribelli se chi sostituirà questo pazzoide dovesse chiedermelo.

Sì, pensò Nicholas, era meglio che sir Thomas non vedesse i ribelli in viso, in particolare uno. Mentre si allontanava, l'ex magistrato lo fermò e l'espressione del suo viso si ammorbidì. — Dite a Jane che ci sto provando.

Mancavano due ore all'alba quando i quattro ribelli si avvicinarono all'ultima collina, oltre la quale scorreva il fiume Awbeg e si trovava il villaggio di Buttevant.

La luna, alta nel cielo, illuminò il cavaliere solitario che li aspettava sulla cresta della collina. Jane lo riconobbe immediatamente.

— Non gliel'ho detto — disse rapidamente in risposta all'occhiata interrogativa di Henry. — Non l'ho detto a nessuno.

Senza attendere una risposta da parte degli altri spronò il cavallo in direzione di Nicholas, il quale, avendoli riconosciuti, spinse il cavallo verso di loro. Era furiosa di vederlo lì, perché ciò non faceva che aumentare il dolore di doverlo perdere.

— Che fai qui? — gli chiese quando gli fu vicina.

— Di' loro di tornare indietro — la sollecitò Nicholas, indicando con il capo i tre uomini che avevano fermato i cavalli. — Non c'è più bisogno dello scambio. Le loro famiglie sono state liberate stanotte. Ma adesso devono andarsene prima che qualcuno degli uomini di Musgrave li veda e decida di continuare ciò che il loro capo non è riuscito a concludere.

Jane seguì Nicholas verso gli altri cavalieri, che non erano mascherati quella notte. Il baronetto rimase stupefatto quando si trovò di fronte Henry Adams.

Jane si rivolse a Liam e Patrick. — Sir Nicholas dice che le vostre mogli e i vostri bambini sono stati liberati.

Nicholas spiegò loro che Musgrave era rimasto ucciso e che il nuovo magistrato pro tempore riteneva di dovere accettare l'offerta di pace degli Shanavest.

Patrick e Liam si guardarono increduli.

— Ma in attesa che il nuovo comando si sia insediato non dovete girare dalle parti di Buttevant.

— Sir Nicholas non è una persona che mente. — Il reverendo Adams rassicurò Patrick e Liam che apparivano piuttosto confusi.

Seguì un momento di intensa concitazione, poi Patrick si sporse dal cavallo per abbracciare Jane con affetto,

— Oh, Egan... voglio dire miss Jane. Perché non lo porti da noi qualche volta? Mia moglie fa la miglior birra tra qui e Limerick.

Un istante dopo Patrick e Liam ripresero la strada da cui erano venuti. Henry invece rimase e si avvicinò a Nicholas, che aveva un'espressione decisamente divertita.

— Così voi dovreste essere...

— Finn — ammise Henry.

— Ma perché? — chiese Nicholas, facendosi serio in volto. — Perché un rispettabile pastore della chiesa episcopale inglese dovrebbe battersi al fianco di contadini papisti scontenti?

— La risposta non è facile. Forse ho cominciato a battermi per loro perché vedevo una grande ingiustizia... o perché penso che la pietà non appartenga a una sola religione. — Henry emise una risatina. — O forse perché come secondogenito di un eroe della marina inglese ho un sangue bellicoso.

— Neanch'io sapevo che Henry e Finn fossero la stessa persona, fino a due notti fa — ammise Jane.

Nicholas e Jane, i cui cavalli erano affiancati, si tenevano le mani e lo sguardo di Henry cadde su di esse. — La signora Brown mi dice che ci sono progetti di matrimonio nell'aria.

Jane sorrise a Nicholas. — Adesso sì.

— Vorreste farci l'onore di sposarci nella vostra cappella? — chiese Nicholas a Henry.

— L'onore sarà mio — rispose amabilmente il reverendo. — Sempre che naturalmente non riesca a convincere Clara a sposarmi proprio quel giorno. — Il suo sguardo incontrò quello perplesso di Nicholas. — Vedete, io sono solo un povero sacerdote di campagna e forse potrei approfittare dell'occasione per far pagare a voi la festa nuziale delle due sorelle.

— Sarò ben felice di pagare una luna di miele sul continente a voi e alla vostra sposa, reverendo Adams, purché il matrimonio avvenga entro un mese.

I due uomini si strinsero cordialmente la mano e Jane sentì di non essere mai stata tanto felice in vita sua.

Mentre Henry si allontanava, Jane si rivolse a Nicholas guardandolo negli occhi. — Ieri notte sapevi che me ne sarei andata. Grazie per non avere cercato di fermarmi.

Nicholas le prese la mano e se la portò alle labbra. — Tu eri Egan già da molto tempo prima che ti conoscessi. Ieri notte erano in gioco la tua fede e il tuo onore. Sapevo che non mi avresti voluto se non avessi compiuto il tuo dovere fino in fondo.

— Tu mi hai aiutata... ci hai salvati tutti quanti.

— Gli eventi di stanotte non sono merito mio.

— Ricordo di avere sentito Stanmore parlare di certa corrispondenza riguardo Musgrave quando eravamo a Londra.

— Quello è stato solo un passo preliminare — ammise Nicholas. — Tramite certe conoscenze sono riuscito a persuadere il lord luogotenente d'Irlanda che Musgrave era sull'orlo della follia. Così gli è stato mandato un ordine di rientrare in Inghilterra, ma quando sono arrivato qui ho scoperto che il furfante faceva finta di ignorare quel comando. Ma c'è stata una persona che ha avuto molta più influenza di me sugli eventi di stanotte.

Inutilmente Jane cercò di immaginare di chi si trattasse.

— Sir Thomas — disse Nicholas.

A udire quel nome Jane fu travolta da una marea di sentimenti. Vergogna mista a orgoglio. Sollievo e incredulità. Gratitudine e speranza. Con la mente vuota continuò a cavalcare per un po' in silenzio.

— Mi ha salvato la vita — disse alla fine. — Ha salvato la vita di quegli uomini e delle loro famiglie... eppure non riesco ad affrontarlo per... per ringraziarlo.

— Credo che l'abbia capito anche lui. Mi ha chiesto solo di dirti che ci stava provando.

Jane si asciugò una lacrima dal viso. — Era molto più facile odiarlo... ignorare la possibilità che in lui potesse esserci ancora un brandello di pietà.

— Non credo che si aspetti di essere perdonato subito, ma sono convinto che cerchi di essere un uomo diverso. Forse dovresti lasciare le cose così come stanno. — Nicholas le prese di nuovo la mano, portandosela alle labbra. — Credo che il sole stia sorgendo per noi.

Jane sollevò lo sguardo verso il cielo che si stava il' luminando verso est. Era l'inizio di un nuovo giorno. Sospirò e cercò di purificare la mente e il cuore dai ricordi del passato. Poi incontrò lo sguardo ammirato di Nicholas e pensò alla loro nuova vita... al loro matrimonio.

— Noi! Ecco una parola che adoro — la stuzzicò Nicholas.

— Noi! — ripetè Jane e gli sorrise. — Ecco tutto ciò che voglio per sempre. Solo *noi*.

Epilogo

Poteva essere stata assassinata nelle strade di Londra. Poteva essere annegata nel Tamigi. Poteva essere stata rapida a Westminster.

Nicholas pestò i piedi davanti ai gradini di casa per liberare gli stivali dalla neve. Era stato da Stanmore e nella nuova casa di sua madre. Nessuno aveva visto Jane.

Si liberò del mantello e del cappello consegnandoli a Charles.

— Abbiamo frugato tutti quartieri, sir Nicholas, niente. La signora Hannagan sta per avere un colpo, signore, e gli ospiti arriveranno tra un'ora.

— Al diavolo gli ospiti. — Si voltò verso uno dei servitori. — Hai domandato di nuovo alla signora Cawardine?

— Sissignore. La pittrice è sicura che sua signoria avesse promesso di andare a pranzo con sir Joshua Reynolds, ma non è mai arrivata, signore.

Nicholas lanciò un'occhiata all'orologio da tasca. Erano le sei passate. Una sensazione di nausea l'aveva preso allo stomaco un'ora prima, quando Jane avrebbe dovuto essere già a casa, e non gli era ancora passata. Jane non aveva una bella cera quel mattino. Avrebbe dovuto essere più fermo nel chiederle di rimanere a casa.

Se le era successo qualcosa... lui...

— La carrozza, sir Nicholas! — gridò il valletto dalla porta d'ingresso. — Sta risalendo la piazza, signore!

Nicholas uscì di corsa, spingendo da parte l'uomo e guardando corrucciato il conducente che stava tirando le redini ai cavalli per arrestarsi davanti a casa. La carrozza si fermò, Nicholas aprì la portiera di scatto e vide il bel viso della moglie che gli sorrideva dolcemente. Jane non aveva il mantello e stava tremando nel suo vestito di lana grigia. Non aveva neanche il cappello né i guanti e Dio solo sapeva che altro le mancava. Aveva una coperta in grembo.

— Hai dato tutto a qualche povera mendicante, vero? Per Giove, Jane, quante volte devo dirti che se morissi di freddo con questo tempo...

— Suvvia Nicholas... non c'è bisogno di spaventare questi miei due amici. — Jane abbassò la coperta e di fianco a lei sbucarono i faccini sporchi di due monelli di strada.

Nicholas salì immediatamente sulla carrozza e chiuse la portiera per non fare entrare il freddo. — Chi sono questi due? Dove li hai trovati?

— Non mi hanno ancora detto come si chiamano. — Jane li abbracciò stringendoli a sé. — Ma ci potremo presentare come si deve, dopo che avranno avuto un pasto caldo e avranno fatto un bagno ancora più caldo.

Nicholas sospirò, rassegnato. — E vorresti che la signora Hannagan e Charles intrattengano gli ospiti mentre noi portiamo questi due mocciosi ad Angel Court?

— No! È la vigilia di Natale, Nicholas. — Gli rivolse uno sguardo implorante. — Non possono rimanere con noi... almeno per un po'?

Per Nicholas era impossibile rifiutare qualcosa alla moglie. Le mise la sua giacca sulle spalle e attraverso il finestrino fece cenno a Charles di avvicinarsi.

I bambini furono avvolti nella coperta e trasportati in casa, ma Jane lo trattenne un momento, posandogli una mano su un ginocchio.

— Nick, va tutto bene, vero?

Nicholas l'abbracciò, felice che fosse tornata a casa sana e salva.

— Quei due angioletti erano così perduti... soli... e affamati. Ho chiesto in giro e mi hanno detto che da settimane dormivano in un vicolo e chiedevano l'elemosina. — Gli occhi di Jane rilucevano di lacrime. — Non ti spiace se li ho portati qui, vero?

Nicholas scosse la tesa e l'attirò stretta a sé. — Non mi spiace affatto, amor mio.

Jane si aggrappò alla sua mano. — Ma tu mi hai già detto che in generale è meglio che quei bambini vengano portati in una delle case... perché potrebbero esserci altri bambini che conoscono e...

— Va benissimo anche portarli qui — l'assicurò lui, asciugandole le lacrime a furia di baci.

— E potremo allevarli tutti e tre insieme. Potremo...

— Tre? — chiese Nicholas, guardandosi attorno.

Quando Jane gli prese la mano e la guidò sul suo ventre, Nicholas sentì che le parole gli rimanevano in gola e fissò incantato le sue dita allargate con fare protettivo sulla vita che cresceva dentro di lei.

— Jane...

Jane fece un cenno d'assenso. — Un piccolino in più non darà fastidio, vero?

Impossibile per Nicholas combattere contro il mare di emozioni che lo invadeva.

— No, nient'affatto, amor mio. — La strinse di nuovo forte a sé e questa volta anche a lui sfuggì una lacrima di gioia. — Nient'affatto.

Grazie per aver letto *Il Ribelle*. Se vi è piaciuto, lasciate una recensione online.

Non dimenticate di dare un'occhiata al prossimo libro, *Sogni Presi in Prestito*, che avrà come protagonisti Millicent Wentworth e l'indimenticabile Lyon Pennington.

Sogni Presi In Prestito

LA PROPOSTA

Spinta a cancellare il male causato dal suo defunto marito, Millicent Wentworth deve trovare un modo per salvare la sua proprietà e liberare gli innocenti che lui rende schiavi. La sua unica speranza è un matrimonio - solo di nome - con il famigerato vedovo, il Conte di Aytoun.

LO SPOSO

Devastato dal tragico incidente che ha ucciso la moglie e lo ha lasciato gravemente ferito, Lyon Pennington, quarto conte di Aytoun, è tormentato dalle accuse che lo incolpano della catastrofe. Pieno di disperazione, lascia che la madre lo attiri in un matrimonio di convenienza, per amore di una donna di buon cuore sull'orlo della rovina finanziaria.

IL DESIDERIO

Sotto lo sguardo gentile di Millicent, Lyon comincia a recuperare le forze e il suo cuore ferito comincia a guarire. E ben presto

Nota di edizione

Millicent scopre che, sotto la barba incolta e l'atteggiamento cupo, Lyon potrebbe essere l'uomo più bello e premuroso che abbia mai incontrato. Per la prima volta nella sua vita, si rende conto di essere viva, con un desiderio ardente per l'unico uomo che amerà per sempre...

Nota dell'autore

Dal XII secolo, la mano pesante dell'Inghilterra ha stretto il cuore dell'Irlanda.

Coloni pacifici. Conquistatori. Colonizzatori. Gli inglesi fanno parte della storia irlandese da quasi un millennio. Fin dall'inizio hanno cercato di dominare e saccheggiare questa terra di artisti, studiosi e santi.

All'inizio del XVIII secolo, i governi dei primi Re di Hannover iniziarono a istituire le "Leggi penali" che avevano lo scopo di privare gli irlandesi di tutte le terre e di tutti i diritti civili. Le politiche brutali e repressive imposte agli irlandesi all'epoca sono state descritte come un vero e proprio genocidio culturale. Verso la metà e la fine del 1700, tuttavia, anche i proprietari terrieri e i mercanti inglesi che si erano stabiliti da tempo in Irlanda stavano soffrendo per le politiche coloniali repressive. Molti si resero conto della sostanziale ingiustizia della situazione anche per gli irlandesi e presentarono petizioni per ottenere dei cambiamenti. Tuttavia, erano in gran parte privi di voce in Parlamento. La situazione per gli irlandesi era davvero disperata e cominciarono a organizzarsi in movimenti di resistenza da Tipperary all'Ulster.

I Whiteboys di cui avete appena letto erano una parte reale di questa resistenza. In tutta l'Irlanda sorsero questi gruppi. I Ribbonmen. I difensori. Gli Oakboys. I Rightboys. Ogni parte dell'Irlanda aveva il suo pomo della discordia e ogni movimento di resistenza aveva una risposta organizzata.

Vorremmo ringraziare Timothy O'Sullivan per il suo aiuto con il gaelico. Vorremmo anche ringraziare Miriam O'Sullivan, amica, esperta di Irlanda e straordinaria agente di viaggio, e suo marito Greg O'Sullivan, che non solo ci hanno aiutato con le nostre ricerche, ma anche con quell'orso piuttosto insistente che voleva prendere dimora nel nostro garage! Grazie.

Il Ribelle è uno dei romanzi e novelle che compongono la serie multigenerazionale della famiglia Pennington.

Se hai dell'interesse, ecco l'elenco completo:

La Promessa (*USA Today* Bestseller) - In fuga per la sua vita in un viaggio disperato verso l'America, Rebecca Neville promette alla moglie morente del Conte di Stanmore di crescere e prendersi cura del figlio appena nato, James. Dieci anni dopo, il conte di Stanmore viene a sapere del bambino. Invia nelle colonie il suo giovane erede in modo da poterlo crescere come un pari del regno. Con nessuna intenzione di rinunciare al suo voto, Rebecca torna in Inghilterra con James per affrontare un futuro senza il suo amato figlio, ma deve anche affrontare il suo tumultuoso passato.

Il Ribelle - Jane Purefoy, figlia di un magistrato inglese, assume le sembianze del famigerato ribelle irlandese Egan e guida una banda segreta di rivoluzionari contro la brutalità delle truppe coloniali. Sir Nicholas Spencer si sta recando in Irlanda per corteggiare la sorella minore di Jane. Quando si imbatte in Egan, Sir Nicholas smaschera il leggendario ribelle e scopre Jane. Ammaliato da lei, decide di mantenere il suo segreto e si imbarca in un rischioso piano di seduzione che getterà la famiglia di lei nel caos, il paese nella ribellione e il suo cuore in preda a un amore che non potrà mai essere.

Sogni Presi in Prestito (RT Award for Best British-Set Historical) - Spinta a rimediare al male causato dal marito defunto e a dover affrontare la rovina finanziaria, Millicent Wentworth deve contrarre un matrimonio di convenienza con il famigerato "Signore dello Scandalo" Lyon Pennington, il Conte di Aytoun. Lyon è un uomo devastato da un tragico incidente che ha ucciso la sua prima moglie e lo ha lasciato gravemente ferito. Pieno di disperazione, si lascia convincere con riluttanza a partecipare a un matrimonio indesiderato. Una nuova versione de "La Bella e la Bestia".

Sogni Catturati - Portia Edwards è disposta a tutto pur di ritrovare la famiglia che non ha mai conosciuto. E quando incontra il mercante Pierce Pennington - il fratello minore di Lyon Pennington - Portia ha l'occasione perfetta per chiedergli aiuto. Ma il suo orgoglio testardo la fa tacere. Questo fino a quando non riconosce la sua forte attrazione per l'uomo coraggioso che, di notte, è conosciuto come il famigerato Capitano MacHeath, che contrabbanda armi via mare sotto la coltre delle tenebre, tutto in nome della libertà...

Sogni del Destino - Ferito dallo scandalo e dall'omicidio irrisolto di sua cognata, David Pennington è esteriormente insolente e arrogante. Ma nulla gli impedisce di accompagnare la sua amica d'infanzia, Gwyneth Douglas, in Scozia per salvare l'ereditiera scozzese dai cacciatori di dote. Ma il loro arrivo in Scozia comporta un terribile pericolo. Ora, se sperano di soddisfare desideri a lungo nascosti, dovranno sventare il male che minaccia di distruggere le loro vite...

Il Mio Amante Scozzese - Hugh Pennington, un eroe delle guerre napoleoniche, è ora un vedovo addolorato con un desiderio di morte. Quando riceve una cassa attesa dal continente, rimane scioccato nel trovare all'interno una donna quasi morta. La sua identità è sconosciuta e la manciata di monete americane e il prezioso diamante cucito sul suo vestito non fanno che infittire il mistero. Grace Ware è una nemica della Corona inglese. Cercando di sfuggire agli assassini di suo padre, non si sarebbe mai aspettata che la sfortuna la depositasse nella casa di un aristocratico nei Borders scozzesi. Mentre si sforza di mantenere segreta la sua identità, un duello d'ingegno si trasforma rapidamente in passione e romanticismo... fino a quando il pericolo si presenta alle porte di Baronsford, minacciando di separare i due amanti o di distruggerli entrambi.

Il Dolce Natale delle Highlands (Finalista al RITA© Award) - Freya Sutherland è una zia disperata che cerca di mantenere la custodia della sua giovane e precoce nipote, Ella, anche se questo significa sposarsi per sicurezza invece che per amore. Il capitano Gregory Pennington, da poco in pensione, non desidera altro che tornare a casa in tempo per Natale, ma gli viene chiesto di scortare alcuni viaggiatori dalle Highlands ai Borders. I suoi piani non includono una moglie e un figlio, e Freya ha delle responsabilità come tutrice di Ella. Con Ella che cospira per farli incontrare, Penn e Freya potrebbero vivere un po' di magia natalizia.

Accadde Nelle Highlands - La vita di Lady Josephine Pennington fu quasi distrutta quando si diffusero voci sulla sua discutibile discendenza. Anni dopo, quando riceve un pacco dalle Highlands contenente gli schizzi di una donna molto simile a lei, Jo crede di aver trovato un indizio sull'identità della sua madre naturale. Quando il capitano Wynne Melfort fu costretto a porre fine al suo fidanzamento con Jo Pennington sedici anni fa, non avrebbe mai immaginato di rivederla. Ma soprattutto, non si aspettava che i sentimenti a lungo ritenuti morti sarebbero riaffiorati. Mentre si sforzano di svelare il mistero della sua nascita, Jo deve imparare a fidarsi di Wynne. E quando i segreti del passato iniziano a venire a galla, le forze del male non si fermeranno davanti a nulla per impedire a Jo di scoprire la verità e reclamare la sua eredità.

Insonne in Scozia - Lady Phoebe Pennington rischia la vita per smascherare i leader politici corrotti di Edimburgo, scendendo persino negli inferi della città. Una notte, poi, sfugge per poco alla morte e finisce tra le braccia del fratello della sua migliore amica assassinata. Il capitano Ian Bell è un uomo tormentato che sta lottando contro il dolore e il senso di colpa per la perdita di sua sorella e sta ancora dando la caccia al suo assassino. Il destino li ha fatti incontrare, ma la fiducia è sfuggente e il pericolo si nasconde nei vicoli bui della città. Phoebe è l'unica ad aver visto il volto dell'assassino della sua amica e le sinistre ombre del male sono più vicine di quanto lei e Ian immaginino.

Carissima Millie - Il futuro di Lady Millie Pennington sembra luminoso finché il destino non le riserva una tragica mano sotto forma di cancro. Dermot McKendry è un ex chirurgo della Royal Navy che è tornato per aprire un ospedale nelle Highlands. La Provvidenza li fa incontrare, ma le calamità della vita metteranno a dura prova il potere di guarigione del cuore umano.

Come Scaricare un Duca - Lady Taylor Fleming è un'ereditiera con un pretendente alle calcagna. Il suo piano passo dopo passo per scaricarlo è semplice. Ma il Duca di Bamberg non è affatto semplice. Taylor cerca di fuggire nel rifugio delle Highlands, ma i suoi piani si complicano quando il duca arriva alla sua porta e i suoi fedeli alleati la abbandonano. E anche con i piani migliori, le cose possono andare storte...

Un Principe Nella Dispensa - Il principe Timur Mirza, erede al trono persiano, è in missione diplomatica in Inghilterra per scegliere una sposa. Piuttosto che partecipare a un grande ballo, Timour desidera un'ultima notte di libertà. Pearl Smith è cresciuta nell'é-lite londinese. Ma un rovescio di fortuna ha fatto finire il padre nella prigione dei debitori e lei si è ridotta a lavorare come serva, vittima inconsapevole dell'invidia velenosa di un vecchio amico. Ma c'è magia nella luce della luna piena e l'amore può arrivare quando meno te lo aspetti...

E se ti interessa una storia d'amore di seconda opportunità con un colpo di scena, assicurati di dare un'occhiata a *Jane Austen Non Può Sposarsi!*

Come autori, amiamo il feedback. Scriviamo le nostre storie per i nostri lettori e cerchiamo di regalarvi racconti che apprezzerete e consiglierete ai vostri amici. Iscrivetevi per ricevere notizie e aggiornamenti e seguiteci su BookBub.

Infine, se vi è piaciuto *Il Ribelle,* lasciate una recensione online.

Potete visitarci sul nostro sito web.

Sull'autore

Gli autori bestseller di *USA Today* Nikoo e Jim McGoldrick hanno realizzato oltre cinquanta romanzi dal ritmo incalzante e ricchi di conflitti, oltre a due opere di saggistica, sotto gli pseudonimi di May McGoldrick, Jan Coffey e Nik James.

Questi popolari e prolifici autori scrivono romanzi storici, suspense, gialli, western storici e romanzi per giovani adulti. Sono quattro volte finalisti del Rita Award e vincitori di numerosi premi per la loro scrittura, tra cui il Daphne DuMaurier Award for Excellence, un Will Rogers Medallion, il *Romantic Times Magazine* Reviewers' Choice Award, tre NJRW Golden Leaf Award, due Holt Medallion e il Connecticut Press Club Award for Best Fiction. Le loro opere sono incluse nella collezione della Popular Culture Library del National Museum of Scotland.

Also by May McGoldrick, Jan Coffey & Nik James

NOVELS BY MAY McGOLDRICK

16th Century Highlander Novels

A Midsummer Wedding (*novella*)

The Thistle and the Rose

Macpherson Brothers Trilogy

Angel of Skye (Book 1)

Heart of Gold (Book 2)

Beauty of the Mist (Book 3)

Macpherson Trilogy (Box Set)

The Intended

Flame

Tess and the Highlander

Highland Treasure Trilogy

The Dreamer (Book 1)

The Enchantress (Book 2)

The Firebrand (Book 3)

Highland Treasure Trilogy Box Set

Scottish Relic Trilogy

Much Ado About Highlanders (Book 1)

Taming the Highlander (Book 2)

Tempest in the Highlands (Book 3)

Scottish Relic Trilogy Box Set

Love and Mayhem

18th Century Novels

Secret Vows

The Promise (Pennington Family)

The Rebel

Secret Vows Box Set

Scottish Dream Trilogy (Pennington Family)

Borrowed Dreams (Book 1)

Captured Dreams (Book 2)

Dreams of Destiny (Book 3)

Scottish Dream Trilogy Box Set

Regency and 19th Century Novels

Pennington Regency-Era Series

Romancing the Scot

It Happened in the Highlands

Sweet Home Highland Christmas *(novella)*

Sleepless in Scotland

Dearest Millie *(novella)*

How to Ditch a Duke *(novella)*

A Prince in the Pantry *(novella)*

Regency Novella Collection

Royal Highlander Series

Highland Crown

Highland Jewel

Highland Sword

Ghost of the Thames

Contemporary Romance & Fantasy

Jane Austen CANNOT Marry

Erase Me

Tropical Kiss

Aquarian

Thanksgiving in Connecticut

Made in Heaven

NONFICTION

Marriage of Minds: Collaborative Writing

Step Write Up: Writing Exercises for 21st Century

NOVELS BY JAN COFFEY

Romantic Suspense & Mystery

Trust Me Once

Twice Burned

Triple Threat

Fourth Victim

Five in a Row

Silent Waters

Cross Wired

The Janus Effect

The Puppet Master

Blind Eye

Road Kill

Mercy (novella)

When the Mirror Cracks

Omid's Shadow

Erase Me

NOVELS BY NIK JAMES

Caleb Marlowe Westerns

High Country Justice

Bullets and Silver

The Winter Road

Silver Trail Christmas